실전
퀀트투자

수익률을 확인하고 투자하라!

실전
퀀트투자

홍용찬 지음

이레미디어

주식시장 분위기가 좋지 않다. 비관론이 시장을 지배하고 있는데 시장의 역사를 보면 이런 시기는 주기적으로 반복되었다. 주식회사 대한민국이 망하지 않고 상장 기업의 자본총계가 계속 커진다면 주가는 장기적으로 오를 수밖에 없다. 이런 간단한 상식을 알아도 대부분의 투자자는 기다리지 못한다. 기다리는 힘은 확신의 크기에 비례한다. 확신의 크기는 공부의 양과 시장에서 겪은 시행착오의 양, 개인의 기질이 영향을 미친다. 확신의 크기를 키우기에 유익한 책들을 통해 자신의 내부에 지식의 성을 쌓아놓을 필요가 있다. 이 책《실전 퀀트투자》는 이런 목적에 잘 맞는 책이다.

국내 저자에 의한 또 하나의 계량투자서가 나왔다. 저자는 다양한 백테스트를 통해 투자자들이 궁금해할 만한 시장의 통계적 역사를 보여주고 있다. 저자는 크게 세 부분으로 나누어 실험을 했다. 재무제표의 영향력, 주가의 시계열 데이터의 영향력, 캘린더 효과의 영향력을 각각 한 부씩 할당해서 각 부마다 저자가 선택한 몇 가지의 관점에 의해 백테스트를 했다. 아주 재미있다. 나도 이 책을 통해서 몇 가지 사실을 새로 알게 되었다. 이 책은 백과사전과 같은 방대한 실험을 포함하는 책은 아니지만 시장의 핵심을 관통하는 중요한 관점들을 포함하고 있다.

저자 홍용찬은 현직 증권인이다. 직접 랩상품을 디자인해서 운용하는 현장형 실력파 증권인이다. 계량투자에 대한 깊은 확신과 지식으로 한국의 계량투자 문화를 정착시키기 위해 일선에서 노력하고 있다. 이 책의 추천사를 쓰기 전에는 나와 일면식도 없었다. 어느 날 받은 편지에 깃든 투자의 핵심에 대한 깊은 이해와 프로 투자자로서의 진지한 열정에 깊은 인상을 받았다. 아울러 새로운 책을 썼다는 것도 알게 되었다. 책의 내용을 보고는 흔쾌히 추천사를 쓰게 되었다. 추천사를 쓸 뿐 아니라 밥을 사드리고 싶었다. 이런 좋은 책이 계속 나와야 한다. 투자자들은 이런 책들을 통해 확신의 크기를 키워서 주기적으로 반복되는 침체기를 견딜 수 있을 것이다. 불합리한 침체는 더 힘찬 도약을 위한 좋은 시기로 인식하고 장기적인 수익을 낼 수 있는 힘을 기르도록 해야 한다.

저자는 앞으로 우리나라 주식투자 분야에서 점점 더 중요한 역할을 할 것 같다. 선진 투자 문화 정착을 위한 좋은 징검다리 역할을 할 수 있는 책이다. 자신 있게 일독을 권한다.

문병로
서울대 컴퓨터공학부 교수/㈜옵투스자산운용 대표

퀀트투자는 복잡한 데이터를 다루는 전문가의 영역으로 흔히 알려져 있다. 하지만 퀀트투자야말로 아마추어에게 바람직한 투자법이다. 기업의 사업모델을 깊이 있게 분석할 내공과 시간이 부족한 아마추어도 소중한 내 돈을 투자하려면 기업의 펀더멘털이 튼튼한지 개략적이나마 확인할 필요가 있다. 이에 대한 간편한 해법이 퀀트투자다. 증권사 직원이 고객의 눈높이에 맞추어 저술한 책이라 개인투자자에게는 더욱 유용한 입문서라고 생각된다. 이 책을 읽고 자신 있게 투자의 세계로 들어오길 권한다.

- 신진오, 밸류리더스 회장

주식투자에서 지속적으로 이익을 내기 위해서는 기업의 내재가치와 성장성에 대한 통합적이고 계량적 고찰이 필수적이며, 자신만의 투자 아이디어를 가지는 게 무엇보다 필요하다. 이 책에서는 주식투자를 하면서 알아야 할 퀀트의 기초부터 실전 예제까지 잘 정리하고 있어 성공투자 지침서로 많은 도움이 될 것으로 생각한다. 그리고 백테스트를 할 수 있는 시스템을 찾아 반드시 검증하는 과정을 통해 자신만의 투자 아이디어를 가지기를 권고한다.

- 문홍집, 뉴지스탁 대표이사

주식투자에서 원칙을 지킨다는 것은 수익을 내기 위한 가장 기본적인 덕목이다. 하지만 그 원칙이 매번 바뀌고 어떤 원칙을 세워야 할지도 쉽지 않은 것이 현실이다. 《실전 퀀트투자》에는 필자가 현업에서 쌓아온 주식투자 노하우가 고스란히 녹아 있으며, 어떠한 원칙으로 주식을 대해야 하는지가 잘 정리되어 있다. 주식투자의 '시작'뿐 아니라 '끝'까지 옆에 둘 가치가 있다. 인내심만 유지할 수 있다면, 숫자는 절대 거짓말을 하지 않기 때문이다.

- 최현재, 유안타증권 글로벌투자정보센터장

기관투자자의 전유물로 여겨졌던 퀀트투자가 일반 개인 투자자들에게도 급격히 확산되고 있다는 점은 매우 바람직하고 고무적이다. 하지만 아직까지 우리나라에서 개인 투자자들도 쉽게 퀀트투자의 기본기를 닦을 수 있도록 안내하는 좋은 책이 그리 많지 않다는 점이 아쉽다. 이런 상황에서 《실전 퀀트투자》는 가뭄에 단비 같은 책이 아닐 수 없다.

개인 투자자들도 쉽게 얻을 수 있는 재무 지표와 가격 지표, 계절성 지표를 이용, 기본적이지만 중요한 퀀트 포트폴리오 투자의 핵심을 알기 쉽게 전달하고 있다. 투자 전략을 짜는 데 있어서 가장 중요한 것은 기본기인데, 《실전 퀀트투자》는 그 기본기의 정석을 탄탄히 다져준다. 퀀트투자에 관심 있는 모든 투자자에게 강력히 일독을 권한다.

– systrader79, 《주식투자 ETF로 시작하라》 저자

　많은 사람이 투자를 할 때 감각에 의존하는 까닭에 감정에 지배되고는 한다. 또한 여러 '효과'들이 수익률과 얼마나 연관 있는가 검증해보지도 않은 채 맹신하기도 한다. 퀀트투자는 감정에 의한 휘둘림을 최소화해주고 통계적 검증에 의한 투자 방법이기에, 본 책의 내용들을 이해하고 응용할 수만 있다면 독자들도 성공적인 투자법을 익힐 수 있을 것이라 확신한다.

– 이현열, NH-Amundi자산운용 매니저, 《SMART BETA》 저자

/

퀀트투자, 서서히
그러나 높은 확률로 부자 되는 방법

투자할 만한 주식을 찾기 위해 다양한 분석을 시도한다. 투자할 기업의 매출액 구성은 어떤지 살펴보고 매출액이나 이익이 증가하고 있는지도 살펴본다. 해당 기업이 속해 있는 산업의 전망도 살펴본다. 배당수익률도 파악해본다. 현재 주가의 수준을 살펴보기 위해 PER(주가수익비율, 주가/주당순이익)도 구해보고 PBR(주가순자산비율, 주가/주당순자산)도 구해본다. 경영진의 경영 능력도 확인해본다. 그리고 저평가라고 판단되면 주식을 매수해서 적정가격이 될 때까지 기다린다. 적정주가가 되면 그 주식을 매도한다. 지금까지 언급했던 것은 필자가 계량투자자(퀀트투자자)가 되기 전에 했던 주식투자 방법으로, 기본적 분석을 바탕으로 한 가치투자Value Investing이다. 기업을 분석하는 것이 쉽지는 않았지만, 그래도 수익률이 괜찮았으므로 마음은 즐거웠다.

그러던 중 2010년에 투자할 만한 저평가 주식을 발견했다. 이 주식이 마음에 들었던 이유는 성장성이 크지는 않았으나 배당도 괜찮게 나오면서 PBR도 낮았기 때문이다. 필자는 이 주식에 투자하여 2년 후 약 30%

의 수익을 남기고 매도했다. 당시 코스피KOSPI 지수보다는 높은 수익이었기에 충분히 만족스러웠다.

그런데 갑자기 궁금한 점이 생겼다. 필자가 매수했던 주식 수준의 배당수익률과 PBR을 보이던 다른 주식들은 얼마나 수익이 났을까? 당시 별로 뛰어나지 않았던 엑셀 실력으로 한국거래소 홈페이지에서 자료를 다운받아 백테스트Backtest(어떠한 투자 전략이 과거에 어느 정도의 수익이 나는지 또는 얼마나 위험한지 알아보기 위해 역사적인 데이터를 이용하여 전략을 모의실험Simulation하는 과정)를 진행했다. 지금 생각해보면 적잖은 오류가 있지만 엑셀 파일 하나가 만들어졌다. 그때 만든 엑셀 파일을 지금은 가지고 있지 않지만 엄청난 고생 끝에 얻은 결론은 기억이 난다. 그 당시 필자가 투자했던 종목과 비슷한 수준의 배당수익률과 PBR을 가지고 있는 다른 수십여 개의 종목에 동일한 금액으로 투자했다면, 2년 동안 30%보다 더 큰 수익을 얻을 수 있었다. 필자는 충격에 빠졌다. 열심히 고민하고 고생해서 저평가 주식을 찾았지만 필자의 주식 선택 능력은 그렇게 뛰어나지 못했던 것이다. 그 이후로 굳이 고생하면서 투자 종목을 찾을 필요가 없다는 생각을 하게 되었다.

이때의 경험 이후로 여러 재무제표의 항목들에 대하여 백테스트를 진행했다. 이 당시 진행했던 다양한 백테스트는 필자가 주관적인 판단과 정량적 지표를 함께 이용하는 가치투자자에서 정량적 지표만을 이용하는 계량투자자로 바뀌는 계기가 되었다.

좋은 주식을 찾아내는 안목을 가지고 있다면 굳이 계량투자를 할 필요는 없다. 훌륭한 안목으로 좋은 주식을 찾아내어 집중투자하는 방법이 더 나은 수익을 가져다줄 것이기 때문이다. 워런 버핏이 코카콜라가 저평가 상태라는 사실을 알아내는 데 그의 안목이 큰 역할을 하였다. 그리고 그는 이 안목으로 큰 수익을 거뒀다. 하지만 아쉽게도 필자는 워런 버핏의 안목을 가지고 있지 못하다. 이는 필자만의 문제가 아니다. 많은 투자자가 좋은 주식을 찾아내는 안목을 가지고 있지 못하다. 그런데도 자신은 남들과 다르다고 착각하고 있는 경우가 많다.

이러한 안목은 선천적으로 타고 나는 것일까, 아니면 후천적인 노력에 의해 얻어질 수 있는 것일까? 질문을 바꿔서 우리가 열심히 공부하면 워런 버핏 같은 수준의 좋은 주식을 찾아내는 안목을 가지게 될 수 있을까? 필자의 생각으로는 후천적인 노력만으로는 불가능하다. 우리가 죽어라 노력한다고 김연아 같은 피겨선수가 될 수 없다. 마찬가지로 보통사람이 죽어라 노력한다고 워런 버핏 같은 투자자가 될 수 없다. 선천적으로 타고난 능력이 필요하다.

투자자의 유형에는 다음과 같은 네 가지가 있다.

- **유형 ①** : 좋은 주식을 찾는 선천적 안목이 있고, 자신도 그 사실을 인지하여 주관적 판단을 적극 활용하는 투자자
- **유형 ②** : 좋은 주식을 찾는 선천적 안목이 없고, 자신도 그 사실을 인지하여 주관적 판단을 배제한 방법을 활용하는 투자자
- **유형 ③** : 좋은 주식을 찾는 선천적 안목이 없는데, 스스로 있다고

착각하는 투자자

- **유형 ④** : 좋은 주식을 찾는 선천적 안목이 있는데, 자신은 없다고 착각하는 투자자

이 네 가지 유형의 투자자 중에서 주식으로 성공하는 사람은 유형 ①과 유형 ②다. 주식투자로 성공하는 데 반드시 유형 ①과 같은 선천적 안목을 가져야 되는 것은 아니다. 유형 ②와 같이 선천적 안목이 없으면서 스스로 선천적 안목이 없다는 사실을 깨달으면 주식투자에 성공할 수 있다. 하지만 아쉽게도 선천적 안목이 없는 많은 투자자가 유형 ②보다는 유형 ③에 해당하는 경우가 많다. 유형 ④의 경우 주식시장에서 크게 실패할 일도 없겠지만 유형 ③의 경우는 문제가 될 가능성이 크다. 유형 ③의 투자자가 유형 ②의 투자자로 바뀌면 좋을 텐데 말이다.

많은 투자자가 자신이 좋은 주식을 찾아내는 데 남들보다 뛰어난 안목을 가지고 있다고 생각한다. 필자도 처음에는 그런 안목이 있다고 생각했고, 안목을 키우기 위해 노력했다. 하지만 2년 동안 30% 수익을 낸 앞의 사례에서 필자는 좋은 주식을 찾아내는 안목이 없다는 사실을 깨달았다. 그리고 이런 안목은 선천적인 부분이 필요하며, 후천적인 노력만으로는 쉽게 얻을 수 없다는 사실도 알게 되었다. 많은 투자자가 시장 수익률보다 자신의 계좌 수익률이 더 좋을 때 좋은 주식을 찾을 수 있는 안목을 가지고 있다고 생각한다. 하지만 이런 생각은 오류이다. 투자한 주식과 비슷한 부류(PER, PBR, 배당수익률 등이 비슷한 부류)의 투자하지 않았던 다른 주식들이 더 높은 수익을 냈다면, 안목이 없는 것이다.

만약 선천적 능력을 타고난 투자자라면, 이 능력을 활용해 계속 높은 수익을 거두면 된다. 필자는 이런 투자자가 가장 부럽다. 하지만 선천적 능력이 없는 투자자라면 최대한 빨리 선천적 능력이 없다는 사실을 깨달아야 한다. 주관적 판단을 배제한 투자 방법을 통해 빠르게 부자가 될 수는 없지만, 높은 확률로 부자가 될 수 있는 방법으로 투자해야 한다. 그 방법이 바로 계량투자(퀀트투자)이다.

이 책은 어떻게 구성되었는가

1부. 계량투자(퀀트투자)란 무엇인가

계량투자의 개념부터 장점까지 몇몇 주제에 대해 이야기한다. 계량투자에 생소한 독자라면 계량투자가 무엇인지에 대해 이해할 수 있다.

2부. 재무제표를 이용한 계량투자

잘나가는 주식보다는 일반투자자들의 관심에서 멀어진 주식을 매수해야 오히려 더 높은 수익이 발생한다는 것을 보여준다. 여기서 진행한 테스트 결과는 '전통적 가치투자'와 '역발상 투자'를 옹호하고 있다. 당기순이익, 영업이익, 영업이익률, 매출액성장률, PER, PBR, PSR, PCR, 부채비율 등에 따른 수익률 백테스트 결과를 확인한다. 기존 통념과 반대되는 결과도 제법 있다. 이를 통해 많은 투자자가 주식투자로 성공하기 힘든 이유를 이해할 수 있다. 또한 단순한 계량투자 방법으로 연복리

10~25% 수준의 수익률을 달성할 수 있음을 알게 된다.

3부. 주가를 이용한 계량투자

주가만 가지고도 실천할 수 있는 계량투자를 소개한다. 주가가 높은 주식과 낮은 주식 간에 수익률 차이가 존재할까? 많이 오른 주식과 많이 하락한 주식 중 수익률이 좋은 주식은 무엇일까? 첫 번째 질문에 대한 답은 10장에서 얻을 수 있으며, 두 번째 질문의 답은 11장에서 얻을 수 있다.

4부. 캘린더 효과를 이용한 계량투자

다양한 캘린더 효과에 대한 백테스트 결과를 볼 수 있다. 캘린더 효과 중 가장 유명한 것은 1월 효과이다. 1월이 다른 달에 비해 수익률이 좋다는 내용인데, 그 현상이 최근에도 계속 존재하는지 살펴볼 것이다. 그 외에 명절 효과, 갭봉 효과, 요일 효과, 월말·월초 효과를 차례로 살펴볼 것이다.

5부. 계량투자에서 생각해볼 문제

17장에서 계량투자에는 분명 어려운 시기가 있다는 것과 많은 인내를 요구한다는 사실을 알게 된다. 18장에서는 '계량투자 전략이 공개되어도 초과수익은 사라지지 않는가?'라는 질문에 대한 힌트를 얻기 위해 '대형 고PBR 포트폴리오' 대비 '소형 저PBR 포트폴리오'의 수익률 흐름을 글로벌하게 살펴볼 것이다.

2부에서부터 5부까지 17개의 장에서 다양한 백테스트 결과들을 보여주고 있는데, 백테스트에는 기본적인 데이터가 필요하다. 2부와 3부에서는 재무제표 항목, 배당금, 주가, 수정주가, 상장폐지 여부 등의 데이터가 필요한데, 이를 DataGuide(에프앤가이드FnGuide에서 제공하는 분석시스템, http://www.dataguide.co.kr/DG5Web/index.asp)로부터 다운받았다. 재무제표는 연결재무제표를 이용하여 테스트를 진행했다. 코스피KOSPI와 코스닥KOSDAQ 상장 종목을 대상으로 하였다. 물론 생존자 편향Survivorship bias(이미 사라진 데이터를 보지 못하고 살아남아 있는 데이터만 분석함으로 인해 발생하는 오류)을 피하기 위하여 과거에 상장되었으나 현재는 상장폐지된 종목들도 대상에 포함시켰다. 단, 우선주와 외국 기업들은 대상에서 제외하였다. 이 책에서 특별한 언급이 없어도 테스트는 전부 우선주와 외국 기업을 제외한 상태로 진행했다. 4부에서 사용한 분석에 필요한 국내 지수 및 해외 지수 데이터는 DataGuide와 유안타증권 HTS에서 다운받았다. 5부에서 다루는 다양한 글로벌 데이터는 Kenneth French Data Library 웹사이트(http://mba.tuck.dartmouth.edu/pages/faculty/ken.french/data_library.html)에서 다운받았다.

2장부터 16장까지 각 장마다 질문으로 시작하고 있다. 이 질문들은 많은 투자자가 한 번쯤 생각해봤을 만한 것들이다. 각 장에 있는 백테스트 결과들을 확인한다면 이 질문들에 대한 답을 얻을 수 있다. 그리고 각 장의 마지막에 있는 핵심 요약을 통해 중심 내용을 한눈에 볼 수 있게 하였다. 본문의 내용에서 이해하기 어려운 부분이 있다면 이 핵심 요약이 큰 도움이 될 것이다.

이 책에서는 계량투자의 모든 것을 다루지는 못했으며 내용상 부족한 부분도 많을 것이다. 하지만 계량투자를 이해하고 실천하는 데 큰 도움이 될 수 있도록 노력했다. 이 책에 있는 내용을 충분히 이해하였다면, 서서히 그러나 높은 확률로 부자가 될 수 있을 것이다. 계량투자의 세계로 들어온 것을 환영한다. 자, 이제 시작해보자.

3부 주가를 이용한 계량투자

4부 캘린더 효과를 이용한 계량투자

5부 계량투자에서 생각해볼 문제

1부

계량투자(퀀트투자)란 무엇인가

1장

계량투자(퀀트투자)
이해하기

수학·통계에 기반을 둔 모델을 통해서 기업가치 분석 및 종목 선택과 비중 등 의사결정을 하는 투자 방법을 계량투자(퀀트투자)라고 한다. 수학·통계라고 하니 거창하게 들릴 수 있다. 그러나 쉽게 말해 주관적 판단을 완전히 배재하고 객관적인 것만을 이용해서 투자하는 것이라고 생각하면 된다. 객관적인 것들에는 주로 숫자들이 해당된다. 몇 가지를 살펴보자.

'기업 조직문화의 우수성'은 계량투자의 분석 영역이 될 수 있을까? 될 수 없다. 기업 조직문화의 우수성이라는 정의 자체도 애매하다. 수평적 문화가 우수한 것인가, 수직적 문화가 우수한 것인가? 판단하는 사람마다 우수성의 기준은 다르다. 우수성을 판단하는 데 주관적일 수밖에 없다.

'최고 경영자의 나이'는 계량투자의 분석 영역이 될 수 있을까? 이것은 충분히 계량투자의 분석 영역이 될 수 있다. 나이는 누가 판단하든 숫자는 동일하다. 즉 객관적이다. 통계적으로 분석했을 때 최고경영자의 나이가 많을수록 해당 기업의 주식수익률도 높다는 통계 결과가 나올지 누가 알겠는가? (물론 필자는 '최고경영자의 나이'와 '주식수익률' 사이에 아무 관련이 없을 거라고 확신한다. 그래서 아까운 시간을 이런 분석에 낭비하지 않을 것이다.)

하지만 숫자로 표시될 수 없다고 무조건 계량투자의 분석 영역에 포함되지 않는 것도 아니다. **최고경영자의 성별은 어떨까?** 최고경영자의 성별이 남자인지 여자인지를 구분하여 최고경영자의 성별과 주식수익률의 차이를 분석할 수 있다. 기업 내에서 최고경영자의 성별은 누구에게 물어보든 같은 대답이 나온다. 그러므로 당연히 계량투자의 분석 영역이 된다(물론 이것을 분석하는 것 역시 시간 낭비일 것이다).

이렇듯 객관적으로 표현할 수 있는 것들이 계량투자의 분석 영역이다. 기업의 재무제표를 통해 알 수 있는 다양한 재무비율은 어떨까? 재무비율은 매우 객관적이다. 전자공시에 공시한 삼성전자의 2016년 회계기준 영업이익률은 얼마인가? 누구에게 물어봐도 같은 답이 나온다. 주가 움직임도 객관적이다. 2017년 12월 삼성전자의 주가 상승률은 얼마인가? 역시 누구나 같은 답을 말할 것이다. 최고경영자의 나이나 성별 등의 주제에 비해 과거의 재무비율이나 과거 주가 움직임은 주식수익률과의 상관관계를 쉽게 발견할 수 있다. 그래서 계량투자자들은 재무비율이나 과거 주가 움직임을 대상으로 많은 분석을 한다.

계량투자의 핵심은 백테스트

계량투자자는 모든 것을 검증하려는 습관이 있다. 주위에서 아무리 이러저러한 방법으로 투자하면 수익이 난다고 얘기해도, 그 얘기가 통계적으로 맞는지 확인한다. 애초에 통계적으로 확인이 불가능한 내용을 주장하는 사람도 있다. 누군가 "시장에서 핫한 종목을 사야 수익이 난다"라고 얘기하면 사실 통계적으로 검증이 불가능하다. 핫한 종목의 정의가 도대체 무엇이란 말인가?

실제적으로 통계를 통한 검증이 불가능하지는 않지만, 검증 작업이 너무 방대하여 시도해볼 엄두가 나지 않는 것도 있다. "오전 11시까지 주가가 시초가 대비 3% 이상 하락한 상태이고, 그 시각에 외국인이 당일 순매수 상태이면 11시 이후부터 종가까지 주가가 상승하는 경향이 있다"라고 누군가 주장한다면 어떨까? 데이터만 있다면 통계적으로 검증은 가능하다. 하지만 작업이 너무 방대해서 엑셀로는 도저히 검증해볼 엄두가 나지 않는다. 이런 종류의 주장을 하는 사람은 과연 통계적으로 검증해보고 하는 것일까?

애초에 통계적 검증이 불가능하든, 아니면 검증할 엄두가 나지 않아 하지 못했든, 필자는 직접 검증해보지 않고서는 이런 전략들을 투자에 이용하지 않는다. 주식시장에는 확실히 검증되지 않은 다양한 미신[1]들이 넘쳐난다. 막상 검증해보면 맞는 것도 있고, 틀린 것도 있다. 주식투자자들과 대화하다 보면 수많은 미신을 접하게 된다.

① "간밤에 미국장이 크게 올랐는데 한국 시장은 오히려 하락해서 출발하네. 좋은 매수 기회 아닌가? 빨리 매수하자."

② "추세에 역행하면 안 된다니까. 정배열인 종목 안에서 매수할 종목을 찾아봐. 그게 유리하다니까."

③ "외국인·기관이 매수하는 종목을 따라 사면 손해 보는 일이 없어. A 종목은 외국인이 10일째 연속 순매수하고 있네. A 종목을 매수해보자."

④ "영업이익률이 높은 기업의 주식이 오를 확률도 높을 거야. A 기업 영업이익률이 30%잖아. 이 종목을 매수하면 높은 수익이 나지 않겠어? 당장 매수하자."

이런 내용은 주위에서 쉽게 접하는 미신들이다. 대부분의 투자자는 이런 얘기를 들으면 그냥 맞는 얘기라고 믿어버린다. 하지만 이 네 가지 미신들에 대해서 의심해본 적이 있는가? 켄 피셔Kenneth Fisher는 그의 저서 《3개의 질문으로 주식시장을 이기다》에서 사람들이 미신을 믿는 이유를 두 가지로 설명한다. 첫째는 그것들이 상식으로 보이고, 사람들은 그런 상식에 도전하려 하지 않기 때문이다. 둘째는 주위의 사람들이 이런 미신들이 맞는다고 동의하는 경향이 있기 때문이다.

---

1   필자는 미신이라는 단어를 켄 피셔(Kenneth Fisher)의 저서 《3개의 질문으로 주식시장을 이기다》(비즈니스맵, 우승택 역, 2008)에서 접했다. 필자의 책에서도 이 단어를 켄 피셔가 저서에서 사용했던 의미 그대로 사용한다. 이것보다 더 훌륭한 표현은 없는 것 같다.

앞에서 든 네 가지 예는 모두 상식으로 보인다. 그리고 주위 사람들도 보통 맞는다고 동의할 것이다. 하지만 계량투자자라면 이런 얘기를 듣고 그냥 넘어가지 않는다. 이 미신들이 옳은지 틀렸는지를 검증해보고 싶어 안달이 난다. 그렇다면 각각 어떻게 검증할지 생각해보자.

① "간밤에 미국장이 크게 올랐는데 한국 시장은 오히려 하락해서 출발하네. 좋은 매수 기회 아닌가? 빨리 매수하자."

⇒ 과거 10년간 전일 S&P500 지수가 1% 이상 상승하여 마감했음에도 불구하고 코스피지수에서는 아침 시작 지수가 하락 출발한 날을 뽑아본다. 해당일 기준으로 종가가 시가보다 높은 날이 많은지, 낮은 날이 많은지를 통계적으로 분석해본다.

② "추세에 역행하면 안 된다니까. 정배열인 종목 안에서 매수할 종목을 찾아봐. 그게 유리하다니까."

⇒ 과거 10년 동안의 전 종목 주가 데이터를 구한다. 연도 말 기준으로 5일, 20일, 60일, 120일 이동평균선 기준으로 정배열인 종목과 역배열인 종목의 리스트를 작성한다. 그리고 1년 후 각 리스트의 수익률을 비교해본다. 이런 식으로 과거 10년 동안의 수익률을 알아본다.

③ "외국인·기관이 매수하는 종목을 따라 사면 손해 보는 일이 없어. A 종목은 외국인이 10일째 연속 순매수하고 있네. A 종목을 매수해보자."

⇒ 과거 10년간 전 종목의 외국인 수급과 주가 데이터를 구한다.

외국인이 10일 동안 연속으로 순매수한 종목을 전부 찾아내서 이후 3개월 동안의 주가 흐름을 분석해본다(추가적으로 외국인이 10일 동안 연속으로 순매도한 종목도 찾아내서 분석 후 비교해보면 더 좋다).

④ "영업이익률이 높은 기업의 주식이 오를 확률도 높을 거야. A 기업 영업이익률이 30%잖아. 이 종목을 매수하면 높은 수익이 나지 않겠어? 당장 매수하자."

⇒ 전년도 회계기준으로 영업이익률이 높은 종목에서 낮은 종목을 내림차순으로 정렬한다. 종목 수를 동일하게 위에서부터 20등분하여 20개의 그룹으로 나눈다. 과거 10년 동안 각 그룹의 수익률을 연도별로 비교해본다.[2]

이렇듯 어떤 투자 전략이 과거에 적용했을 때 어떤 결과를 보여줬는지 알아보는 과정을 백테스트라고 한다. 이런 백테스트를 통해서 미신이 옳은 주장인지, 그릇된 주장인지를 판단할 수 있다. 앞에서 얘기한 것들을 직접 검증해보고 주식투자에 임하는 사람과 그냥 맞는 내용일 것이라고 생각하고 주식투자에 임하는 사람은 분명 다르다. 전자가 더 높은 수익을 올릴 확률이 높다. 가능하면 주식시장에서 나도는 미신들을 그냥 믿지 말고 백테스트를 통해 검증해보는 습관을 가져보자.

---

2   이 책의 7장에서는 영업이익률에 대한 과거 17년 동안의 검증 내용을 다룬다.

검증 결과 그 주장이 옳아도 좋고, 틀려도 좋다. 둘 다 도움이 된다. 옳다는 결과가 나오면 그건 더 이상 미신이 아니고 맞는 주장이 된다. 옳은 주장이라면 투자에 확신을 가지고 이용하면 된다. 미신이 틀리다는 결과가 나오면 그 주장을 이용하지 않으면 된다. 이를 통해 쓸데없는 매매비용을 지출하지 않고 나의 재산을 지킬 수 있다.

어떤 주장을 검증했는데 그냥 틀린 정도가 아니라 오히려 반대의 경우가 옳다는 결론이 나올 때도 있다. 그렇다면 대박이다. 내가 어떤 주장의 반대가 옳다는 사실을 알고 있는데, 그 주장이 옳다는 잘못된 믿음을 가진 사람이 많을수록 수익 내기는 쉬워진다. 잘못된 믿음을 가지고 있는 사람들보다 우위에 있게 되기 때문이다. 특히 일반적인 통념과 반대의 결론으로부터 나온 투자 방법들은 앞으로도 계속 높은 수익을 거둘 확률이 높다. 사람들은 자신의 가치관과 통념이 일치할 경우 가치관을 쉽게 바꾸려 하지 않기 때문이다.

백테스트 결과를 이용하는 방법

백테스트를 통해 옳은 주장과 그릇된 주장을 알아냈다면 이를 투자에 이용할 수 있다. 만약 'PER이 낮은 주식이 높은 주식보다 수익률이 좋다'라는 주장이 옳다는 사실을 알아냈다고 가정하자. 그러면 앞으로 투자할 주식을 찾을 때 PER이 낮은 주식들 안에서 투자할 주식을 찾으면 된다. PER이 10 이하인 종목들의 리스트를 뽑은 후, 그중에서 추가적으로 분석해서 최종 투자할 종목을 찾는 것이다. PER이 10 이상인 종목들 안에서 투자할 종목을 찾는 것보다 성공 확률이 더 높다. 이런 투자 방법은 주관적인 판단이 일부 개입된다. 그래서 리스트 작성에는 정량적인 방법을 이용하고, 최종 투자할 종목을 선정할 때는 정성적인 방법을 이용한다. 백테스트는 이렇게 두 가지 방법을 같이 이용하는 투자자들에게도 큰 도움이 된다.

백테스트 결과를 이용하는 또 다른 방법이 있는데, 아예 PER이 낮은 상위 종목 리스트를 뽑아서 그 주식들을 모두 사버리는 것이다. 100% 정량적으로만 종목을 찾아 투자하는 방법이다. 이런 방법으로 투자하면 주관적 판단이 개입될 여지를 없앨 수 있다. 이것이 바로 계량투자이다. 이처럼 계량투자자들에게 백테스트는 절대적이다.

필자는 계량투자자이다. 필자는 스스로 종목 선정 능력이 좋지 않다는 사실을 일찌감치 깨달았기 때문에 아예 주관적 판단이 개입될 여지를 없앴다. 이것은 사람마다 다르다. 주관적 판단을 개입시키는 것이 좋은 사람도 있고, 주관적 판단을 개입시키지 않는 것이 좋은 사람도 있다. 전자이든 후자이든 백테스트 결과를 아는 것은 모두에게 도움이 된다. 이 책은 2~18장까지 다양한 주제로 백테스트 결과를 담고 있다. 백테스트 결과가 일반적인 상식과는 반대되는 것도 있다. 많은 사람이 옳다고 믿는 내용이 사실은 반대라는 것을 알게 되면, 계속 옳다고 믿는 사람보다 투자 판단에 있어 우위에 서게 될 것이다.

계량투자(퀀트투자)의 장점

계량투자는 정량적인 분석만으로 투자하는 것이다. 정량적으로 평가될 수 없는 것들을 무시하기 때문에 많은 비판을 받기도 하지만 이것은 오히려 계량투자의 장점이다. 정량적으로 평가될 수 없다는 것은 어떤 의미일까? 주관적인 요소가 개입될 여지가 많다는 뜻이다. 안목이 없는 사람들의 경우 주관적인 요소가 개입될수록 실수할 확률이 높아진다. 그러므로 주관적인 판단이 들어갈 여지를 아예 차단해버리는 것이 더 좋다. 그래서 필자는 기업탐방을 좋아하지 않는다. 사람들은 좋은 주식을 찾기 위해 기업탐방을 다닌다. 하지만 일반적으로 정말 좋은 주식을 좋게 판단하기보다는 자신이 잘 아는 주식을 좋게 판단하는 경향이 있다. 즉 자신이 탐방을 다녀온 기업의 주식이 다녀오지 않은 기업의 주식보다 왠지 더 좋아 보이는 것이다. 기업탐방은 주관적인 요소가 개입될 여지를 크게 만든다.

계량투자는 실제 투자가 진행되기 전에 백테스트를 진행할 수 있다는 장점이 있다. 즉 백테스트를 통해 실행하려는 투자 전략이 올바른지 미리 파악할 수 있다. 백테스트를 통해 이 전략이 과거에 얼마나 수익이 났는지 뿐만 아니라, 얼마나 오랫동안 투자자를 고생시켰는지도 알게 된다. 이런 것들을 알게 되면 투자 전략에 확신을 가지고 투자에 임할 수 있다. 주관적인 판단이 들어가는 투자 방식이라면 백테스트 자체가 불가능하다. 백테스트 없이 투자를 진행하게 되면 얼마나 불안하겠는가? 조금만 수익이 나지 않아도 이 투자 전략이 옳은 것인지 의심이 들게 된다. 하지만 계량투자 전략에 대해 백테스트를 했고, 이를 통해 사용하는 투자 전략이 과거 2년 동안 수익이 나지 않았던 경험이 있는 전략이라는 사실을 알고 있으면 어떨까? 실전 투자에서 2년간 수익이 저조하더라도 확신을 가지고 투자 전략을 고수할 수 있다.

계량투자는 투자할 종목을 찾거나 타이밍을 찾는 데 시간과 노력이 적게 들어간다는 장점이 있다. 계량투자에서 백테스트는 중요하다. 물론 백테스트에는 많은 시간과 노력이 필요하다. 하지만 일단 백테스트가 끝나면 이후에 투자할 종목이나 타이밍을 찾는 데 많은 시간과 노력이 필요하지 않다. 주관적 판단을 바탕으로 한 투자자의 경우 매번 투자할 종목을 찾는 데 많은 시간과 노력이 들어갈 수밖에 없다. 특히 소수 종목에 집중투자하는 경우는 더욱 그렇다. 하지만 계량투자는 이미 나와 있는 자료를 모델에 집어넣어 추출되는 종목이나 타이밍에 맞춰 단순하게 투자하면 된다. 얼마나 간단한가?

♫ 책을 이해하기 위한 용어와 기본 개념

본격적인 내용으로 들어가기 전에 이 책을 이해하는 데 도움이 되는 용어와 기본 개념을 알고 가자. 처음 보는 용어도 있고 까다로운 개념도 있다. 책이 진행되면서 뒤에서 언급될 내용들이다. 여기서 기본적인 수준만 알고 가면 보다 이해하기 쉬울 것이다.

백테스트 Back test

어떤 투자 전략이 과거에 어느 정도의 수익이 나는지 또는 얼마나 위험한지를 알아보기 위해 역사적인 데이터를 이용하여 전략을 모의실험 Simulation하는 과정을 말한다. 백테스트의 예를 들어 살펴보자. 누군가 "PER이 낮은 기업의 주식에 투자하면 높은 수익이 난다"라고 주장한다. 이 주장이 맞는지 틀렸는지 알 수가 없다. 과거 데이터를 가지고 통계를 내봐야 한다. 과거 전 종목의 PER 자료와 수익률 자료를 구한다. 그리고 과거에 PER이 낮은 종목의 수익률이 어떠한지를 확인해본다. 또한 이런 전략이 얼마나 위험한지, 승률은 어떠한지도 같이 알아본다. 추가로 PER이 높은 종목의 수익률도 확인하여 PER이 낮은 종목의 수익률과 비교해본다.

동일가중Equal weighted 교체 매매

이 책에서 소개하는 전략은 한번 매수한 종목을 계속 보유하는 방법이 아니라, 정기적으로 종목을 교체하는 것이다. 이에 대해 '리밸런싱Rebalancing'이라는 용어를 사용하기도 한다. 이 책의 2부와 3부에서 진행한 백테스트는 동일가중 교체 매매를 전제로 하고 있다. 말 그대로 투자 대상 종목 중에서 어떤 종목에 많이 투자하고 어떤 종목에 조금 투자하는 것이 아니라, 전부 같은 금액으로 투자하는 것이다. 40종목에 투자해야 하고 투자 자금이 1억 원이라면 한 종목에 250만 원씩 투자하는 것이다. 종목당 250만 원을 투자해야 하는데, 이미 보유하고 있는 종목에 현재 400만 원을 투자하고 있고, 이번 교체 매매 시점에도 투자 대상에 속해 있다면 150만 원어치의 주식을 매도하여 250만 원으로 만들어야 한다. 한편 200만 원을 투자하고 있는 경우에는 50만 원을 추가로 매수해서 250만 원을 만들어야 한다. 또한 매매 시점에 대상에서 제외되는 종목은 전량 매도하고, 신규로 편입되는 종목은 250만 원만큼 매수한다. 그러면 40종목 모두 각각 250만 원이 되는 것이다. 이런 식으로 매매하는 것이 동일가중 교체 매매이다.

동일가중 이외에 시가총액가중과 가치가중이 있다. 시가총액가중 방식은 시가총액 비중에 따라 대형주에는 많이 투자하고, 소형주에는 적게 투자하는 방법이다. 가치가중 방식은 상대적으로 저평가된 주식에 많이 투자하고, 그렇지 않은 주식에는 적게 투자하는 방법이다. 가치가중 방식이 더 수익률이 좋을 것으로 예상되지만, 이 책에서는 백테스트의 편의를 위해 동일가중을 사용했다. 가치가중 포트폴리오의 장점은

밸류리더스 신진오 회장님의 저서 《Value Timer의 전략적 가치투자》
(이콘, 2009)에 자세히 설명되어 있다.

포트폴리오 Portfolio

하나의 자산에 투자하지 않고 채권, 주식, 부동산 등 둘 이상의 자산
에 분산투자할 경우 그 투자 대상을 총칭하는 것이다. 이 책에서는 좁은
의미에서 포트폴리오라는 용어를 사용한다. 주식만으로 구성되어 있지
만, 둘 이상의 종목에 분산투자할 경우에도 그 투자 대상을 포트폴리오
라는 용어로 총칭한다.

생존자 편향 Survivorship bias

이미 사라진 데이터를 보지 못하고 살아남아 있는 데이터만 분석하
는 오류를 말한다. 과거에 이미 상장폐지되어 사라진 종목들을 분석에
서 제외하는 경우가 대표적인 예이다. 백테스트를 할 때 이 편향을 가장
유의해야 한다. 2008년부터 2017년까지 10년간 백테스트를 한다고 가
정해보자. 2012년에 상장폐지된 종목이 있다면 이 종목은 2008년부터
2012년까지는 거래되었다는 얘기다. 당연히 분석가는 2012년까지는 이
종목을 백테스트 대상에 편입시켜서 수익률 통계를 내야 한다. 현재 상
장폐지가 되었다고 해당 종목을 처음부터 제외하고 테스트를 진행한다
면 생존자 편향 오류에 빠지게 된다. 이 책에 나오는 모든 테스트는 생
존자 편향 오류를 피하기 위해 과거에 상장폐지된 종목도 대상에 포함
하여 진행했다.

20분위 테스트

데이터를 동등하게 20개의 부분으로 나누어서 진행한 테스트이다. 예를 들어 영업이익률이 높은 주식이 수익률도 높은지 알아보기 위하여 영업이익률이 높은 주식부터 낮은 주식 순으로 정렬한 이후 순서대로 20개의 그룹으로 나눈다. 1그룹에는 가장 영업이익률이 높은 주식들 5%가 편입될 것이고, 20그룹에는 가장 영업이익률이 낮은 주식들 5%가 편입될 것이다. 이렇게 나눈 후 각 그룹의 수익률을 확인한다. 그리고 1년 후에 새로운 재무제표가 발표되면 각 그룹에 해당하는 주식들을 바꾸게 된다. 이때 다시 그룹에 해당되는 주식으로 교체한 이후 1년간 수익률을 확인한다. 이런 식으로 계속 누적하여 장기적인 연평균 복리수익률을 확인하는 것이다. 각 그룹별 수익률의 차이를 확인하면, 해당 지표의 유용성과 특성을 알 수 있다. 이 책의 2부와 3부에서는 주로 2000년 7월부터 2017년 6월까지 17년의 기간 동안 다양한 재무비율과 주가를 이용하여 20분위 테스트를 진행했다.

다양한 수익률

① 산술평균 수익률 : 3종목을 동시에 1,000만 원씩 투자하였고, 각각의 수익률이 +20%, +5%, −10%라면 전체 포트폴리오 수익률은 +5%이다. 3개 종목의 수익률을 모두 더한 다음에 3으로 나누면 된다. 구하는 식은 다음과 같다.

$$\frac{(20\% + 5\% - 10\%)}{3} = 5\%$$

이렇게 구해진 수익률이 산술평균 수익률이다. 이 책에서 이뤄지는 다양한 테스트는 딱 한 종목만 투자하는 경우는 없다. 특정 조건에 해당하는 수많은 종목에 분산투자하여 1년간 수익률을 구한다. 이때 산술평균을 사용해서 구하는 것이다.

② **기하평균 수익률** : 3년 동안 수익률이 +20%, +5%, −10%라면 연평균 복리수익률은 어떻게 구해야 될까?

$$(1+x)^3=(1+0.2)(1+0.05)(1-0.1)$$

위의 식에서 x값을 구하면 된다.

식을 풀이하면 $\sqrt[3]{1.2 \times 1.05 \times 0.9}-1=4.28\%$가 나온다.

이렇게 구해진 수익률이 기하평균 수익률이다. 이 책에서 이뤄지는 테스트에서는 딱 1년만 통계를 내서 결론을 내는 경우는 없다. 10년 이상의 기간을 테스트하여 수익률을 계산한다. 연평균 복리수익률을 구하기 위해서는 기하평균을 사용해야 한다.

③ **로그 수익률** : 연속 복리의 개념이다. 약간 어려운 개념으로, 이해하기 어려우면 그냥 넘어가도 상관없다(18장에서만 잠깐 언급된다). 이해를 돕기 위해 예를 들어 살펴보자. 채권에 1만 원을 투자했는데 1년 후에 1,000원의 이자를 받았다. 이때 일반적으로 연 10%의 수익률이라고 말한다. 그런데 두 번으로 나누어서 6개월마다 500원씩 이자를 받으면 어떨까? 이 경우에도 수익률 10%라고 말할 수 있을까? 10%가 아니라 10.25%가 맞다. 두 번에 걸쳐 총 1,000원의

이자를 받았지만, 중간에 받은 500원의 이자를 6개월간 10%의 이자로 재투자할 수 있기 때문에 25원의 이자가 더 발생하게 되는 것이다. 이를 구하는 식은 다음과 같다.

$$(1+0.05)\times(1+0.05)-1=0.1025$$

위의 식을 좀 더 멋있게 표현하면 다음과 같다.

$$(1+\frac{0.1}{2})^2-1=0.1025$$

이번에는 3개월마다 250원씩 1년 동안 4번에 걸쳐 1,000원을 받았다면 수익률은 어떻게 될까? 10.38%이다. 중간중간 받은 이자를 계속 재투자한다면 38원의 수익을 더 챙길 수 있다. 계산식은 다음과 같다.

$$(1+\frac{0.1}{4})^4-1=0.1038$$

이런 식으로 이자를 받는 기간을 더 잘게 쪼개서 1개월, 1주, 1일, 1시간, 1분, 1초 더 나아가서 무한대로 쪼갤 수 있다. 그렇다면 우리는 1만 원으로 52원의 수익을 더 얻을 수 있다. 이것이 연속 복리 개념이다. 연속 복리 개념으로는 1년 동안 원금 1만 원으로 1만 1,000원을 만드는 것이 아니라 1만 1,052원을 만들어야 10%의 수익을 달성했다고 말할 수 있다. 무한대로 쪼개서 이자를 받고, 그렇게 쪼개서 받은 이자를 다시 10%로 재투자하면 1만 1,052원이 되었기 때문이다. 식은 다음과 같다.

$$\lim_{N \to \infty}(1+\frac{0.1}{N})^N-1=0.1052$$

1만 원이 1년 후에 1만 1,052원이 되어야 10% 수익률이라고 한다면, 1만 원을 1년 후에 1만 1,000원으로 만들면 얼마의 수익률이라고 해야 하는가? 연속 복리의 개념을 적용하여 다음과 같은 식을 만들 수 있다.

$$\lim_{N \to \infty}(1+\frac{R}{N})^N-1=\frac{1,000}{10,000}=0.1$$

위의 식의 R값을 구하면 된다.

$\frac{R}{N}$ 을 t로 치환하면

$\lim_{t \to 0}(1+t)^{\frac{R}{t}}-1=\frac{1,000}{10,000}=0.1$로 식을 바꿀 수 있다.

그런데 $\lim_{t \to 0}(1+t)^{\frac{1}{t}}=2.718\cdots$로 수렴하고, 이렇게 나온 2.718…을 수학에서는 e로 표현한다.

$e^R=\frac{11,000}{10,000}$이 된다. 양변에 밑이 e인 로그를 취하면

$R \cdot \log_e e=\log_e(\frac{11,000}{10,000})$이다. 밑이 e인 로그를 수학에서는 자연로그라고 하는데, ln으로 표시한다. $\log_e e=1$이므로, 최종적으로 R은 다음 식으로 구할 수 있다.

$R=\ln(\frac{11,000}{10,000})$이다.

여기에 나온 R값을 구하면 9.531%가 된다. 이 식은 직접 손으로 계산하기는 어렵지만, 재무용 계산기나 엑셀로는 쉽게 구할 수 있다. 이렇게

구한 수익률을 로그 수익률이라고 한다. 이를 일반화하면 다음과 같다.

$$R=\ln(\frac{투자\ 원금+수익\ 금액}{투자\ 원금})$$

모멘텀

① **주가 모멘텀**Price momentum : 주가가 상승한 종목은 지속적으로 상승하는 경향이 있고, 주가가 하락하는 종목은 지속적으로 하락하는 경향이 있음을 말한다. 이를 더 세분화하면 절대 모멘텀, 상대 모멘텀, 듀얼 모멘텀이라는 용어가 추가적으로 나온다. 절대 모멘텀이란 특정 주식이 과거 주가 대비 얼마나 상승했는지를 의미한다. 상대 모멘텀이란 특정 주식이 다른 주식들 대비 주가가 얼마나 강했는지를 의미한다. 듀얼 모멘텀은 절대 모멘텀과 상대 모멘텀을 같이 고려하여 주가의 상태를 살펴보는 것을 의미한다.

② **이익 모멘텀**Earnings momentum : 어닝 서프라이즈 기업의 주가는 지속적으로 상승하며, 어닝 쇼크 기업의 주가는 지속적으로 하락하는 경향이 있음을 말한다.

가치투자 Value investing

기업가치에 믿음을 둔 주식투자 전략이다. 가치투자의 창시자인 벤저민 그레이엄Benjamin Graham이 주식의 가격은 회사의 가치와 관계가 있다는 것을 알아낸 후 가치투자 추종자들이 생겨났다. 가치투자는 회사 지분의 일부를 사서 회사를 소유한다는 마인드로 투자하는 사람들이 많고 비교적 장기투자를 지향한다. 가치투자는 안전마진Margin of safety을 중요하게 보는데, 주가와 가치 사이에 얼마나 괴리율이 있는가를 의미한다. 괴리가 클수록 안전마진이 크며, 가치투자자는 안전마진이 큰 기업의 주식을 선호한다.

창시자인 벤저민 그레이엄 이외에도 가치투자로 유명한 분이 많다. 워런 버핏Warren Buffett, 존 네프John Neff, 피터 린치Peter Lynch, 존 템플턴John Templeton, 세스 클라만Seth Klaman 등 한 번쯤은 들어봤을 만한 이름이다. 한국에서 유명한 가치투자자로는 한국투자밸류자산운용의 이채원 님, 신영자산운용의 허남권 님, 밸류리더스의 신진오 님, 가치투자연구소 카페 운영자 남산주성(김태석) 님, VIP 자산운용의 최준철, 김민국 님이다. 이분들 모두 필자가 존경하는 분들이다. 필자는 계량투자를 하기 전에 정성적 분석을 함께 이용하는 가치투자자였다. 계량투자를 하고 있는 지금도 다양한 가치지표를 사용하고 있다. 투자를 어떻게 하느냐에 따라 계량투자(퀀트투자)도 가치투자의 한 부류가 될 수 있다. 기술적 분석(차트 분석) 지표를 사용하는 계량투자의 경우 가치투자라고 할 수 없지만, 가치지표를 활용한 계량투자의 경우는 가치투자의 한 형태로 볼 수 있다.

기본적 분석과 기술적 분석

① 기본적 분석Fundamental analysis : 기업의 내재가치를 평가하여 적정 주가를 예측하는 방법으로, 가치투자자들이 주로 이 분석 방법을 사

용한다. 내재가치보다 저평가되어 있는 주식을 매수하고, 고평가
되어 있는 주식을 매도한다.

② 기술적 분석$^{Technical analysis}$: 주가와 거래량의 과거 흐름을 분석하여
미래의 주가를 예측하는 방법이다. 주로 주가와 거래량 등의 차트
를 이용하여 분석한다. 과거의 특정한 패턴을 찾거나 기술적 분석
지표를 활용하기도 한다. 특정한 패턴에는 원형바닥형, 상승쐐기
형, 헤드앤드숄더형(머리어깨형, 3산형) 등이 있다. 그리고 기술적 분
석 지표로는 이동평균선, MACD, RSI, 스토캐스틱 등이 있다.

시가총액

시장 전체의 시가총액을 말하기도 하고, 개별 종목의 시가총액을 말
하기도 한다. 이 책에서는 개별 종목의 시가총액을 의미하는 용도로만
사용하였다. 시가총액은 해당 종목의 발행주식 수에 주가를 곱해서 구
한다. 이를 통해 시장에서 해당 기업을 어느 정도 크기로 평가하는지를
알 수 있다. 이익이나 자본에 비해 시가총액이 높은지 낮은지를 바탕으
로 고평가, 저평가를 판단할 수 있다. 발행주식 수가 100만 주이고 1주
당 가격이 1만 원인 기업의 주식이 있다면 시가총액은 100억 원이 된다.
이는 이 기업의 주식 전부를 시장에서 거래되는 가격으로 매수하는 데
필요한 금액과 같은 의미이다.

재무상태표와 포괄손익계산서

① 재무상태표 : 일정한 시점에 현재 기업이 보유하고 있는 재무상태를 나타내는 재무제표이다. 기업 활동에 필요한 자금을 어디서 얼마나 조달하여 투자했는지를 알 수 있게 해준다. 자산, 부채, 자본으로 구성되어 있으며, 자산은 항상 부채와 자본의 합계와 일치한다.

② 포괄손익계산서 : 일정 기간 동안의 기업의 경영 성과를 나타내기 위하여 작성한 재무제표이다. 매출액과 비용을 통해 이익을 알 수 있다. 포괄손익계산서에 들어가는 항목은 다음과 같다.

- 매출액 : 일정 기간 동안 벌어들인 수익이다.
- 매출원가 : 제품을 만드는 데 소요된 생산원가이다.
- 매출총이익 : 매출액에서 매출원가를 빼서 구한다.
- 판매비와관리비 : 광고비, 감가상각비, 인건비가 포함된다.
- 영업이익 : 매출총이익에서 판매비와관리비를 빼서 구한다.
- 법인세차감전순이익 : 영업이익에서 영업외수익을 더하고, 영업외비용을 빼서 구한다.
- 당기순이익 : 법인세차감전순이익에서 법인세비용을 빼서 구한다.

다양한 재무비율

2개 이상의 재무제표 항목을 통하여 다양한 비율을 구할 수 있는데, 이를 재무비율이라고 한다. 어떤 기업의 당기순이익이 100억 원이라는 사실만 알고 있다면, 이 기업이 얼마나 수익성이 좋은지 알 수 없다. 하지만 추가로 매출액이 500억 원이라는 정보가 있다면 100억 원을 500억 원으로 나누어서 당기순이익률이 20%라는 사실을 알 수 있게 된다. 당기순이익률은 대표적인 수익성 지표이다. 이렇게 재무제표 항목 자체로 분석하기보다 재무비율을 통해서 분석하는 것이 더 중요하다. 재무

● 표 A-1. 다양한 재무비율

구분	이름	계산식	관련 장
성장성 지표	매출액성장률	(당기매출액-전기매출액)/전기매출액	3장
	영업이익성장률	(당기영업이익-전기영업이익)/전기영업이익	3장
	당기순이익성장률	(당기순이익-전기순이익)/전기순이익	
수익성 지표	ROE(자기자본이익률)	당기순이익/평균자본	6장
	ROA(총자산이익률)	당기순이익/총자산	6장
	영업이익률	영업이익/매출액	7장
	당기순이익률	당기순이익/매출액	7장
안정성 지표	부채비율	총부채/총자본	8장
	이자보상비율	영업이익/금융비용	
	유동비율	유동자산/유동부채	
가치 지표	PER	시가총액/당기순이익	5장
	PBR	시가총액/총자본	5장
	PSR	시가총액/매출액	5장
	PCR	시가총액/영업현금흐름	5장
배당 지표	배당수익률	주당배당금/주가	4장
	배당성향	배당금총액/당기순이익	

비율을 알아야 해당 기업의 성격을 제대로 확인할 수 있으며, 다른 기업과의 비교도 가능하기 때문이다. 표 A-1을 보면 우리가 자주 사용하는 재무비율의 종류와 계산식 그리고 이 책의 어느 장에서 해당 재무비율을 다루는지 알 수 있다.

베타와 알파

① 베타^{Beta} : 벤치마크 대비 포트폴리오가 얼마나 민감한지를 나타내는 값이다. 벤치마크가 코스피지수이며, 베타가 2인 포트폴리오가 있다고 가정해보자. 코스피지수가 10% 상승할 때 포트폴리오 수익률은 +20%가 된다. 시장 대비 10%의 초과수익이 달성되었으니 매우 좋은 포트폴리오일까? 반대로 코스피지수가 10% 하락할 때 포트폴리오 수익률은 −20%가 될 것이다. 상황이 반대가 되었다. 상승장에서 벤치마크 대비 초과 수익률이 단지 베타에 의한 것이라면 훌륭한 포트폴리오라고 볼 수 없다.

② 알파^{Alpha} : 베타를 감안한 기대수익률에 비해 얼마나 높은 수익을 거두었는가를 의미한다. 예를 들어 베타가 2인 포트폴리오가 있는데 벤치마크가 10% 상승하였다. 그리고 포트폴리오는 25%의 수익을 거두었다면 5%는 알파 때문이다. 알파가 지속적으로 유지된다면 벤치마크가 10% 하락할 경우 −15%의 수익률을 기록하게 된다 (베타에 의한 손실 20%와 알파에 의한 이익 5%의 합). 이런 포트폴리오는 하락장에서 벤치마크보다도 못한 수익률을 거두었다. 하지만 베

타만을 감안한 기대수익률 −20%보다는 좋다. 그러므로 훌륭한 포트폴리오라고 할 수 있다.

※ 투자 전략을 세우거나 좋은 펀드를 선택할 때 중요하게 생각해야 할 것이 바로 알파이다. 많은 사람이 알파를 살피지 않고 단순히 베타가 높아서 상승장에서 벤치마크보다 높은 수익률을 달성한 펀드를 훌륭하다고 판단하는 우를 범하기도 한다.

2부

재무제표를 이용한 계량투자

2장

흑자 기업 vs. 적자 기업의
주식수익률 차이

Questions

1. 당기순이익이나 영업이익이 흑자인 기업의 주식이 적자인 기업의 주식보다 수익률이 좋을까?
2. 당기순이익 흑자 전환형 주식과 흑자 지속형 주식 중 수익률이 더 좋은 것은 무엇일까?
3. 영업이익 적자 전환형 주식과 적자 지속형 주식 중 수익률이 더 나쁜 것은 무엇일까?
4. 당기순이익과 영업이익이 적자로 돌아선 기업의 주식은 반드시 피해야 할까?

당기순이익 흑자와 적자 기업의 수익률의 차이

사람들은 정서적으로 '적자'라는 단어보다는 '흑자'라는 단어를 더 좋아한다. 필자뿐만 아니라 대다수의 사람이 마찬가지일 것이다. 흑자는 수입이 지출보다 많아 잉여이익이 생기는 것을 말하고, 적자는 지출이 수입보다 많아 결손액이 생기는 것을 말한다. 왠지 흑자와 관련된 건 다 좋을 것 같고, 적자와 관련된 건 다 안 좋을 것 같다.

전년도 당기순이익[3] 흑자 기업의 주식과 전년도 당기순이익 적자 기업의 주식 중 어느 쪽이 더 수익률이 좋을까? 이 질문에 대부분의 사람이 흑자 기업의 주식이 적자 기업의 주식보다 수익률이 좋을 것이라고 답할 것이다. 하지만 직접 통계를 내보고 답하는 사람은 많지 않다. 이번 장에서는 이 부분에 대한 테스트를 진행해보고 추가적인 분석을 해볼 것이다.

테스트를 하기 전에 확실히 해두어야 할 것이 있다. 1999년 회계기준으로 흑자인지 아닌지는 언제 알 수 있을까? 다음해인 2000년 3월 말은 되어야 정확하게 알 수 있다. 우리는 3월 말에 3개월의 기간을 추가로 더하여 6월 마지막 거래일에 교체 매매하는 것을 가정할 것이다. 전년도 당기순이익 흑자·적자 여부를 매년 6월 마지막 거래일에 파악하여

---

3 매출액에서 매출원가를 빼면 매출총이익이 나온다. 매출총이익에서 판매비와관리비를 빼면 영업이익이 나온다. 영업이익에 기타수익, 금융수익, 지분법이익을 더하고 기타손실, 금융원가, 지분법손실을 빼면 법인세비용차감전순이익이 나온다. 여기서 법인세비용까지 빼면 최종적으로 당기순이익이 나온다. 즉 당기순이익은 기업의 최종적인 이익이다.

두 개의 그룹(흑자 그룹, 적자 그룹)으로 구성한다. 그리고 각각의 그룹에 해당하는 종목들을 동일가중[4]으로 1년마다 교체 매매하는 방식으로 수익률을 알아보자. 2000년 6월 마지막 거래일을 시작으로 2017년 6월 마지막 거래일까지 17년의 기간을 테스트할 것이다.

<당기순이익 흑자 적자에 따른 연도별 수익률>

- 기간 : 2000년 7월~2017년 6월(총 17년)
- 대상 : 코스피, 코스닥 전 종목
- 교체 매매 주기 : 1년에 1회
- 교체 시기 : 6월 마지막 거래일
- 방법 : 매매 시점 직전년도 당기순이익 흑자인 기업의 주식과 적자인 기업의 주식으로 구분하여 두 개의 그룹으로 나눈다. 각 그룹에 해당되는 종목을 동일가중으로 교체 매매한다.

전년도 당기순이익 흑자인 기업의 주식들을 동일가중으로 6월 마지막 거래일 종가로 매수하여 1년씩 보유한 후 교체 매매하는 방법으로 투자했다면, 2000년 6월 마지막 거래일부터 2017년 6월 마지막 거래일까지 17년간 연평균 복리수익률은 +10.80%이다. 하지만 같은 방법으로 당기순이익이 적자인 기업의 주식들에 투자했다면 연평균 복리수익률

---

4   해당 종목의 투자 금액 가중치를 동일하게 둔다는 의미이다. 총 100종목을 투자해야 한다면 한 종목당 1%의 비중으로 투자함을 의미한다. 예를 들어 1,000만 원을 100종목에 투자한다면 한 종목당 10만 원씩 투자하는 것이다.

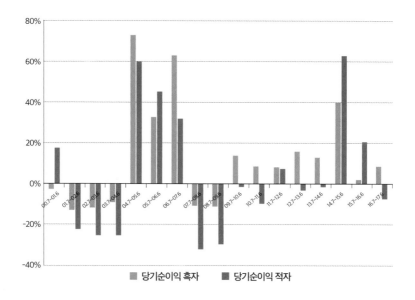

은 +1.34%밖에 되지 않는다. 두 그룹의 수익률 차이는 9.46%이다. 대다수가 예상하듯이 전년도 당기순이익이 흑자인 기업의 주식을 매수하는 것이 적자인 기업의 주식을 매수하는 것보다 더 유리하다. 하지만 매년 당기순이익 흑자 그룹이 당기순이익 적자 그룹보다 수익률이 높은 것은 아니다. 과거 17년 동안 4번의 기간에서는 당기순이익 적자 그룹 수익률이 더 높았다. 이 4번의 기간을 표 2-1에 별도로 표시해두었다. 나머지 13번의 기간은 당기순이익 흑자 그룹의 수익률이 더 높았다.

이 테스트 하나만 가지고도 주식으로 수익을 내는 방법이 생각보다 쉽다는 사실을 알 수 있다. 과거 17년 동안 전년도 당기순이익이 흑자인 모든 기업의 주식을 동일가중으로 매수하여 1년에 한 번씩 교체 매매하

투자 기간	당기순이익 흑자	당기순이익 적자
2000. 7~2001. 6	-2.24%	17.53%
2001. 7~2002. 6	-12.92%	-22.06%
2002. 7~2003. 6	-11.62%	-25.16%
2003. 7~2004. 6	-8.98%	-25.36%
2004. 7~2005. 6	73.39%	59.79%
2005. 7~2006. 6	33.01%	45.47%
2006. 7~2007. 6	63.48%	32.20%
2007. 7~2008. 6	-10.35%	-32.28%
2008. 7~2009. 6	-11.29%	-29.86%
2009. 7~2010. 6	14.37%	-1.14%
2010. 7~2011. 6	9.13%	-9.42%
2011. 7~2012. 6	8.55%	7.67%
2012. 7~2013. 6	16.14%	-2.95%
2013. 7~2014. 6	13.39%	-1.15%
2014. 7~2015. 6	40.48%	62.97%
2015. 7~2016. 6	2.18%	20.71%
2016. 7~2017. 6	8.71%	-7.67%
연평균 복리수익률	10.80%	1.34%

는 방법만으로도 연 10%가 넘는 수익률을 올릴 수 있었다. 이렇게 주식으로 수익을 내는 것이 쉽다면 왜 손실이 나는 사람들이 존재할까? 대다수의 투자자가 이런 방법으로 주식에 투자하지 않기 때문이다. 투자

자는 스스로 전망이 좋은 기업의 주식을 찾아다니며 순간순간 시장에서 유행하는 종목들을 샀다 팔았다 하며 매매한다. 잘되면 좋지만 대다수는 그렇지 못하다. 단순한 방법으로 얻는 수익보다 더 높은 수익을 올리기 위해 했던 행동이 오히려 수익을 나쁘게 만드는 경우가 많다.

만약 이런 테스트를 통해 투자하겠다고 큰마음을 먹고 실행하더라도 과정이 그다지 쉽지는 않다. 표 2-1을 보면 당기순이익이 흑자인 기업의 주식들에 동일가중으로 투자하더라도 2000년 7월~2004년 6월까지 4년 동안 31.52%라는 제법 큰 손실을 감내해야 된다.[5] 여간 뚝심이 강한 사람이 아니라면 중간에 포기해버릴 것이다. 바로 다음 1년(2004년 7월 ~2005년 6월) 동안 +73.39%의 수익이 난다는 사실을 모른 채로 말이다. 4년 동안의 손실을 다음 1년에 모두 회복할 수 있는데 많은 투자자가 여기까지 버티지 못한다. 그렇기 때문에 우리 주위에 주식투자로 손실이 난 사람이 생각보다 많은 것이다.

흑자인 기업을 전부 다 똑같은 비중으로 매수하는 방법은 상당히 무식해 보인다. 하지만 수익률 측면에서는 굉장히 훌륭한 방법이다. 투자할 종목 리스트도 다 알고 있다. 전년도 당기순이익 흑자인 기업을 뽑아서 모두 동일하게 매수하는 방법이 뭐가 어렵겠는가? 1년 중 하루 날을 잡아서 마우스 클릭 1,400번 정도 하면 된다.[6] 아, 1,400번! 갑자기 이건

---

5   4년 동안의 수익률 −2.24%, −12.92%, −11.62%, −8.98%를 복리로 누적하면 −31.52% 이다.
6   2017년 회계기준으로 당기순이익이 흑자인 종목은 약 1,400개이다.

좀 어렵다는 생각이 든다. 내 계좌에 1,400개의 종목이 편입되어 있다고 생각해보라. 주주총회 참석 통지서나 배당금 통지서를 받는 것만으로도 머리 아플 것이다. 증권회사로부터 잔고 통보를 받아도 작은 책 한 권이 될 것이다. 하지만 너무 걱정하지 말자. 이 책을 끝까지 읽으면 투자 종목 수를 줄이고 수익은 높이는 방법을 배울 수 있다.

영업이익 흑자와 적자 기업의 수익률 차이

당기순이익으로 테스트해봤으니 영업이익으로 테스트해보면 어떨지 궁금해진다. 앞에서와 똑같은 방법으로 당기순이익을 영업이익으로 바꾸어서 테스트를 진행해보자. 영업이익이 흑자인지 적자인지를 구분하

<영업이익 흑자 적자에 따른 연도별 수익률>

- 기간 : 2000년 7월~2017년 6월(총 17년)
- 대상 : 코스피, 코스닥 전 종목
- 교체 매매 주기 : 1년에 1회
- 교체 시기 : 6월 마지막 거래일
- 방법 : 매매 시점 직전년도 영업이익 흑자인 기업의 주식과 적자인 기업의 주식으로 구분하여 두 개의 그룹으로 나눈다. 각 그룹에 해당되는 종목을 동일가중으로 교체 매매한다.

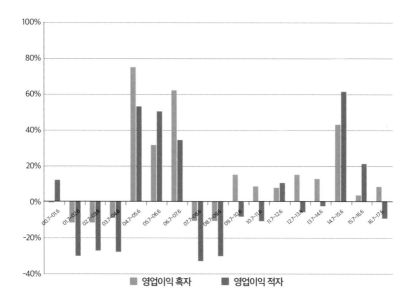

● 그림 2-2. 영업이익 흑자/적자에 따른 연도별 수익률

여 수익률 통계를 내보자.

당기순이익을 영업이익으로 대체하여 통계를 내도 역시 비슷한 결과에 도달한다. 전년도 영업이익 흑자인 기업의 주식들을 동일가중으로 6월 마지막 거래일 종가로 매수하여 1년씩 보유한 후 교체 매매하는 방법으로 투자하면 2000년 6월 마지막 거래일부터 2017년 6월 마지막 거래일까지 17년간 연평균 복리수익률은 +10.96%이다. 반면에 같은 방법으로 영업이익 적자인 기업의 주식들에 투자했다면 연평균 복리수익률은 −0.81%이다. 두 그룹의 수익률 차이는 11.77%이다.

여기서 잠깐 생각해볼 것이 있다. 앞에서 당기순이익을 기준으로 테

투자 기간	영업이익 흑자	영업이익 적자
2000. 7~2001. 6	-0.34%	11.88%
2001. 7~2002. 6	-11.97%	-30.52%
2002. 7~2003. 6	-11.94%	-27.36%
2003. 7~2004. 6	-8.95%	-27.96%
2004. 7~2005. 6	74.95%	52.97%
2005. 7~2006. 6	31.77%	49.95%
2006. 7~2007. 6	62.31%	34.31%
2007. 7~2008. 6	-10.54%	-33.02%
2008. 7~2009. 6	-11.16%	-30.40%
2009. 7~2010. 6	15.16%	-8.74%
2010. 7~2011. 6	8.78%	-10.84%
2011. 7~2012. 6	7.92%	10.39%
2012. 7~2013. 6	15.25%	-6.12%
2013. 7~2014. 6	12.73%	-2.36%
2014. 7~2015. 6	43.05%	61.14%
2015. 7~2016. 6	3.84%	21.09%
2016. 7~2017. 6	7.30%	-7.25%
연평균 복리수익률	10.96%	-0.81%

스트한 두 그룹 수익률 차이는 9.46%였고, 영업이익으로 테스트한 두 그룹의 수익률 차이는 11.77%였다. 수익률 차이가 2.31%[7] 더 늘어났다.

흑자, 적자를 구분하여 투자한다면 당기순이익보다 영업이익이 더 좋은 재무제표 항목임을 의미한다. 당기순이익이 흑자인 것이 적자인 것보다 좋다. 하지만 더 중요한 것은 영업이익이 흑자인지 여부이다.

영업이익 흑자 그룹이 영업이익 적자 그룹보다 수익률이 높다는 사실을 알았다. 하지만 매년 그런 것은 아니다. 과거 17년의 기간 동안 5번의 기간에서는 오히려 영업이익 적자 그룹의 수익률이 더 높았다. 이 5번의 기간을 표 2-2에 별도로 표시해두었다.

적자 전환 기업의 주식수익률은 얼마나 안 좋을까

지금까지 단순하게 당기순이익과 영업이익이 전년도 적자인지 흑자인지를 확인하여 어느 쪽이 더 수익률이 높았는지 살펴봤다. 이제 조금 더 세밀하게 분석해보자. 우리는 재무제표 2개 회개연도를 놓고 당기순이익의 변화를 비교해볼 수 있다. 전전년도와 전년도의 당기순이익을 비교하면 ① 흑자 전환, ② 흑자 지속, ③ 적자 지속, ④ 적자 전환으로 총 4개의 유형으로 분류할 수 있다.

---

7   11.77%-9.46%=2.31%

① **흑자 전환** : 전전년도 당기순이익이 적자였으나, 전년도 당기순이
익은 흑자인 기업의 주식

② **흑자 지속** : 전전년도 당기순이익이 흑자였으며, 전년도 당기순이
익도 흑자인 기업의 주식

③ **적자 지속** : 전전년도 당기순이익이 적자였으며, 전년도 당기순이
익도 적자인 기업의 주식

④ **적자 전환** : 전전년도 당기순이익이 흑자였으나, 전년도 당기순이
익은 적자인 기업의 주식

이 4개 유형에 대하여 각각의 수익률을 알아보자. 직접 통계를 내보기
전까지 필자는 가장 큰 수익률을 보여주는 유형은 흑자 전환형일 것으
로 예상했다. 적자였다가 흑자로 돌아서게 되면 시장에서 기업의 성장
모멘텀을 가장 높게 판단해줄 것이라는 생각 때문이었다. 또한 적자 전
환형이 가장 낮은 수익률을 보일 것으로 예상했다. 흑자였다가 적자로
돌아서게 되면 기업의 성장에 대한 우려가 주가에 영향을 줄 것이라는
생각 때문이었다. 이러한 생각이 맞는지 테스트 해보자.

17년간 연평균 복리수익률을 살펴보면 당기순이익을 기초로 한 4개
의 유형 중 흑자 전환형이 +11.49%로 가장 좋다. 두 번째는 높은 수익
률의 유형은 흑자 지속형의 수익률로 +10.55%이다. 반면 적자 지속형
수익률은 −3.96%이다. 즉 전전년도 당기순이익이 적자이면서 전년도
에도 당기순이익이 적자인 기업의 주식은 적극적으로 피해야 할 주식들
이다. 주목해서 봐야 할 것은 적자 전환형의 수익률이다. 전년도 흑자가

<당기순이익을 기초로 한 4개 유형의 연도별 수익률>

• 기간 : 2000년 7월~2017년 6월(총 17년)

• 대상 : 코스피, 코스닥 전 종목

• 교체 매매 주기 : 1년에 1회

• 교체 시기 : 6월 마지막 거래일

• 방법 : 매매 시점 전전년도와 전년도의 당기순이익을 비교하여 4개
  유형으로 나눈다. 각 유형에 해당되는 종목을 동일가중으로 교체
  매매한다.

● 그림 2-3. 당기순이익을 기초로 한 4개 유형의 연도별 수익률

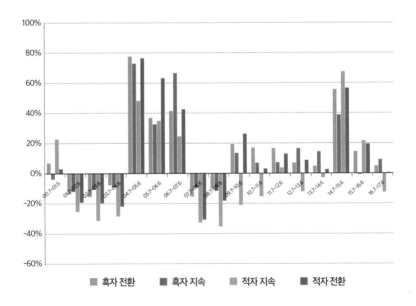

투자 기간	흑자 전환	흑자 지속	적자 지속	적자 전환
2000. 7~2001. 6	7.11%	-3.52%	22.82%	3.34%
2001. 7~2002. 6	-13.34%	-11.99%	-25.57%	-19.26%
2002. 7~2003. 6	-15.65%	-10.90%	-31.36%	-19.69%
2003. 7~2004. 6	-7.75%	-9.09%	-28.29%	-21.85%
2004. 7~2005. 6	77.15%	72.71%	48.15%	76.64%
2005. 7~2006. 6	36.80%	32.34%	34.57%	62.90%
2006. 7~2007. 6	41.40%	66.47%	24.58%	42.32%
2007. 7~2008. 6	-15.52%	-9.66%	-33.08%	-30.82%
2008. 7~2009. 6	-10.44%	-11.69%	-35.44%	-18.28%
2009. 7~2010. 6	19.63%	13.35%	-21.30%	26.07%
2010. 7~2011. 6	16.84%	6.85%	-15.28%	3.31%
2011. 7~2012. 6	16.52%	7.55%	3.69%	12.97%
2012. 7~2013. 6	6.82%	16.72%	-12.25%	8.67%
2013. 7~2014. 6	4.59%	14.46%	-3.34%	2.49%
2014. 7~2015. 6	55.37%	38.65%	67.31%	56.43%
2015. 7~2016. 6	14.45%	0.00%	21.40%	19.53%
2016. 7~2017. 6	4.81%	9.20%	-12.57%	0.33%
연평균 복리수익률	11.49%	10.55%	-3.96%	8.05%

발생한 유형인 흑자 전환형이나 흑자 지속형보다 떨어지지만 적자 전환형의 수익률은 +8.05%로 생각보다는 괜찮은 수익률을 보여주고 있다.

● 그림 2-4. 당기순이익을 기초로 한 4개 유형의 연평균 복리수익률(2000. 7~2017. 6)

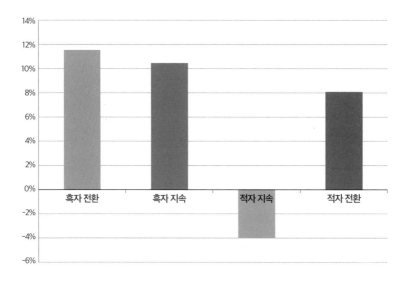

 필자는 앞에서 흑자 전환형이 가장 높은 수익률을 보이고, 적자 전환형이 가장 낮은 수익률을 보일 것이라고 예상했었다. 흑자 전환형 기업들의 주식수익률이 가장 높을 것이라는 예상은 맞았다. 하지만 적자 전환형에 대한 예상은 틀렸다. 적자 전환형 기업들의 주식수익률은 필자가 예상한 것보다 훨씬 좋았다. 필자뿐만 아니라 테스트 결과를 확인하기 전의 많은 투자자가 적자 전환형 기업의 주식에 대해 큰 두려움을 가지고 있는 듯했다. 하지만 테스트 결과를 보면 그렇게 두려워할 필요가 없다. 진짜 피해야 할 주식은 적자 전환형이 아니라 적자 지속형이다.

 보유하고 있는 주식 중에 흑자였다가 적자로 전환한 기업의 주식이 있다고 가정해보자. 단지 적자로 전환했다는 이유만으로 포트폴리오에서 무조건 제외시키는 것은 바람직하지 않을 수 있다. 하지만 만약 이 주식이 다음 해에도 적자라면 적자 전환형이 아니라 적자 지속형이 된다. 적자 지속형 기업의 주식은 예후가 좋지 않다. 이런 상황이 되면 무조건이라고 말할 수는 없지만, 가능하면 포트폴리오에서 제외하는 것이 바람직하다.

원금 1,000만 원을 시작으로 2000년 6월 마지막 거래일부터 2017년 6월 마지막 거래일까지 1년마다 교체 매매하여 17년간 복리로 투자하게 되면 유형별 계좌 수익 금액이 어떻게 되었는지 그림 2-5와 표 2-4를

<당기순이익을 기초로 한 4개 유형 투자수익 시뮬레이션>
• 기간 : 2000년 6월 30~2017년 6월 30일
• 최초 원금 1,000만 원 투자 가정

● 그림 2-5. 당기순이익을 기초로 한 4개 유형 투자수익 시뮬레이션

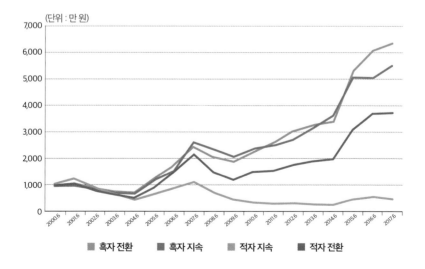

유형	2000. 6. 30 금액(원금)	2017. 6. 30 금액
흑자 전환형	1,000만 원	6,351만 원
흑자 지속형	1,000만 원	5,501만 원
적자 지속형	1,000만 원	503만 원
적자 전환형	1,000만 원	3,728만 원

통해 알 수 있다.

지금까지 당기순이익을 기초로 한 4개 유형의 수익률을 알아보았다. 이제는 영업이익을 기초로 한 4개 유형의 수익률을 알아보도록 하자.

영업이익을 기초로 한 4개 유형 수익률은 어떨까

<영업이익을 기초로 한 4개 유형의 연도별 수익률>

• 기간 : 2000년 7월~2017년 6월(총 17년)

• 대상 : 코스피, 코스닥 전 종목

• 교체 매매 주기 : 1년에 1회

• 교체 시기 : 6월 마지막 거래일

• 방법 : 매매 시점 전전년도와 전년도의 영업이익을 비교하여 4개 유형으로 나눈다. 각 유형에 해당되는 종목을 동일가중으로 교체 매매한다.

● 표 2-5. 영업이익을 기초로 한 4개 유형의 연도별 수익률

투자 기간	흑자 전환	흑자 지속	적자 지속	적자 전환
2000. 7~2001. 6	-2.37%	1.61%	15.92%	1.90%
2001. 7~2002. 6	-15.87%	-10.87%	-35.41%	-25.26%
2002. 7~2003. 6	-22.16%	-10.99%	-30.83%	-24.61%
2003. 7~2004. 6	-15.28%	-8.21%	-32.73%	-22.91%
2004. 7~2005. 6	73.07%	75.33%	43.92%	68.49%
2005. 7~2006. 6	30.33%	31.86%	35.75%	76.15%
2006. 7~2007. 6	44.02%	64.45%	27.55%	43.68%
2007. 7~2008. 6	-6.52%	-10.85%	-34.95%	-29.23%
2008. 7~2009. 6	-12.49%	-11.33%	-35.27%	-21.12%
2009. 7~2010. 6	12.11%	15.32%	-19.84%	14.23%
2010. 7~2011. 6	7.64%	9.04%	-14.41%	-4.92%
2011. 7~2012. 6	12.40%	7.47%	12.05%	8.70%
2012. 7~2013. 6	6.35%	15.55%	-14.17%	1.63%
2013. 7~2014. 6	2.51%	13.54%	-9.81%	6.86%
2014. 7~2015. 6	46.78%	42.81%	60.67%	61.75%
2015. 7~2016. 6	18.34%	1.97%	20.12%	22.76%
2016. 7~2017. 6	1.65%	7.88%	-14.69%	1.55%
연평균 복리수익률	8.10%	11.32%	-5.86%	6.07%

● 그림 2-6. 영업이익을 기초로 한 4개 유형의 연도별 수익률

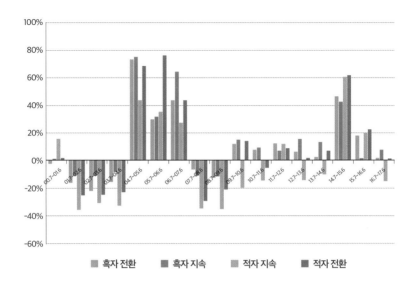

■ 흑자 전환　■ 흑자 지속　■ 적자 지속　■ 적자 전환

● 그림 2-7. 영업이익을 기초로 한 4개 유형의 연평균 복리수익률(2000. 7~2017. 6)

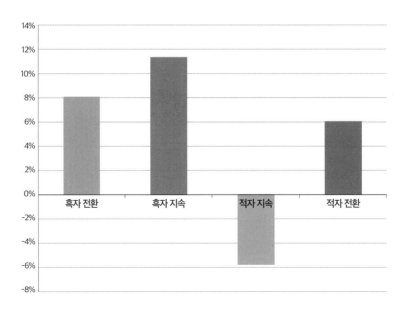

<영업이익을 기초로 한 4개 유형 투자수익 시뮬레이션>

- 기간 : 2000년 6월 30일~2017년 6월 30일

- 최초 원금 1,000만 원 투자 가정

● 그림 2-8. 영업이익을 기초로 한 4개 유형 투자수익 시뮬레이션

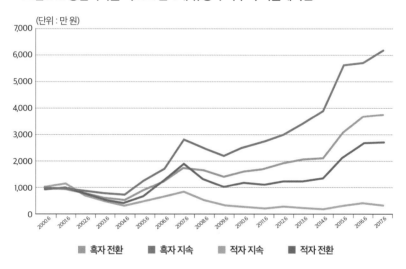

● 표 2-6. 영업이익을 기초로 한 4개 유형 투자수익

유형	2000. 6. 30 금액(원금)	2017. 6. 30 금액
흑자 전환형	1,000만 원	3,758만 원
흑자 지속형	1,000만 원	6,194만 원
적자 지속형	1,000만 원	358만 원
적자 전환형	1,000만 원	2,274만 원

17년간 연평균 복리수익률을 살펴보면 영업이익을 기초로 한 4개의 유형 중 흑자 지속형의 수익률이 가장 좋다. 당기순이익을 기초로 한 4개의 유형에서 흑자 전환형의 수익률이 가장 좋았던 것과는 다른 모습이다.

영업이익을 기준으로 했을 때 흑자 전환형의 연평균 복리수익률 +8.10%이고, 흑자 지속형의 연평균 복리수익률은 +11.32%이다. 적자 지속형의 수익률은 당기순이익을 기준으로 했을 때도 최악의 수익률이었고, 영업이익을 기준으로 했을 때도 최악의 수익률을 보여주었다. 영업이익을 기준으로 적자 지속형은 연평균 복리수익률이 −5.86%이다. 적자 전환형은 연평균 복리수익률이 +6.07%이다. 역시 영업이익으로 기준을 바꾸어도 당기순이익을 기준으로 했을 때처럼 적자 전환형 기업들의 주식수익률은 크게 나쁘지 않다.

원금 1,000만 원으로 2000년 6월 마지막 거래일부터 2017년 6월까지 1년마다 교체 매매하여 실제로 17년간 복리로 투자하게 되면 유형별 계좌 수익 금액이 어떻게 되는지 그림 2-8과 표 2-6을 통해 알 수 있다.

이번 장을 마치며

당기순이익을 기초로 하여 4개의 유형으로 분리하게 되면 수익률이 높은 순서대로 흑자 전환형, 흑자 지속형, 적자 전환형, 적자 지속형이다. 영업이익을 기초로 하여 4개의 유형으로 분리한 수익률은 순위가 살짝 바뀐다. 가장 수익률이 높은 순서대로 보면 흑자 지속형, 흑자 전환형, 적자 전환형, 적자 지속형 순이다. 종합해보면 흑자 전환형이나 흑자 지속형 기업의 주식에 투자하는 것이 가장 바람직하다.

당기순이익을 기준으로 하나 영업이익을 기준으로 하나 적자 지속형은 꼭 피해야 할 유형의 주식이다. 하지만 적자 전환형은 일반사람들이 생각하는 것보다 수익률이 괜찮다. 적자로 전환했다는 의미 자체가 적자가 나오기 전에는 흑자였다는 의미를 포함하고 있다. 기업을 경영하다 보면 훌륭한 기업도 흑자가 지속되다가 일시적으로 적자가 되기도 한다. 그 일시적인 적자 상황에서 주식을 매도한다면 자칫 최저가에서 주식을 매도하게 될 수도 있다. 이 책을 읽는 독자들은 그런 우를 범하지 말고, 적자 전환형 주식에 대한 막연한 두려움을 버리자.

2장 핵심 요약

1. 당기순이익이나 영업이익 기준으로 모두 흑자 기업의 주식들이 적자 기업의 주식들보다 수익률이 좋다. 하지만 매년 그런 것은 아니다.
2. 단순히 전년도 영업이익이 흑자인 주식들을 동일가중으로 투자하는 방식만으로도 부자가 될 수 있다.
3. 당기순이익 기준으로 흑자 전환형 주식들의 수익률이 가장 좋으며, 적자 지속형 주식들의 수익률이 가장 나쁘다.
4. 영업이익 기준으로 흑자 지속형 주식들의 수익률이 가장 좋으며, 적자 지속형 주식들의 수익률이 가장 나쁘다.

5. 당기순이익 기준이나 영업이익 기준이나 적자 전환형 기업의 주식들을 너무 두려워할 필요는 없다.

※ 당기순이익 흑자 전환형 종목들을 동일가중으로 투자하여 1년마다 교체 매매하였다면 과거 17년간 연평균 복리수익률 +11.49%를 얻을 수 있었다(원금 1,000만 원이 6,351만 원으로 늘어난다).

연평균 복리수익률에 대하여

수익률을 구하는 여러 방법이 있지만 투자자 입장에서는 연평균 복리수익률 개념이 가장 중요하다. 예를 들어 철수는 최초 원금 1,000만 원으로 투자하기 시작하여 10년 후 2,000만 원이 되었다. 10년 동안 수익률은 100%이다. 그러면 철수의 연평균 수익률은 어떻게 구해야 할까? 100%를 10으로 나누어서 연평균 10%라고 말하면 될까?

이런 식으로 계산하는 것은 문제가 있다. 이렇게 계산한 숫자는 연평균 단리수익률이다. 연 10%의 복리수익률을 얻는다면 최초 원금 1,000만 원은 10년 후에는 2,000만 원이 아니라 2,594만 원이 된다. 복리 효과로 인해 계좌의 수익 금액이 기하급수적으로 늘어나기 때문인데, 표 A-2를 통해 확인할 수 있다.

연평균 10%씩 벌었다고 말하는 것은 철수의 수익률을 과대평가한 것이다. 그렇다면 철수의 연평균 복리수익률은 어떻게 구해야 할까? 10년 후 100%의 수익률은 연평균 복리수익률로 몇 %일까?

$$1{,}000만 원 \times (1+x)^{10} = 1{,}000만 원 \times (1+100\%)$$

여기서 *x*값을 구하면 되는데, *x*에 대하여 풀어쓰면 다음과 같다.

$$x=\sqrt[10]{2}-1$$

*x*값을 계산해보면 7.177%가 나온다. 매년 7.177%씩 복리로 수익이 나면 최초 원금 1,000만 원은 10년 후에 2,000만 원이 된다. 표 A-3에서 확인해보자.

이를 통해 철수의 연평균 복리수익률은 10%가 아니라 7.177%임을 알 수 있다. 이 책에서 평균 수익률을 얘기할 때는 주로 연평균 복리수익률

● 표 A-2. 철수의 수익 금액(연 10%)

기간(년)	계좌 금액(만 원)	수익률	수익 금액(만 원)
최초	1,000		
1	1,100	10%	100
2	1,210	10%	110
3	1,331	10%	121
4	1,464	10%	133
5	1,611	10%	146
6	1,772	10%	161
7	1,949	10%	177
8	2,144	10%	195
9	2,358	10%	214
10	2,594	10%	236

● 표 A-3. 철수의 수익 금액(연평균 복리수익률 7.177%)

기간	계좌 금액(만 원)	수익률	수익 금액(만 원)
최초	1,000		
1	1,072	7.177%	72
2	1,149	7.177%	77
3	1,231	7.177%	82
4	1,319	7.177%	88
5	1,414	7.177%	95
6	1,516	7.177%	101
7	1,624	7.177%	109
8	1,741	7.177%	117
9	1,866	7.177%	125
10	2,000	7.177%	134

을 사용할 것이다(여기서 '주로'라고 표현한 이유는 '3부 캘린더 효과'를 서술한 부분에서 이해를 쉽게 하기 위해 산술평균 수익률을 사용하였다. 그리고 5부 18장의 그래프상에서 두 포트폴리오의 수익률 비교에 더 용이한 로그 수익률을 일부 사용하였기 때문이다).

3장

매출액과 영업이익의
증감에 따른 주식수익률 차이

매출액 증감은 무엇을 말하는가

과자를 만들어 판매하는 기업에서 100원짜리 과자 1만 개를 팔면 매출액은 100만 원이다. 매출액을 늘리기 위해서는 과자 값을 올리거나 판매량을 증가시키면 된다. 판매량에 변화가 없지만 과자 가격이 물가상승률만큼 오른다고 가정하면 매출액은 물가상승률만큼 증가해야 한다.[8] 상식적으로 생각해보면, 물가가 상승하는 경제하에서 기업의 매출액이 감소하기는 어려워 보인다. 하지만 우리는 매년 전자공시를 통해 매출액이 감소한 기업들을 쉽게 발견한다. 왜 매출액이 감소한 것일까? 경기불황, 소비자 기호 변화, 경쟁력 상실 등이 그 이유가 될 수 있다. 경기불황이 이유라면 경기순환에 따라 시간이 해결해준다. 불황이 지나가면 다시 호황이 오기 때문이다. 하지만 어떤 기업이 경쟁력 상실이나 소비자 기호 변화 같은 이유로 매출액이 하락했다면 어떨까? 쉽게 해결되지 않는다. 이런 기업은 소비자의 마음을 돌리거나 경쟁에서 이기기 위해 막대한 비용이 필요할 수도 있다.

　매출액이 증가한 기업에 투자하겠는가, 아니면 감소한 기업에 투자하겠는가? 매출액이 증가한 기업의 주식에 투자하는 것이 상식이다. 그런데 이런 상식과 반대로 매출액이 감소한 기업의 주식만 골라서 투자하는 사람이 있다면 어떨까? 아마도 멍청한 사람이라고 생각할 것이다. 하지만 이 멍청해 보이는 행동이 오히려 옳은 행동이다. 그렇다면 매출액이 감소한 기업들의 주식에 투자하라는 말인가? 필자의 대답은 '그렇다'

8　물가상승률이 3%이면 과자 값도 평균적으로 3% 상승한다. 과자 값은 100원에서 103원으로 오르게 되고 판매량이 동일하게 1만 개라면 매출액은 103만 원이 된다. 즉 물가상승률만큼 매출액이 증가하게 된다.

이다. 왜 그런지 이번 장에서 다양한 통계를 바탕으로 확인해볼 것이다.

매출액이 감소한 기업의 주식에 투자하면 어떨까

매출액이 감소한 기업의 주식에 투자하는 일이 '정말 멍청한 행동인가'를 확인하기 위해서는 테스트가 필요하다. 여기서는 직전 2개 연도 당기순이익이 모두 흑자인 기업과 직전 2개 연도 영업이익이 모두 흑자인 기업들만을 대상으로 테스트를 진행했다.[9] 즉 당기순이익이나 영업이익이 직전 2개 연도에서 한 번이라도 적자가 발생했다면 그 종목은 제외했다. 전년도 매출액이나 영업이익의 증감은 3월 말이나 되어야 알 수 있다. 여기에 3개월의 기간을 추가하여 매년 6월 마지막 거래일에 교체매매하는 것을 가정하여 테스트했다.

　매출액 증가 기업들과 감소 기업들에 대한 테스트 결과를 살펴보자. 표 2-7을 보면 놀랍게도 매출액이 감소한 기업들의 연평균 복리수익률이 +14.20%이고, 매출액이 증가한 기업은 +9.28%이다. 즉 작년 매출액이 감소한 기업들의 수익률이 매출액이 증가한 기업들보다 더 좋다. 이것이 테스트 결과이다. 단, 직전 2개 연도의 당기순이익이나 영업이

9　이번 장에서 진행하는 테스트들의 대상 종목에는 모두 이 제약 조건이 있다. 이런 제약 조건을 넣은 이유는 이번 장 뒷부분에서 다룰 영업이익성장률에 따른 수익률을 테스트할 때와 통일성을 주기 위해서이다. 영업이익성장률을 정상적으로 구하기 위해서는 과거 2개 연도 모두 영업이익이 플러스 값이어야 된다. 당기순이익이 과거 2개 연도 모두 플러스인 추가 조건은 필자가 임의로 삽입했다.

<매출액 증가 감소에 따른 연도별 수익률>

- 기간 : 2000년 7월~2017년 6월(총 17년)
- 대상 : 코스피, 코스닥 전 종목 중 직전 2개 연도 모두 당기순이익과 영업이익이 모두 흑자인 기업
- 교체 매매 주기 : 1년에 1회
- 교체 시기 : 6월 마지막 거래일
- 방법 : 매매 시점 전전년도와 전년도 매출액을 비교하여 매출이 증가했는지 감소했는지 여부에 따라 두 개의 그룹으로 나눈다. 각 그룹에 속한 종목들을 동일가중으로 교체 매매한다.

● 그림 2-9. 매출액 증감에 따른 연도별 수익률

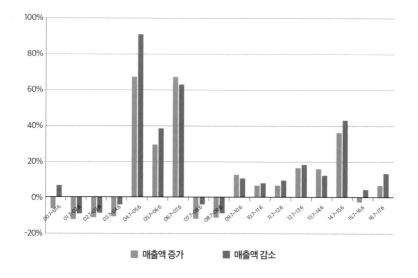

익이 한 번이라도 적자인 기업은 모두 제외했다는 사실을 염두에 두어
야 한다. 그렇더라도 직전년도 매출액이 감소한 기업들의 주식이 매출
액이 증가한 기업들의 주식보다 수익률이 좋다는 사실은 일반적인 통념

● 표 2-7. 매출액 증감에 따른 연도별 수익률

투자 기간	매출액 증가	매출액 감소
2000. 7~2001. 6	-6.11%	7.01%
2001. 7~2002. 6	-12.50%	-9.08%
2002. 7~2003. 6	-11.19%	-8.55%
2003. 7~2004. 6	-10.85%	-4.05%
2004. 7~2005. 6	67.34%	90.70%
2005. 7~2006. 6	29.45%	38.40%
2006. 7~2007. 6	66.99%	62.80%
2007. 7~2008. 6	-11.87%	-3.58%
2008. 7~2009. 6	-11.55%	-8.77%
2009. 7~2010. 6	12.99%	10.77%
2010. 7~2011. 6	6.87%	8.13%
2011. 7~2012. 6	6.77%	9.70%
2012. 7~2013. 6	16.42%	18.15%
2013. 7~2014. 6	15.94%	12.47%
2014. 7~2015. 6	35.97%	42.86%
2015. 7~2016. 6	-2.47%	4.73%
2016. 7~2017. 6	6.88%	13.32%
연평균 복리수익률	9.28%	14.20%

을 뒤엎는 결과이다.

승률도 살펴보자. 총 17년의 테스트 기간 동안 매출액 증가 기업들이 매출액 감소 기업들의 주식수익률을 이긴 경우는 3번밖에 없었다. 나머지 14번의 경우에는 모두 매출액 감소 기업들의 주식수익률이 매출액 증가 기업들의 주식수익률보다 높았다. 표 2-7에 별도로 표시한 부분은 매출액이 증가한 그룹의 주식수익률이 더 높았던 경우이다. 승률 면에서도 매출액 감소 기업의 주식들에 투자하는 것이 더 유리하다는 사실은 매우 놀랍다.

주식에 투자하는 사람이라면 매출액이 감소한 기업을 부정적으로 보는 경향이 있다. 많은 투자자가 매출액이 감소하는 현상을 해당 기업의 제품이 시장에서 도태되고 있다고 해석하거나, 경쟁 기업의 등장으로 제품 판매 조건이 열악해졌다고 받아들이기 때문이다. 이때 주식의 가격이 오를 것이라고 판단하기보다 떨어질 확률이 높다는 선입견을 가진다. 하지만 테스트 결과를 본다면 매출액이 감소한 기업에 대한 부정적인 시각이 달라질 수 있다. 즉 당기순이익이나 영업이익이 흑자라면 매출액이 감소한 기업의 주식을 부정적으로 볼 필요가 없다. 오히려 저평가되어 있을 확률이 높으므로 긍정적으로 봐야 한다.

많은 투자자가 매출액이 감소한 기업에 실망한다. 투자자의 실망에 따른 매물 출회로 주가가 과도하게 저평가될 확률이 있다. 다시 말해, 흑자이면서 매출액이 증가한 기업 안에서 저평가 주식을 찾는 것보다 흑자이면서 매출액이 감소한 기업 안에서 저평가 주식을 찾는 것이 쉬울 수 있다. 매출액이 감소한 기업 중에서 저평가 기업을 찾기 어렵다면 위에서 테스트한 대로 매매해보자. 과거 2개 연도의 영업이익과 당기순이익이 모두 흑자이면서 매출액이 감소한 기업의 주식들을 모두 찾아 동일가중으로 매수해보자. 물론 앞으로도 이런 방법이 반드시 수익률이 좋을 것이라고 보장할 수는 없다. 하지만 과거 17년 동안 연 14% 수익률은 나오지 않았는가! 과거에 좋았던 방법이 하루아침에 망가질 확률보다 앞으로도 성공적일 확률이 더 클 것이다.

매출액성장률이 낮은 기업의 주식수익률은 어떨까

좀 더 깊이 있는 테스트를 진행해보자. 우리는 앞에서 역설적이게도 흑자 기업이라면 매출액이 감소한 기업의 주식수익률이 매출액이 증가한 기업의 주식수익률보다 좋다는 사실을 확인했다. 그렇다면 다음과 같은 질문을 할 수 있다. 단순히 매출액이 감소한 기업의 주식보다 매출액 감소율이 큰 기업의 수익률이 더 높지 않을까?

이 질문에 대한 답을 찾기 위해서는 '매출액성장률'이란 지표를 사용해야 한다. 매출액성장률은 전기에 비해 매출액이 얼마나 증가하였는지를 비율로 표시한 지표로, 전기에 비해 매출액이 감소하였다면 매출액성장률은 마이너스 값이 나온다.

$$\text{매출액성장률} = \frac{\text{당기 매출액} - \text{전기 매출액}}{\text{전기 매출액}}$$

이렇게 구해진 매출액성장률을 바탕으로 가장 높은 성장률을 보인 기업들부터 가장 낮은 성장률을 보인 기업 순으로 정렬한다. 이후 가장 높은 성장률을 보인 기업부터 내림차순으로 종목 수를 동일하게 20개의 그룹으로 쪼갠다. 1그룹은 매출액성장률이 가장 높은 상위 5% 기업의 주식들로 구성될 것이고, 20그룹은 매출액성장률이 가장 낮은 5% 기업의 주식들로 구성될 것이다. 각 그룹을 정기적으로 교체 매매했을 때 과거 17년간 각 그룹의 수익률을 비교해보자.

그림 2-10을 보면 역시 일반적인 통념과 다르다. 놀랍게도 매출액성장률이 가장 높은 1그룹 수익률이 가장 낮다. 또한, 매출액성장률이 가장 낮은 20그룹 수익률이 가장 높지는 않지만 대체적으로 그룹의 숫자가 뒤로 갈수록 수익률이 높다는 점을 확인할 수 있다. 이를 통해 어느 정도의 경향성을 확인할 수 있다. 이는 매출액성장률이 낮은 기업일수록 수익률이 높은 현상이 '존재'한다는 의미이다.

연도마다 다르겠지만 보통 14~20그룹은 주로 매출액이 감소한 기업들이 포함되어 있다. 앞에서 단순히 매출액이 감소한 기업의 주식들은 매출액이 증가한 기업의 주식들보다 더 수익률이 좋다는 사실을 알아냈다면, 이번 20분위 테스트를 통해 투자에 대한 일반적인 통념을 다시 한번 생각하게 만든다.

왜 매출액성장률이 낮은 기업들의 주식수익률이 더 좋은 것일까? 투자자들은 매출액성장률이 높은 기업에 관심을 갖는 반면, 매출액성장률이 낮은 기업에는 관심을 갖지 않는 경우가 많다. 증권사 애널리스트도 매출액이 크게 늘어난 성장기업 위주로 리포트를 쓰는 경우가 많다.

<매출액성장률에 따른 20분위 수익률>

- 기간 : 2000년 7월~2017년 6월(총 17년)
- 대상 : 코스피, 코스닥 종목 중 직전 2개 연도 모두 당기순이익과 영업이익이 모두 흑자인 기업
- 교체 매매 주기 : 1년에 1회
- 교체 시기 : 6월 마지막 거래일
- 방법 : 매매 시점 전전년도와 전년도 매출액을 비교하여 매출액성 장률을 계산한 후 성장률이 높은 순서대로 1그룹부터 20그룹까지 20분위로 나눈다. 각 그룹에 속한 종목들을 동일가중으로 교체 매매한다.

● 그림 2-10. 매출액성장률에 따른 20분위 수익률

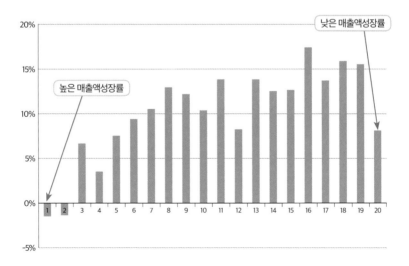

<매출액성장률에 따른 1그룹과 20그룹 수익률 테스트 비교>

투자 기간 : 2000년 6월 마지막 거래일~2017년 6월 말
- 1그룹 연평균 복리수익률 = −1.46%
  ⇒ 1,000만 원 투자 시 778만 원
- 20그룹 연평균 복리수익률 = +8.15%
  ⇒ 1,000만 원 투자 시 3,790만 원

경제신문과 뉴스에서 다루는 주제도 매출액이 크게 늘어난 성장산업 Growth industry이나 관련 기업 위주인 경우가 일반적이다. 전체적으로 분위기가 이렇게 흘러가다 보면 역설적이게도 매출액성장률이 높은 기업의 주식은 많은 사람이 관심을 갖게 되면서 고평가될 확률이 높아진다. 반대로 매출액성장률이 낮은 기업의 주식은 아무도 관심을 갖지 않아 저평가될 확률이 높아진다. 그렇다면 우리가 수익을 낼 수 있는 좋은 방법은 매출액성장률이 낮은 기업의 주식에서 기회를 찾는 것이다. 20분위 테스트를 통해서 그 가능성을 이미 증명하였다.

그렇다면 다음과 같이 투자해보면 어떨까? 과거 2년 동안 당기순이익과 영업이익이 모두 흑자인 기업의 주식들을 골라내자. 그중에서 매출액성장률이 가장 낮은 5% 주식들을 모두 동일가중으로 매수하고, 정기적으로 교체 매매해보자. 괜찮은 수익률을 거둘 수 있다. 백테스트 방법대로 매매하기 위해서는 매출액성장률이 가장 낮은 5%의 주식들에 투자해야 한다. 그러면 매년 투자하는 종목 수가 바뀐다. 종목 수가 바뀌

는 것이 복잡하면 매년 투자할 종목 수를 정해놓고 투자하는 것도 좋은 방법이다. 예를 들어 투자 종목 수를 50종목으로 정했다면, 매년 매출액 성장률이 가장 낮은 50개 종목들에 투자하면 된다.

영업이익이 감소한 기업의 주식에 투자한다면 어떨까

앞에서 매출액에 대한 이야기를 했다. 이제 영업이익으로 넘어가보자. 영업이익이란 매출액에서 매출원가를 제외하고, 다시 판매비와관리비를 제외한 것을 말한다. 과자를 만들어 판매하는 기업을 예로 들어보자. 매출원가는 밀가루 등의 재료비다. 판매비와관리비의 대표적인 항목은 생산직을 제외한 종업원 임금이다. 매출액에서 이들을 모두 제외한 금액이 영업이익이다. 물가가 상승하는 경제 상황에서 특별한 문제가 없다면 매출액이 증가하고 이에 따라 영업이익도 증가하는 것이 일반적이다.

만약 영업이익이 감소한다면 그 이유는 무엇일까? 매출액이 감소한 이유와 마찬가지로 역시 경기불황, 소비자 기호 변화, 경쟁력 상실 등이 이유가 된다. 하지만 영업이익이 감소하는 이유는 매출액이 감소하는 이유보다 더 많다. 원재료 가격이 상승하였는데 제품 가격에 이를 다 반영하지 못하는 경우, 종업원 임금이 올라서 판매비와관리비가 상승하는 경우에 영업이익이 감소하게 된다.

그렇다면 영업이익이 증가한 기업에 투자하겠는가, 감소한 기업에 투자하겠는가? 앞에서 매출액이 증가한 기업의 주식보다 감소한 기업의 주식수익률이 더 높다는 사실을 알았다. 이것을 알게 된 이상 선뜻 대답하기 어렵다. 확률적으로 매출액이 감소한 기업은 영업이익도 감소했을 가능성이 높다는 점을 생각해보라. 매출액이 감소한 기업의 수익률이 높다는 것은 영업이익이 감소한 기업의 수익률 또한 높을 것이라고 예상해볼 수 있다. 정말 그런지 다음 테스트에서 확인해보자.

표 2-8을 보자. 전년도 영업이익이 증가한 기업의 주식들에 투자했을 경우 17년간 연평균 복리수익률은 +9.93%이다. 반대로 전년도에 영업이익이 감소한 기업들의 연평균 복리수익률은 +11.38%이다. 영업이익이 감소한 기업의 주식수익률이 영업이익이 증가한 기업의 주식수익률보다 약간 더 높은 수준이다. 앞서 매출액을 기준으로 사용하여 테스트했을 때보다 유의성이 많이 떨어졌다.[10]

이번에는 승률을 살펴보자. 총 17년의 테스트 기간 동안 영업이익이

<영업이익 증가 감소에 따른 연도별 수익률>

- 기간 : 2000년 7월~2017년 6월(총 17년)
- 대상 : 코스피, 코스닥 종목 중 직전 2개 연도 모두 당기순이익과 영업이익이 모두 흑자인 기업
- 교체 매매 주기 : 1년에 1회
- 교체 시기 : 6월 마지막 거래일
- 방법 : 매매 시점 전전년도와 전년도 영업이익을 비교하여 영업이익이 증가했는지, 감소했는지 여부에 따라 두 개의 그룹으로 나눈다. 각 그룹에 속한 종목들을 동일가중으로 교체 매매한다.

● 표 2-8. 영업이익 증가/감소에 따른 연도별 수익률

투자 기간	영업이익 증가	영업이익 감소
2000. 7~2001. 6	-8.57%	5.66%
2001. 7~2002. 6	-5.59%	-20.13%
2002. 7~2003. 6	-9.30%	-11.71%
2003. 7~2004. 6	-8.73%	-9.99%
2004. 7~2005. 6	65.95%	81.68%
2005. 7~2006. 6	28.13%	35.35%
2006. 7~2007. 6	67.41%	63.72%
2007. 7~2008. 6	-11.73%	-7.44%
2008. 7~2009. 6	-10.63%	-11.82%
2009. 7~2010. 6	12.70%	12.47%
2010. 7~2011. 6	6.94%	7.80%
2011. 7~2012. 6	4.73%	11.65%
2012. 7~2013. 6	18.03%	15.23%
2013. 7~2014. 6	16.27%	13.60%
2014. 7~2015. 6	37.87%	39.24%
2015. 7~2016. 6	-2.94%	3.61%
2016. 7~2017. 6	7.60%	10.92%
연평균 복리수익률	9.93%	11.38%

10 매출액이 감소한 기업의 수익률은 14.20%이며 증가한 기업의 수익률은 9.28%로 그 차이가 4.92%였다. 영업이익이 감소한 기업의 수익률은 11.38%이고, 증가한 기업의 수익률은 9.93%로 그 차이가 1.45%이다. 차이가 크면 유의성이 크고 차이가 작으면 유의성이 작다고 봤을 때 영업이익 항목은 매출액 항목보다 유의성이 떨어진다.

증가한 기업이 영업이익이 감소한 기업의 주식수익률보다 높은 경우는 8번이었다. 이 8번의 기간을 표 2-8에 별도로 표시하였다. 나머지 9번의 경우는 영업이익이 감소한 기업들의 주식수익률이 영업이익이 증가한 기업들의 주식수익률보다 높았다. 승률 면에서도 매출액으로 테스트했을 때보다 유의성이 낮았다.

영업이익성장률이 낮은 기업의 주식수익률은 어떨까

앞에서 매출액성장률에 따른 20분위 수익률을 살펴봤듯이, 영업이익성장률에 따른 20분위 수익률도 살펴보자. 다음과 같은 영업이익성장률 지표를 사용할 수 있다.

$$영업이익성장률 = \frac{당기\ 영업이익 - 전기\ 영업이익}{전기\ 영업이익}$$

가장 높은 성장률을 보인 기업부터 가장 낮은 성장률을 보인 기업 순으로 정렬한 이후 종목 수를 동일하게 20개의 그룹으로 나눈다. 1그룹은 영업이익성장률 상위 5%인 기업의 주식들로 구성된다. 그리고 마지막 20그룹은 영업이익성장률 하위 5%인 기업의 주식들로 구성된다.

그림 2-11을 보면 영업이익성장률이 낮은 20그룹 수익률이 영업이익성장률이 높은 1그룹 수익률보다 더 높았다. 하지만 영업이익성장률에

<영업이익성장률에 따른 20분위 수익률>

- 기간 : 2000년 7월~2017년 6월(총 17년)

- 대상 : 코스피, 코스닥 종목 중 직전 2개 연도 모두 당기순이익과
  영업이익이 모두 흑자인 기업

- 교체 매매 주기 : 1년에 1회

- 교체 시기 : 6월 마지막 거래일

- 방법 : 매매 시점 전전년도와 전년도 영업이익을 비교하여 영업이
  익성장률을 계산한 후 성장률이 높은 순서대로 1그룹부터 20그룹
  까지 20분위로 나눈다. 각 그룹에 속한 종목들을 동일가중으로 교
  체 매매한다.

● 그림 2-11. 영업이익성장률에 따른 20분위 수익률

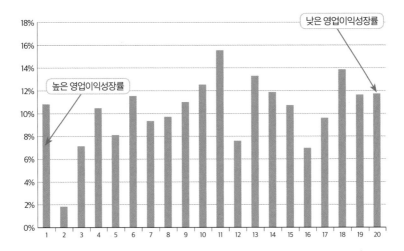

따른 분위별 수익률에서는 앞에서 살펴보았던 매출액성장률의 분위별 수익률과는 다르게 경향성을 찾기 어렵다. 영업이익성장률은 통념과 반대로 이용하기에 유용한 지표가 아님을 알 수 있다.

매출액과 영업이익의 증감에 따른 4개 유형 수익률

매출액 증감과 영업이익 증감을 이용하여 다음과 같은 4개의 유형을 만들 수 있다.

① 매출액 증가-영업이익 증가
② 매출액 증가-영업이익 감소
③ 매출액 감소-영업이익 증가
④ 매출액 감소-영업이익 감소

4개 유형 중 어떤 유형이 가장 높은 수익률을 보여줄까? 일반적인 투자자는 매출액 증가-영업이익 증가 유형이 가장 높은 수익률이 나올 거라고 생각할 것이다. 그렇다면 실제로도 그럴까? 지금까지 내용만 살펴봐도 그렇지 않을 것이라는 사실을 짐작할 수 있을 것이다.

테스트를 진행하기 전에 한번 생각해보자. 매출액이 감소한 기업은 영업이익도 감소한 기업일 가능성이 높다. 지금까지 했던 테스트를 종합해보면, 매출액이 감소한 기업의 주식은 수익률이 높다. 하지만 영업이익이 감소한 기업의 주식은 수익률이 그다지 높지 않았다. 매출액성장률 20분위 테스트에서 매출액성장률이 낮은 기업의 주식이 수익률이 높은 뚜렷한 경향성을 찾을 수 있었다. 하지만 영업이익성장률 20분위 테스트에서는 뚜렷한 경향성을 찾을 수 없었다. 이런 내용들을 바탕으로, 추가적인 테스트 없이도 위의 4개 유형 중 가장 높은 수익률은 어떤 유형일지 예상이 가능하다. 예상하였다면, 그 예상이 맞는지 살펴보자. 여기서도 역시 직전 2개 연도 모두 당기순이익과 영업이익이 모두 흑자인 기업들만을 대상으로 테스트한다.

4개 유형 중 가장 수익률이 높은 유형은 매출액 감소–영업이익 증가 유형이다. 독자들도 이 유형이 가장 높은 수익률을 보일 것이라고 예상

<매출액과 영업이익의 증가 감소에 따른 연도별 수익률>

- 기간 : 2000년 7월~2017년 6월(총 17년)
- 대상 : 코스피, 코스닥 종목 중 직전 2개 연도 모두 당기순이익과 영업이익이 모두 흑자인 기업
- 교체 매매 주기 : 1년에 1회
- 교체 시기 : 6월 마지막 거래일
- 방법 : 매매 시점 전전년도와 전년도 매출액과 영업이익을 비교하여 ① 매출액 증가–영업이익 증가, ② 매출액 증가–영업이익 감소, ③ 매출액 감소–영업이익 증가, ④ 매출액 감소–영업이익 감소의 4개 유형으로 구분하여 각 유형에 속한 종목들을 동일가중으로 교체 매매한다.

투자 기간	① 매출액 증가 -영업이익 증가	② 매출액 증가 -영업이익 감소	③ 매출액 감소 -영업이익 증가	④ 매출액 감소 -영업이익 감소
2000. 7~2001. 6	-10.56%	3.94%	4.72%	8.10%
2001. 7~2002. 6	-6.15%	-23.59%	2.43%	-12.26%
2002. 7~2003. 6	-9.57%	-14.00%	-6.99%	-8.93%
2003. 7~2004. 6	-9.37%	-13.80%	-4.13%	-3.31%
2004. 7~2005. 6	59.55%	78.32%	107.59%	85.99%
2005. 7~2006. 6	27.60%	33.25%	34.65%	39.67%
2006. 7~2007. 6	68.72%	63.17%	58.78%	64.34%
2007. 7~2008. 6	-14.36%	-7.30%	11.15%	-7.62%
2008. 7~2009. 6	-11.67%	-11.30%	7.12%	-13.01%
2009. 7~2010. 6	11.92%	15.40%	29.81%	7.40%
2010. 7~2011. 6	6.70%	7.40%	8.20%	8.09%
2011. 7~2012. 6	3.61%	14.93%	17.75%	7.35%
2012. 7~2013. 6	17.79%	14.33%	24.96%	17.32%
2013. 7~2014. 6	16.14%	15.65%	17.15%	11.35%
2014. 7~2015. 6	35.64%	36.66%	48.90%	41.06%
2015. 7~2016. 6	-4.27%	1.41%	2.87%	5.54%
2016. 7~2017. 6	6.22%	8.52%	13.82%	13.08%
연평균 복리수익률	8.77%	10.33%	19.72%	12.89%

했을 것이다. 대다수 투자자가 가장 수익률이 좋을 것으로 생각하는 매출액 증가―영업이익 증가 유형의 수익률은 오히려 가장 저조했다. 상

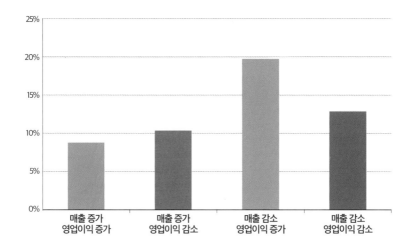

식을 완전히 뒤엎은 것이었다.

과거 2개 연도 영업이익과 당기순이익이 모두 흑자였다면 매출액 감소-영업이익 증가 기업을 찾아보자. 이렇게 찾은 전 종목을 동일가중으로 1년에 한 번씩 교체 매매하는 투자 방법으로 2000년 7월~2017년 6월의 17년 동안 연평균 +19.72%의 복리수익률을 올릴 수 있었다. 이런 과거 통계를 알고 투자하는 사람과 모르고 투자하는 사람의 수익률 차이는 엄청날 것이다.

많은 사람이 수익률을 높이기 위해서 전년도 매출액과 영업이익이 모두 증가한 기업을 찾아 투자를 결정한다. 하지만 이러한 행동은 오히려 수익률을 낮추는 역설적인 결과를 가져올 수 있다. 많은 사람이 좋은 기업의 주식을 사기 위해 노력한다. 하지만 좋은 기업이 반드시 좋은 주식은 아니다. 그렇기 때문에 백테스트가 필요한 것이다.

<매출액과 영업이익 증감을 기초로 한 4개 유형 투자수익 시뮬레이션>

• 기간 : 2000년 6월 30일~2017년 6월 30일

• 최초 원금 1,000만 원 투자 가정

● 그림 2-13. 매출액과 영업이익 증감을 기초로 한 4개 유형 투자수익 시뮬레이션

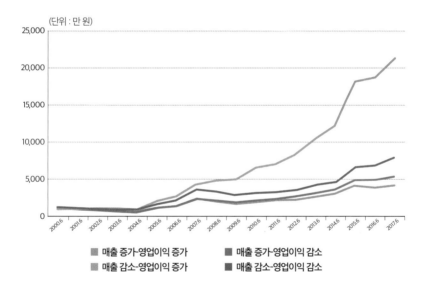

이번 장을 마치며

이번 장에서 흑자 기업이라면 '매출액이 감소한 기업의 주식'도 투자를 기피할 필요가 없다는 사실을 알았다. 오히려 매출액이 감소한 기업의 주식에서 더 큰 기회를 찾을 수 있음을 알게 되었다. 투자한 주식의 매출액이 감소했다고 걱정하는 친구가 있다면 너무 걱정하지 말라고 얘기해주자. 걱정하고 있는 그 친구는 매출액에 대한 테스트 결과를 아직 모르고 있을 가능성이 크다. 테스트 결과를 알고 있는 당신은 분명 그 친구보다 우위에 서있다.

매출액 감소-영업이익 증가 유형의 수익률은 높다. 과거 2년 동안 영업이익과 당기순이익이 모두 흑자인 기업들 중에서 전년도 매출액이 감소하고 영업이익이 증가한 기업을 찾아서 동일가중으로 투자해보자. 그리고 정기적으로 교체 매매하자. 과거에 괜찮은 수익이 나왔으면 미래에도 괜찮은 수익이 나올 확률이 높을 것이다.

3장 핵심 요약

전제 조건 : 직전 2개 연도 영업이익-당기순이익이 모두 흑자인 기업 대상

1. 대부분의 투자자가 매출액이 증가한 기업들의 주식수익률이 감소한 기업들의 주식수익률보다 높을 것으로 생각한다. 하지만 결과는 반대이다.

2. 매출액이 감소한 기업의 주식은 시장에서 관심이 없다 보니 그만큼 저평가되어 있기 쉽다. 따라서 오히려 좋은 매수 기회가 된다.

3. 비슷한 이유로 매출액성장률이 높은 기업들의 주식보다 매출액성장률이 낮은 기업들의 주식수익률이 높다.

4. 매출액 대신 영업이익으로 바꿔서 테스트를 하면 유의성이 많이 떨어진다.

5. 직전년도 매출액이 감소하고 영업이익이 증가한 기업들의 주식은 수익률이 월등하다.

※ 직전년도 매출액이 감소하고 영업이익이 증가한 기업들의 주식에 동일가중으로 투자하여 1년마다 교체 매매한다면 과거 17년간 연평균 복리수익률 +19.72%를 얻을 수 있었다(원금 1,000만 원이 2억 1,322만 원으로 늘어난다).

2015년 매출액성장률 상위 30종목
vs. 하위 30종목

대부분의 사람이 매출액이 증가한 기업의 주식이나 매출액성장률이 높은 기업의 주식에 투자해야 한다는 얘기를 의심 없이 받아들인다. 그러다 보니 몇몇 독자는 (3장에서 얘기한) 매출액이 감소한 기업이나 매출액성장률이 낮은 기업의 주식수익률이 높다는 사실을 믿기 어려워한다. 의심 많은 독자들을 위해 이 자료를 첨부하였다. 첨부 자료는 2014년과 2015년 영업이익과 당기순이익이 모두 흑자인 종목 중에서, 2015년 매출액성장률이 가장 높은 30종목과 가장 낮은 30종목의 리스트이다 (표 A-4, 표 A-5). 이 리스트들은 실제로는 2016년 3월 말이 되어야 작성이 가능하다. 상장기업들의 사업보고서가 이때 발표되기 때문이다. 여기에 3개월의 기간을 추가하여 이 종목들을 2016년 6월 30일에 매수하여 2017년 6월 30일에 매도하였을 때의 수익률을 확인해보자.

2015년 매출액성장률 상위 30종목의 평균 수익률은 +12.34%였지만 매출액성장률 하위 30종목의 평균 수익률은 +22.93%이다. 매출액성장률 하위 30종목의 수익률이 더 높다. 매출액성장률 하위 30종목들은 모두 2014년에 비해 2015년 매출액이 크게 감소한 종목들이다. 주식투자에서 역발상이 얼마나 중요한지 알 수 있다. 아직도 3장의 내용에 의심을 가지고 있었다면, 이 자료가 의심을 걷어내는 데 도움이 될 것이다.

● 표 A-4. 매출액성장률 상위 30종목과 2016년 6월 30일~2017년 6월 30일까지의 수익률

종목코드	종목명	2014 매출액 (백만 원)	2015 매출액 (백만 원)	매출액 성장률	2016. 6. 30 수정 주가	2017. 6. 30 수정 주가	수익률
A034730	SK	2,425,966	39,299,525	1519.95%	202,500	278,000	37.28%
A210540	디와이파워	24,755	248,499	903.82%	6,010	17,050	183.69%
A005800	신영와코루	40,719	179,120	339.89%	159,000	169,500	6.60%
A208640	썸에이지	2,568	9,545	271.67%	1,640	1,380	-15.85%
A000440	중앙에너비스	25,796	90,447	250.62%	28,300	33,300	17.67%
A069080	웹젠	73,472	242,222	229.68%	18,700	21,950	17.38%
A204320	만도	1,721,436	5,299,191	207.84%	217,500	257,500	18.39%
A215480	토박스코리아	4,267	12,425	191.18%	1,043	2,310	121.48%
A025980	에머슨퍼시픽	47,199	125,224	165.31%	39,100	31,950	-18.29%
A028260	삼성물산	5,129,564	13,344,675	160.15%	123,000	148,000	20.33%
A021080	에이티넘인베스트	9,722	24,955	156.69%	1,900	1,970	3.68%
A069110	코스온	26,483	61,920	133.81%	16,950	11,700	-30.97%
A060540	에스에이티	16,796	38,863	131.38%	1,795	1,835	2.23%
A063170	서울옥션	23,792	54,756	130.15%	16,000	8,100	-49.38%
A226350	아이엠텍	46,553	104,819	125.16%	6,330	3,860	-39.02%
A043200	파루	57,908	126,616	118.65%	3,910	3,400	-13.04%
A086390	유니테스트	62,546	133,524	113.48%	7,500	13,300	77.33%
A008560	메리츠종금증권	391,920	800,342	104.21%	3,220	5,060	57.14%
A200880	서연이화	1,124,953	2,289,405	103.51%	12,850	15,000	16.73%
A102210	해덕파워웨이	62,264	121,527	95.18%	5,580	6,580	17.92%
A072470	우리산업홀딩스	115,593	225,307	94.91%	10,850	9,060	-16.50%
A037950	엘컴텍	32,513	62,306	91.63%	3,410	2,350	-31.09%
A072950	빛샘전자	28,186	53,935	91.36%	5,650	6,360	12.57%
A010050	우리종금	68,881	129,430	87.90%	585	756	29.23%
A220630	해마로푸드서비스	79,457	148,630	87.06%	2,650	2,440	-7.92%
A035720	카카오	498,858	932,152	86.86%	93,467	101,900	9.02%
A190510	나무가	218,331	403,847	84.97%	52,000	37,800	-27.31%
A078340	컴투스	234,688	433,532	84.73%	131,500	117,800	-10.42%
A009290	광동제약	522,274	955,454	82.94%	9,920	8,750	-11.79%
A072870	메가스터디	136,689	249,366	82.43%	33,200	30,900	-6.93%
				매출액성장률 상위 30종목 수익률평균			12.34%

자료 : DataGuide

● 표 A-5. 매출액성장률 하위 30종목과 2016년 6월 30일~2017년 6월 30일까지의 수익률

종목코드	종목명	2014 매출액 (백만 원)	2015 매출액 (백만 원)	매출액 성장률	2016. 6. 30 수정 주가	2017. 6. 30 수정 주가	수익률
A123860	아나패스	134,041	99,424	-25.83%	13,050	14,300	9.58%
A066670	디스플레이텍	429,635	318,044	-25.97%	4,240	4,460	5.19%
A065530	전파기지국	165,848	120,880	-27.11%	13,900	15,600	12.23%
A001840	이화공영	179,618	130,036	-27.60%	2,875	5,800	101.74%
A006120	SK케미칼	7,283,608	5,269,176	-27.66%	72,600	73,600	1.38%
A053620	태양	207,071	145,514	-29.73%	11,000	12,050	9.55%
A094840	슈프리마에이치큐	39,242	27,484	-29.96%	10,000	7,750	-22.50%
A036460	한국가스공사	37,284,867	26,052,724	-30.13%	39,750	53,200	33.84%
A007160	사조산업	1,304,989	905,168	-30.64%	59,800	80,400	34.45%
A017040	광명전기	134,778	93,181	-30.86%	2,805	2,785	-0.71%
A018670	SK가스	5,943,465	4,078,986	-31.37%	85,610	129,000	50.68%
A101330	모베이스	373,074	254,983	-31.65%	5,587	7,730	38.36%
A184230	SGA솔루션즈	19,994	13,529	-32.34%	2,585	2,470	-4.45%
A196170	알테오젠	7,043	4,727	-32.89%	21,976	14,767	-32.80%
A017940	E1	6,900,475	4,614,257	-33.13%	64,100	64,800	1.09%
A045660	에이텍	149,501	98,989	-33.79%	4,310	8,620	100.00%
A149950	아바텍	120,928	76,001	-37.15%	6,700	7,960	18.81%
A192410	감마누	42,954	26,517	-38.27%	1,811	7,180	296.47%
A041190	우리기술투자	5,848	3,593	-38.56%	761	644	-15.37%
A042700	한미반도체	192,310	117,791	-38.75%	5,600	8,410	50.18%
A058450	일야	107,553	65,600	-39.01%	8,500	5,160	-39.29%
A006800	미래에셋대우	798,693	476,917	-40.29%	7,790	11,050	41.85%
A123420	선데이토즈	144,095	79,658	-44.72%	30,000	19,400	-35.33%
A030530	원익홀딩스	557,209	294,380	-47.17%	6,410	8,350	30.27%
A007330	푸른저축은행	51,620	27,049	-47.60%	5,350	8,170	52.71%
A200710	에이디테크놀로지	68,482	35,797	-47.73%	5,018	6,390	27.34%
A106240	파인테크닉스	365,261	166,371	-54.45%	2,950	2,695	-8.64%
A094480	갤럭시아컴즈	98,315	39,585	-59.74%	5,130	5,220	1.75%
A084110	휴온스글로벌	182,343	65,448	-64.11%	59,238	38,950	-34.25%
A054050	농우바이오	96,841	18,896	-80.49%	25,500	16,300	-36.08%
					매출액성장률 하위 30종목 수익률평균		22.93%

자료 : DataGuide

💡 생각해볼 문제 1.

답안지가 있는 게임 vs. 답안지가 없는 게임

우리는 기업이 아직 공시하지도 않은 다음 연도 회계기준의 재무제표를 알 수 없다. 그런데 타임머신을 타고 미래에서 상장기업 데이터가 있는 엑셀 파일을 하나 가지고 왔다고 상상해보자. 이 엑셀 파일에 1년 후 주가가 나와 있다면 모든 것이 해결된다. 현재 주가와 비교해서 가장 많이 오른 종목에 전 재산을 투자하면 되기 때문이다. 하지만 아쉽게도 이 엑셀 파일에는 주가 정보가 없다. 대신 내년 당기순이익과 영업이익, 올해 기준 매출액, 내년 기준 매출액의 정보가 있다면 어떨까? 우리는 미래의 주가는 알 수 없지만 미래의 흑자 여부와 매출액성장률은 정확하게 알 수 있다. 이런 상황에서 앞으로 매출액이 감소할 기업의 주식에 투자해야 할까? 아니면 매출액이 증가할 기업의 주식에 투자해야 할까? 내년도 당기순이익, 영업이익, 매출액성장률을 정확하게 알고 있다는 가정하에 20분위 테스트를 진행해보면 여기에 대한 답을 얻을 수 있다. 물론 이러한 가정은 현실에서 불가능하다.

다음해 매출액성장률이 가장 높을 상위 5% 기업의 주식들을 정확히 알고 있고, 이 주식들을 올해 말에 동일가중으로 매수하는 방법으로 투자하면 어떻게 되었을까? 우리는 과거 17년 동안 연평균 복리수익률 +44.20%를 얻을 수 있었다.

<미래 매출액성장률에 따른 20분위 수익률(미래 예측 가능)>

- 기간 : 2001년 1월~2017년 12월
- 대상 : 코스피, 코스닥 종목 중 매매 시점 다음 연도에 당기순이익 과 영업이익이 흑자일 기업
- 교체 매매 주기 : 1년에 1회
- 교체 시기 : 매년 12월 마지막 거래일
- 방법 : 매매 시점 다음 해 매출액성장률을 미리 알고 있다는 가정 하에 매출액성장률이 높을 순서대로 1그룹부터 20그룹까지 20분 위로 나눈다. 각 그룹에 속한 종목들을 동일가중으로 교체 매매한 다.

● **그림 A-1. 미래 매출액성장률에 따른 20분위 수익률**(미래 예측 가능)

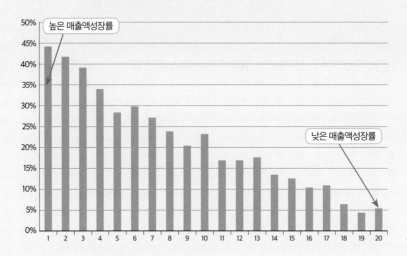

2년마다 원금이 2배 이상 늘어나는 엄청난 수익률이다. 반면에 매출액성장률이 가장 낮을 5% 기업들의 주식에 투자하였다면 +5.3%의 저조한 수익률을 감내해야 할 것이다. 3장에서 알아보았듯이 이미 발표된 재무제표를 이용할 때는 매출액이 감소하거나 매출액성장률이 낮은 기업의 주식에 투자하는 것이 유리했다.

미래를 예상해서 하는 투자는 반대로 해야 된다. 다음 해 매출액성장률이 높을 상위 기업들을 골라낼 수 있다면, 매출액성장률이 높을 주식을 매수해야 한다. 그것이 가능하다면 워런 버핏도 감히 따라오지 못할 높은 수익을 얻을 수 있다. 높은 수익률을 얻기 위해 많은 사람이 정확하지는 않아도 비슷하게나마 미래의 재무제표를 예측하기 위해 노력한다. 하지만 앞으로 1년간 매출액이 어떨지 현 시점에서 알아내는 것이 그렇게 쉽겠는가? 결국 많은 경우 실패하고 만다. 미래의 재무제표 예

- **답안지가 있는 게임** : 이미 발표된 재무제표를 이용하여 투자하는 방식
  - (예) 이미 발표된 재무제표를 통해 직전 매출액성장률이 낮은 종목 또는 매출액이 감소한 종목을 찾아서 매수하는 방법(과거 2개 연도 영업이익과 당기순이익 모두 흑자인 기업 중)
- **답안지가 없는 게임** : 앞으로의 재무제표를 예상해서 투자하는 방식
  - (예) 미래 매출액성장률이 높을 것으로 예상되는 상위 종목 또는 매출액이 증가가 예상되는 종목을 매수하는 방법

측을 바탕으로 하는 투자를 하고 있다면, 답안지가 없는 게임을 하고 있는 것이다. 깔끔하게 포기하고 답안지가 있는 게임으로 돌아가자.

3장에서 얘기한 대로 이미 발표된 재무제표를 보면서 흑자 조건하에서 매출액이 감소한 기업의 주식과 전년도 매출액성장률이 낮은 기업의 주식에 투자하자. 이렇게 하는 게임은 답안지가 있는 게임이다. 아직 발표되지 않은 재무제표를 예측해서 투자하는 것이 아니라, 이미 발표된 재무제표를 보고 투자하는 것이기 때문이다.

아쉽게도 많은 투자자가 답안지가 없는 게임에 도전하여 승부를 보려 한다. 잘할 수만 있다면 짧은 시간 안에 부자가 될 수 있기 때문이다. 하지만 대다수의 투자자는 이 게임을 잘하지 못한다. 특히 선천적으로 안목이 없는 사람들에게는 매우 어려운 일이다. 답안지가 있는 게임에 도전할 것인가, 답안지가 없는 게임에 도전할 것인가? 답안지가 없는 게임에 도전한다면 빠르게 부자가 되기는커녕 오히려 더 가난해질 수 있다. 욕심을 버리고 답안지가 있는 게임을 통해서 서서히 그러나 높은 확률로 부자가 되어보자(필자가 '서서히'라고 표현하였지만 일반적으로 생각하는 것보다 그렇게 오래 걸리지도 않는다).

4장

높은 배당수익률 vs. 낮은 배당수익률의 주식수익률 차이

Questions

1. 전년도 배당을 준 주식이 주지 않은 주식보다 수익률이 더 높을까?

2. 당기순이익이 적자이면서 배당을 주는 주식을 어떻게 봐야 할까?

3. 배당수익률이 높을수록 주가 상승률도 높을까?

고배당주 투자의 장점

은행에 예금하거나 채권을 보유하면 정기적으로 이자를 받는 것처럼, 주식을 보유하게 되면 배당금을 받을 수 있다. 은행예금 이자나 채권 이자와는 다르게 배당금은 일정하지 않다. 같은 주식을 보유하고 있더라도 어떤 시기에는 많이 받고, 어떤 시기에는 적게 받는다. 하지만 대다수의 기업은 배당금을 일정하게 주는 경향이 있기 때문에 전년도 배당금을 통해 올해의 배당금을 대략적으로 예측할 수 있다.

주가에 비해 높은 배당금을 주는 주식에 투자하는 방법을 '고배당주 투자'라고 한다. 이 투자 방법은 투자자들 사이에서 상당히 인기가 높다. 1만 원에 거래되는 주식을 매수했는데 주당 500원을 배당받는다면 수익률은 5%다. 그러나 5%의 배당수익을 챙기더라도 주가가 10% 하락하면 큰 의미는 없다. 하지만 주가가 오를지 내릴지 어떻게 알겠는가? 주가의 변화가 없다면 5% 배당수익은 챙기게 된다.

필자도 계량투자를 하기 전 '고배당주 투자'를 좋아했고, 은행 이자보다 2배 이상의 배당수익을 얻을 수 있는 주식을 찾아 매수했다. 이후 주가가 떨어지면 배당을 받아서 추가적으로 주식을 매수했다. 만약 주가가 상승하여 배당으로 얻게 될 수익이 은행 이자 정도의 수준이 되면 주식을 매도했다. 물론 매수한 주식이 배당을 주지 않는다든지 줄이는 등의 상황이 발생하면 손실을 보고 매도하기도 했다. 결과적으로 필자에게 '고배당주 투자'는 괜찮은 수익을 얻었던 여러 투자 방법 중 하나였다.

고배당주 투자에 대한 다양한 생각들

데이비드 드러먼David Dreman은 그의 저서 《역발상 투자》(이레미디어, 신가을 역, 2017)에서 미국 주식을 분석한 결과 '고배당 전략은 시장 대비 연간 0.9%포인트 초과수익을 올렸고, 배당이 적거나 없는 주식 대비 연간 4.0%포인트 초과수익을 달성하였다'라고 언급하였다. 고배당 전략은 매우 강력한 전략은 아니지만 유의미한 전략임을 주장하고 있다.

피트 황의 저서 《치과의사 피트 씨의 똑똑한 배당주 투자》[11]에서 배당주 투자에 대한 성공 사례를 일반투자자들이 이해하기 쉽게 설명해주고 있다. 배당주 투자는 단지 배당만을 노리는 투자가 아니다. 배당에 시세차익까지 누릴 수 있으며, 배당을 주는 기업은 대체적으로 재무가 안정적임을 강조하고 있다.

하지만 고배당주 투자에 대해 반대되는 의견도 있다. 많은 투자자가 배당을 받으면 공짜 돈으로 생각하지만, 세상에 공짜는 없다. 주주들에게 지급되는 배당금은 기업이 가지고 있는 자본에서 빠져나가게 된다. 즉 배당을 하게 되면 기업의 자본이 배당으로 지출한 만큼 줄어들게 된다. 동일한 이익을 얻는 기업이라면 상대적으로 배당을 많이 하는 기업은 자본 증가 속도가 느리고, 배당을 주지 않거나 상대적으로 적게 주는 기업은 자본 증가 속도가 빠를 것이다. 그렇다면 배당을 하지 않는 기업이 자본 증가 속도가 빠르므로 주가 상승률도 더 높아야 주지 않을까?

배당을 주는 기업은 주주 친화적인 기업이고, 배당을 하지 않는 기업은 주주 비친화적인 기업이라는 인식이 있다. 워런 버핏이 대주주로 있는 버크셔 해서웨이Berkshire Hathaway Inc.는 배당을 주지 않는 것으로 유명

---

11   피트 황, 《치과의사 피트씨의 똑똑한 배당주 투자》, 스마트북스, 2016

하다. 그렇다면 버크셔 해서웨이는 주주 비친화적인 기업인가? 그렇지 않다. 워런 버핏은 회사의 이익을 배당하지 않고 유보함으로써 자본을 이용해서 다른 사업에 투자하는 방법으로 더 높은 수익을 낼 수 있다고 생각한다. 오히려 주주들의 이익을 위해서라면 배당을 주지 않는 것이 옳다는 것이다. 이렇게 보면 버크셔 해서웨이가 배당금을 지급하지 않는 것은 주주를 위한 행동이다.

성장주 투자의 대가 필립 피셔Philip Fisher는 그의 저서《위대한 기업에 투자하라》[12]에서 "순이익을 유보해 기업 활동에 재투자했더라면 잡을 수 있었을 귀중한 기회를 배당금을 늘리는 바람에 놓쳐버린 기업 경영진은 마치 돼지 축산업을 하는 농부가 원가 대비 최대의 가격을 받을 수 있는 시점이 아니라 무조건 시장에 내다팔 수 있는 시점에 돼지를 내다파는 것과 마찬가지다"라고 말하였다. 또한 같은 책에서 "사실 위대한 기업의 주식을 고르려는 투자자라면 배당금 문제는 최우선 고려 사항이 아니라 맨 마지막에 고려해야 할 사항이다"라고 밝히고 있다. 필립 피셔는 고배당주 투자에 큰 이점을 느끼지 못했던 것으로 보인다.

프랑코 모딜리아니Franco Modigliani와 머튼 밀러Merton Miller는 1961년에 이론적 논문[13]을 발표하였다. 이 논문에서 세금, 거래비용이나 그 밖의 시장 불완전성이 없는 세계에서 배당 정책은 기업가치와 무관하다고 주

---

12 필립 피셔(Philip Fisher), 《위대한 기업에 투자하라》, 굿모닝북스, 박정태 역, 2005
13 머튼 밀러(Merton H. Miller), 프랑코 모딜리아니(Franco Modigliani),, "Dividend Policy, Growth, and the Valuation of Shares(배당 정책, 성장 그리고 주식의 가치평가)", The Journal of Business(비즈니스저널), Vol. 34, No. 4, (Oct., 1961), pp. 411-433

장한다. 이 이론을 '배당 무관련성 이론Dividend irrelevance theory'이라고 한다. 이 이론이 맞는다면 인위적으로 배당을 늘려 주가를 올릴 수 없다.

배당을 주는 주식들은 수익률이 좋을까

고배당주 투자에 관련하여 긍정적으로 생각하는 사람이 존재하며, 반대로 부정적이거나 혹은 중요하게 생각하지 않는 사람이 존재한다. 이쪽 얘기를 들으면 이쪽이 맞는 것 같고, 저쪽 얘기를 들으면 저쪽이 맞는 것 같다. 양쪽 모두 상당히 논리적이다. 그렇다면 이제부터 배당에 따른 여러 가지 테스트를 진행해보도록 하자.

특정 연도에서 배당 유무의 판단은 다음 해 이사회 결의일이 되어야

〈배당 유무에 따른 연도별 수익률〉
- 기간 : 2000년 7월~2017년 6월(총 17년)
- 대상 : 코스피, 코스닥 종목
- 교체 매매 주기 : 1년에 1회
- 교체 시기 : 6월 마지막 거래일
- 방법 : 매수 시점 직전년도에 현금배당을 주는 종목과 주지 않는 종목으로 구분하여 2개의 그룹으로 나눈다. 각 그룹에 속한 종목들을 동일가중으로 교체 매매한다.

알 수 있다. 따라서 1월 초에 교체 매매를 하는 것으로 수익률 테스트를 한다면 오류에 빠지게 된다. 이런 오류를 피하기 위해 매년 6월에 동일

● 표 2-10. 배당 유무에 따른 연도별 수익률

투자 기간	배당 있음	배당 없음
2000. 7~2001. 6	2.81%	-0.04%
2001. 7~2002. 6	-5.32%	-26.36%
2002. 7~2003. 6	-8.95%	-22.27%
2003. 7~2004. 6	-7.10%	-21.63%
2004. 7~2005. 6	77.35%	60.49%
2005. 7~2006. 6	31.15%	42.80%
2006. 7~2007. 6	65.45%	41.18%
2007. 7~2008. 6	-9.58%	-25.62%
2008. 7~2009. 6	-10.14%	-25.65%
2009. 7~2010. 6	15.33%	1.56%
2010. 7~2011. 6	14.09%	-6.51%
2011. 7~2012. 6	3.92%	12.88%
2012. 7~2013. 6	18.71%	0.54%
2013. 7~2014. 6	16.13%	0.81%
2014. 7~2015. 6	35.35%	60.58%
2015. 7~2016. 6	-2.42%	19.23%
2016. 7~2017. 6	8.92%	-1.07%
연평균 복리수익률	12.11%	2.99%

가중으로 교체 매매하는 방법으로 테스트를 진행했다. 즉 2015년 회계 기준으로 배당금을 주는지 여부를 2016년 2월이나 3월이 되어야 알 수 있다. 그러므로 수개월의 시간을 추가하여 2016년 6월에 매수하고, 1년 보유한 후 2017년 6월에 매도하는 식으로 테스트를 하였다.

배당금이 있는 주식의 17년간 연평균 복리수익률은 +12.11%이다. 반면 배당금이 없는 주식은 +2.99%로 저조하다. 이 테스트는 배당금 수익을 제외하고 주가 상승률만으로 수익률을 고려한 것이다. 배당금까지 수익률에 반영한다면 배당을 주는 주식의 수익률은 테스트보다 더 높아질 것이다. 매년 배당금이 있는 주식의 수익률이 배당을 주지 않는 주식의 수익률보다 높았던 것은 아니다. 17년의 기간 중에 4번의 기간에서는 배당이 없는 주식의 수익률이 더 좋았다. 이 4번의 기간을 표 2-10에 별도로 표시해두었다.

적자이면서 배당을 주는 주식을 어떻게 생각해야 할까

배당을 주는 기업의 주식이 배당을 주지 않는 기업의 주식보다 수익률이 높은 이유가 단지 배당 때문일까? 당기순이익의 흑자나 적자가 그 이유일 수도 있지 않을까? 배당을 주지 않는 그룹은 당기순이익이 적자인 기업이 많이 편입되어 있기 때문에 수익률이 좋지 않은 것일 수 있다. 그리고 배당을 주는 그룹은 당기순이익이 흑자인 기업이 많이 편입되어 있기 때문에 수익률이 좋은 것일 수 있다. 만약 그렇다면 수익률 차이가 배당 유무 자체에 원인이 있다고 보기 힘들다. 당기순이익이 흑자인지 적자인지에 그 원인이 있다고 볼 수 있다. 배당을 주는 기업의 주식수익률이 높은 이유가 정말 배당 때문인지, 아니면 당기순이익이 흑자인 종목들이 많이 편입되어 있기 때문인지 알아보기 위해 다음 4개의 유형으로 나누어서 추가 테스트를 진행해보자.

① 흑자이면서 배당을 주는 기업의 주식
② 적자이면서 배당을 주는 기업의 주식
③ 흑자이면서 배당을 주지 않는 기업의 주식
④ 적자이면서 배당을 주지 않는 기업의 주식

그림 2-14를 보면 통념과는 다른 매우 재미있는 사실을 알게 된다.

<당기순이익과 배당에 따른 4개 유형 연도별 수익률>

- 기간 : 2000년 7월~2017년 6월(총 17년)
- 대상 : 코스피, 코스닥 종목
- 교체 매매 주기 : 1년에 1회
- 교체 시기 : 6월 마지막 거래일
- 방법 : 매매 시점 직전년도 당기순이익이 흑자인지와 적자인지 그리고 현금 배당을 주었는지 주지 않았는지를 구분하여 총 4개 유형으로 나눈다. 각 유형의 구성 종목을 동일가중으로 교체 매매한다.

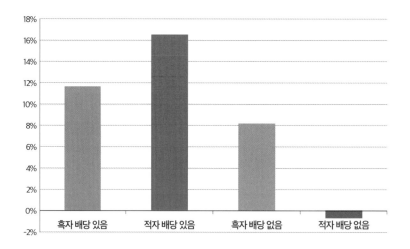

일반적으로 흑자이면서 배당을 주는 유형이 가장 높은 수익률을 보일 것이라고 예상한다. 이 유형의 수익률은 +11.82%로 높은 수익률을 보여주긴 한다. 하지만 가장 높은 수익률은 아니다. 신기하게도 적자이면서 배당을 주는 유형이 +16.58%로 가장 높은 수익률을 보여준다. 배당을 주는 주식이 배당을 주지 않는 주식보다 수익률이 높은 이유가 당기순이익의 흑자/적자 여부보다는 배당 자체에 원인이 있다고 볼 수 있다.

우리는 적자임에도 배당을 주는 주식들을 1년에 한 번 교체 매매하며 투자하는 단순한 방법만으로도 놀라운 수익을 얻을 수 있다. 적자인 기업의 주식을 매수한다는 것이 꺼림칙할 수도 있다. 하지만 테스트의 결과가 말해주고 있는 것은 이 꺼림칙한 행동의 결과가 매우 좋았다는 사실이다. 왜 이런 일이 벌어질까? 적자가 발생한다면 배당금을 주지 않

투자 기간	① 흑자, 배당 있음	② 적자, 배당 있음	③ 흑자, 배당 없음	④ 적자, 배당 없음
2000. 7~2001. 6	2.74%	5.95%	-11.77%	18.21%
2001. 7~2002. 6	-6.69%	16.85%	-26.37%	-27.06%
2002. 7~2003. 6	-8.52%	-18.24%	-18.04%	-25.77%
2003. 7~2004. 6	-7.11%	-3.82%	-13.71%	-26.99%
2004. 7~2005. 6	76.40%	92.76%	66.14%	55.97%
2005. 7~2006. 6	30.37%	47.86%	40.14%	45.21%
2006. 7~2007. 6	64.81%	79.30%	59.60%	27.51%
2007. 7~2008. 6	-9.60%	-9.34%	-12.51%	-34.97%
2008. 7~2009. 6	-10.12%	-10.47%	-14.89%	-31.90%
2009. 7~2010. 6	14.16%	26.38%	14.86%	-4.97%
2010. 7~2011. 6	13.65%	20.73%	-0.36%	-13.11%
2011. 7~2012. 6	3.66%	12.75%	20.97%	7.14%
2012. 7~2013. 6	19.82%	4.68%	6.56%	-4.24%
2013. 7~2014. 6	16.01%	17.55%	6.94%	-4.29%
2014. 7~2015. 6	35.20%	37.02%	52.86%	67.04%
2015. 7~2016. 6	-3.56%	9.53%	15.10%	22.82%
2016. 7~2017. 6	9.16%	5.75%	7.76%	-9.85%
연평균 복리수익률	11.82%	16.58%	8.17%	-0.64%

는 것이 일반적이다. 그런데 적자임에도 불구하고 배당을 한다는 사실
은 그만큼 해당 기업이 스스로의 미래를 낙관하고 있다는 의미이다. 즉

그 기업은 현재 적자이지만 금세 흑자로 돌아설 수 있다는 확신을 가지고 있는 것이다. 이런 식으로 생각해본다면 적자이면서 배당을 주는 기업들의 주식수익률이 좋은 이유가 분명해진다.

<당기순이익과 배당에 따른 4개 유형 투자수익 시뮬레이션>

• 기간 : 2000년 6월 30일~2017년 6월 30일
• 최초 원금 1,000만 원 투자 가정

● 그림 2-15. 당기순이익과 배당에 따른 4개 유형 투자수익 시뮬레이션

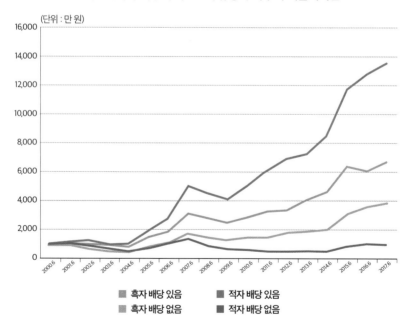

최고의 수익률을 보여주는 적자이면서 배당을 주는 주식들에 투자하여 1년에 한 번씩 동일가중으로 교체 매매하여 투자하였다면 17년 동안 1,000만 원이 1억 3,556만 원으로 불어나게 된다. 반면 일반적으로 사람들이 선호하는 흑자이면서 배당을 주는 주식들에 투자하였다면 1,000만 원은 6,676만 원이 된다. 연평균 복리수익률을 보면 적자이면서 배당을 주는 주식들은 +16.58%이고, 흑자이면서 배당을 주는 주식들은 +11.82%로 수익률 차이는 크지 않아 보인다. 하지만 복리 효과로 인해 17년 동안 계좌는 2배 이상 차이가 나게 된다. 투자 시뮬레이션을 통해 적자이면서 배당을 주는 주식들의 우수함을 다시 확인할 수 있다(그림 2-15).

배당수익률이 높은 주식이 주가도 많이 오를까

배당을 주는 주식이 배당을 주지 않는 주식보다 수익률이 높다는 사실을 알았다. 배당을 주는 주식들 안에서도 주식들마다 배당금이 다르고 주가도 다르다. 주당 500원의 배당금을 주는데도 주가가 1만 원인 주식이 있고, 똑같이 500원을 배당금으로 주는데도 주가가 2만 원인 주식이 있다. 배당을 통해 1만 원인 주식은 5%의 수익을 얻을 수 있고, 2만 원인 주식은 2.5%의 수익을 얻을 수 있다. 모든 것이 동일하다는 가정하에, 정상적인 투자자라면 주가가 1만 원인 주식을 더 선호할 것이다.

이러한 선호는 옳은 것일까? 단순히 배당을 주는 주식에 투자하는 것이 아니라, 배당을 주는 주식 중 특별히 배당수익률[14]이 높은 주식에 투자하면 어떻게 되는지 알아봐야 한다. 이번 테스트는 매수 시점 직전년도에 배당을 했던 기업들의 주식만을 대상으로 테스트했다. 배당수익률은 직전 주당 현금 배당금을 현재주가로 나누어서 구한다.

$$배당수익률 = \frac{직전\ 주당\ 현금\ 배당금}{현재주가}$$

6월 마지막 거래일의 주가와 매수하는 연도 상반기에 발표한 전년 배당금을 바탕으로 배당수익률을 구한다. 배당수익률이 높은 종목에서 낮은 종목 순으로 정렬한 후 종목 수를 동일하게 20개 그룹으로 나눈다. 1그룹은 배당수익률이 가장 높은 상위 5% 기업들의 주식으로 구성되고, 맨 마지막 20그룹은 배당수익률이 가장 낮은 5% 기업들의 주식으로 구성된다. 그렇다면 각 그룹의 수익률을 알아보자.

배당수익률이 가장 높은 1그룹의 연평균 복리수익률은 +17.46%이다. 반면 배당수익률이 가장 낮은 20그룹의 연평균 복리수익률은 −2.55%이다. 대체적으로 배당수익률이 높을수록 투자수익률도 높으며, 배당수익률이 낮을수록 투자수익률도 낮음을 알 수 있다.

그림 2-16은 배당수익률을 제외한 주가 움직임만을 수익률로 나타낸

---

14 당기에도 전기와 같이 동일한 배당률로 배당이 실현된다는 가정하에 현재가격으로 주식을 매입하여 결산기 말까지 보유할 때 배당금으로 몇 %의 수익을 얻을 수 있는가를 측정하는 지표이다.

<배당수익률에 따른 20분위 수익률>

- 기간 : 2000년 7월~2017년 6월(총 17년)
- 대상 : 코스피, 코스닥 종목 중 전년도 현금 배당을 준 종목
- 교체 매매 주기 : 1년에 1회
- 교체 시기 : 6월 마지막 거래일
- 방법 : 교체 매매하는 날 주가와 매매하는 해 상반기에 공시한 현금 배당금을 이용하여 배당수익률을 계산한다. 배당수익률이 높은 순서대로 1그룹부터 20그룹까지 20분위로 나눈다. 각 그룹에 속한 종목들을 동일가중으로 교체 매매한다.

● 그림 2-16. 배당수익률에 따른 20분위 수익률

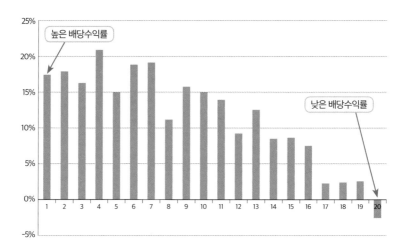

● 표 2-12. 배당수익률에 따른 1그룹과 20그룹의 연도별 수익률 비교

투자 기간	1그룹 수익률	20그룹 수익률
2000. 7~2001. 6	3.74%	-31.33%
2001. 7~2002. 6	26.26%	-25.38%
2002. 7~2003. 6	-12.96%	-14.41%
2003. 7~2004. 6	6.54%	-9.58%
2004. 7~2005. 6	95.37%	18.41%
2005. 7~2006. 6	49.51%	3.80%
2006. 7~2007. 6	60.85%	56.28%
2007. 7~2008. 6	-8.34%	-15.97%
2008. 7~2009. 6	-12.38%	-25.86%
2009. 7~2010. 6	16.27%	14.86%
2010. 7~2011. 6	15.50%	9.08%
2011. 7~2012. 6	15.70%	-6.12%
2012. 7~2013. 6	22.78%	-11.42%
2013. 7~2014. 6	10.46%	14.25%
2014. 7~2015. 6	34.95%	38.70%
2015. 7~2016. 6	3.23%	-9.63%
2016. 7~2017. 6	14.61%	-9.01%
연평균 복리수익률	17.46%	-2.55%

것이다. 배당금 수익까지 수익률에 반영한다면, 1그룹 수익률은 더 높
아질 것이다. 1그룹부터 6그룹까지 주가 상승률만 봤을 때는 배당수익

률이 높다고 반드시 수익률이 높은 경향을 보이는 것은 아니다. 하지만 배당수익까지 수익률에 반영한다면 1~6그룹 안에서도 배당수익률이 높은 그룹의 투자수익률이 더 높은 경향이 발견될 것이다.

연도별로 배당수익률이 가장 높은 1그룹과 배당수익률이 가장 낮은 20그룹의 수익률을 비교해보자. 대체적으로 1그룹의 수익률이 20그룹의 수익률보다 높다. 하지만 매년 1그룹의 수익률이 20그룹의 수익률보다 더 높은 것은 아니다. 총 17년의 테스트 기간 동안 2번의 경우는 오히려 20그룹의 수익률이 더 높게 나타났다. 이 2번의 기간은 표 2-12에 별도로 표시되어 있다.

고배당주의 초과수익은 지속될까

표 2-12를 보면, 총 17년의 기간 중 전반 13년 동안은 20그룹의 수익률이 1그룹 수익률보다 높았던 경우는 한 번도 나타나지 않았다. 하지만 최근 들어서 20그룹 수익률이 1그룹 수익률보다 높은 경우가 2번 나타났다. 현재 이 책의 원고를 쓰고 있는 시점은 2018년 6월 이전이기 때문에 확실한 결론을 내릴 수는 없다. 하지만 2017년 7월~2018년 6월의 기간에도 20그룹 수익률이 1그룹 수익률보다 크게 높을 것으로 예상된다.

총 17년의 기간을 전반부 8년(2000년 7월~2008년 6월)과 후반부 9년(2008년 7월~2017년 6월)으로 나누어서 1그룹과 20그룹의 연평균 복리수익률을 각각 알아보자.

● 표 2-13. 배당수익률에 따른 1그룹 vs. 20그룹 연평균 복리수익률 비교(전반부, 후반
부로 구분)

투자 기간	1그룹 수익률	20그룹 수익률	1그룹과 20그룹의 수익률 차이
전반부 8년 (2000.7~2008.6)	22.98%	-5.42%	28.40%
후반부 9년 (2008.7~2017.6)	12.76%	0.07%	12.69%

전반부 8년의 경우 1그룹 수익률이 20그룹보다 뒤처진 적이 한 번도 없었을 뿐만 아니라, 1그룹과 20그룹의 수익률 차이는 무려 28.40%였다. 하지만 후반부 9년의 경우 1그룹 수익률이 20그룹 수익률보다 뒤처진 기간 2번이나 있었고, 1그룹과 20그룹의 수익률 차이도 12.69%로 줄어들었다. 그만큼 고배당주 투자에 대한 이점이 줄어들었다는 증거가 될 수 있다(물론 자신 있게 주장하기에는 테스트 기간이 짧다).

과거에는 단순히 배당수익률이 높은 기업의 주식들을 사서 1년마다 교체 매매하는 방법만으로도 매우 높은 수익률을 달성할 수 있었다. 하지만 20년에 가까운 시간이 흘러가면서 이런 방법의 이점이 조금씩 줄어들고 있는 것으로 보인다. 그만큼 고배당주 투자에 대한 이점이 시장에 알려졌기 때문일 것이다. 1그룹과 20그룹의 수익률 차이가 줄어들었음에도 불구하고 수익률 차이가 12.69%라는 사실은 아직도 고배당주 투자에 상당한 이점이 있다는 것을 의미한다. 앞으로 이런 방법으로 수익을 거둘 수 있다는 사실이 시장에 더 많이 알려지고, 더 많은 사람이 고배당주 투자에 관심을 가지고 실제로 투자한다면 1그룹과 20그룹의

수익률의 차이는 완전히 사라지게 될까? 필자는 수익률 차이가 완전히 없어지는 것은 쉽지 않다고 생각한다. 계량투자 방법이 세상에 알려지더라도 초과수익은 사라질 것인가, 아니면 사라지지 않을 것인가에 대해 전문가들 사이에서도 의견이 다르다. 이 주제에 대해서는 18장에서 보다 자세히 다룰 것이다.

이번 장을 마치며

고배당주 투자는 통계적으로 매우 좋은 투자 방법이라는 사실을 알았다. 금융기관에서는 고배당주 투자를 콘셉트로 하는 주식형 금융상품들을 쉽게 찾아볼 수 있다. 통계적으로 봤을 때 성공할 확률이 높은 상품이다. 주위에서 고배당 주식들만을 찾아서 투자하는 사람들을 쉽게 만날 수 있는데, 이런 투자자들 역시 성공할 확률이 높을 것이다. 배당이라는 요소를 적절하게 사용한다면 우리는 충분히 부자가 될 수 있다.

어떻게 해야 되는지 잘 모르겠다면 필자가 테스트한 대로 투자하길 권한다. 직전년도 적자이면서 배당을 주는 모든 주식을 동일가중으로 투자해서 정기적으로 교체 매매해보자.

적자 기업을 매수하는 것이 꺼림칙하다면 다음 두 번째 방법을 권한다. 배당수익률이 높은 주식부터 낮은 주식으로 내림차순 정렬한다. 배당수익률이 높은 상위 5% 주식들을 동일가중으로 매수해서 정기적으로 교체 매매하는 방법이다. 상위 5% 종목을 매수하는 것이 헷갈린다면 상위 50종목을 매수하는 방법을 사용해도 좋다.

4장 핵심 요약

1. 전년도에 배당금을 준 기업의 주식들이 배당금을 주지 않은 기업의 주식들보다 수익률이 좋다.

2. 특히 적자이면서도 배당금을 준 기업의 주식들은 수익률이 매우 좋다.

3. 배당을 주는 주식들 안에서도 배당수익률이 높은 주식들이 배당수익률이 낮은 주식들보다 수익률이 좋다.

4. 배당을 이용한 계량투자만으로도 부자가 될 수 있다.

5. 이번 장의 결과는 모두 배당금에 따른 수익률을 제외한 결과이다. 배당금까지 고려한다면 배당주 투자의 이점은 더 강할 것이다.

※ 배당수익률이 가장 높은 상위 5% 종목들에 동일가중으로 투자하여 1년마다 교체 매매하였다면 과거 17년간 연평균 복리수익률 +17.46%를 얻을 수 있었다(원금 1,000만 원이 1억 5,420만 원으로 늘어난다).

🎵 알아두면 좋은 지식들 2.
배당수익률이 높은 종목을 어디서 찾을까

적자이면서 배당을 하는 주식이나 배당수익률이 높은 주식이 수익률이
좋다는 사실을 알았다. 그러면 이런 주식들을 어디서 찾을 수 있을까?
필자는 백테스트하기 위해 유료 서비스를 이용하여 데이터를 받았다.
필자는 증권 관련 분야가 본업이기 때문에 상관없지만, 독자들에게는
유료 서비스 비용은 부담스러운 금액이다. 하지만 실망하기에는 이르
다. 약간 귀찮기는 해도 잘 찾아보면 많은 자료를 무료로 얻을 수 있다.
대표적인 곳이 한국거래소 홈페이지(http://www.krx.co.kr)이다.

● 그림 A-2. 한국거래소 홈페이지 화면(1)

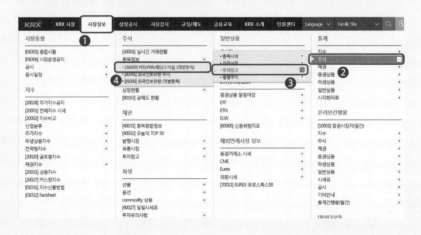

한국거래소 홈페이지에서 '시장정보→통계→주식→투자참고
→[30009]PER/PBR/배당수익률(개별종목)'을 순서대로 들어간다(그림A-2
참고).

● 그림 A-3. 한국거래소 홈페이지 화면(2)

그림 A-3과 같은 화면이 나오면, 우측 상단에 'Excel' 단추를 클릭하
여 엑셀 파일을 다운로드 받을 수 있다. 파일을 저장하여 열게 되면 그
림 A-4와 같은 엑셀 파일이 열린다.

● 그림 A-4. 배당수익률 엑셀 파일(1)

일자	종목코드	종목명	관리여부	종가	EPS	PER	BPS	PBR	주당배당금	배당수익률
2018/05/11	215100	로보로보	-	2,985	-	-	1,322	2.26	23	0.77
2018/05/11	232140	와이아이케이	-	4,710	246	19.15	1,311	3.59	0	0
2018/05/11	241710	코스메카코리아	-	42,750	930	45.97	10,625	4.02	200	0.47
2018/05/11	014570	고려제약	-	9,200	429	21.45	5,179	1.78	90	0.98
2018/05/11	036010	아비코전자	-	8,290	577	14.37	6,635	1.25	200	2.41
2018/05/11	044480	바이오제네틱스	관리종목	15,000	-	-	2,438	6.15	0	0
2018/05/11	046140	SBS콘텐츠허브	-	8,370	-	-	6,913	1.21	0	0
2018/05/11	048910	대원미디어	-	9,170	507	18.09	5,063	1.81	0	0
2018/05/11	049470	SGA	-	852	-	-	500	1.7	0	0
2018/05/11	050090	휘닉스소재	-	1,225	-	-	446	2.75	0	0
2018/05/11	053800	안랩	-	64,600	1,874	34.47	18,364	3.52	800	1.24
2018/05/11	064290	인텍플러스	-	5,150	-	-	1,657	3.11	0	0
2018/05/11	070300	한솔시큐어	-	6,640	756	8.78	3,703	1.79	0	0
2018/05/11	230980	솔트웍스	-	4,420	-	-	1,000	4.42	0	0
2018/05/11	242040	교보비엔케이스팩	-	1,995	9	221.67	1,842	1.08	0	0
2018/05/11	260660	알리코제약	-	17,100	534	32.02	2,872	5.95	100	0.58

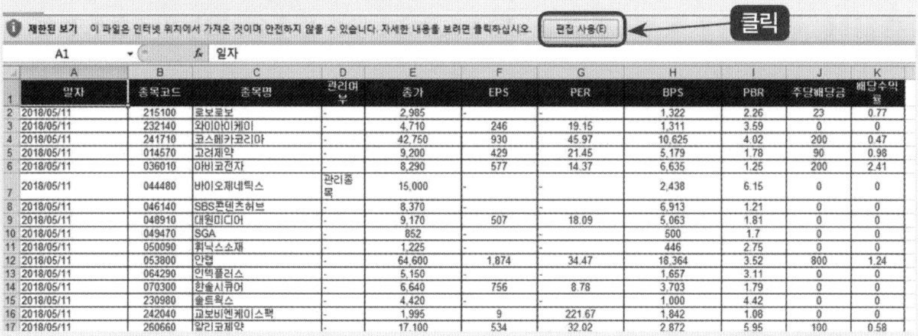

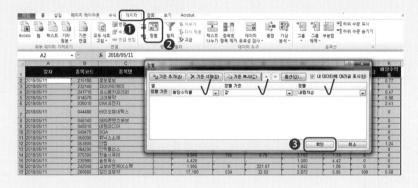

엑셀 파일을 열었는데 만약 제한된 보기가 뜨면 '편집 사용'을 클릭하여 편집할 수 있도록 만들어보자(그림 A-4).

● 그림 A-5. 배당수익률 엑셀 파일(2)

엑셀 메뉴의 '데이터→정렬'을 순서대로 클릭한 후 정렬 기준을 '배당수익률', 정렬 기준은 '값' 정렬은 '내림차순'으로 지정한 후 확인 버튼을 클릭한다(그림 A-5 참고).

● 그림 A-6. 배당수익률 엑셀 파일(3)

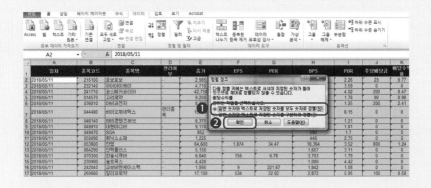

화면에 '정렬 경고' 메뉴가 뜨게 된다. 이때 '일반 숫자와 텍스트로 저장된 숫자를 모두 숫자로 정렬'을 선택하한 후 확인버튼을 클릭한다(그림 A-6 참고).

여기까지 진행하면 배당수익률 부분의 셀에 값이 없는 리스트 몇몇 종목이 맨 위에 있고 배당수익률이 높은 종목부터 낮은 종목 순으로 정렬되게 된다.

● 그림 A-7. 배당수익률 엑셀 파일(4)

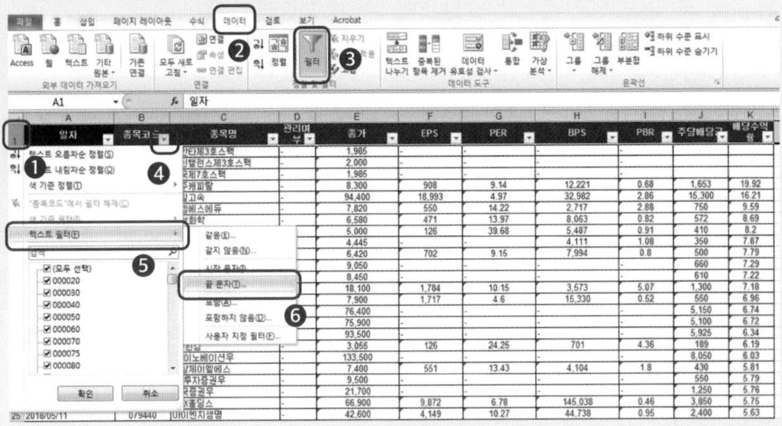

4장에서는 우선주는 제외하고 테스트를 진행했다. 우선주를 매수해도 크게 상관은 없다. 하지만 책에서 진행하였던 테스트와 같은 방법으로 투자하기 원한다면 우선주를 제외해야 한다. 우선주의 경우 종목코드 끝자리가 0으로 끝나지 않는다는 점에 착안하여, 종목코드가 0으로 끝나는 종목들만 찾으면 된다.

'엑셀 화면의 1행을 클릭→데이터→필터'를 순서대로 클릭한다. 그러면 1행 전체에 필터가 걸린다. 종목코드라 적혀 있는 1행 B열의 ▼ 모양을 클릭한 후 '텍스트 필터→끝 문자'를 순서대로 클릭한다(그림 A-7).

● 그림 A-8. 배당수익률 엑셀 파일

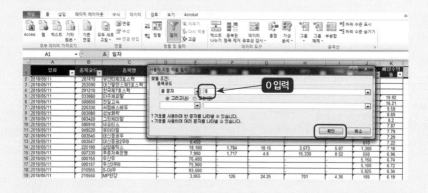

그림 A-8과 같은 새로운 창이 나오면 '끝 문자' 옆의 난에 '0'을 입력하고 '확인' 버튼을 클릭한다. 이렇게 하면 우선주를 제거할 수 있다. 이제 배당수익률에 숫자가 있는 종목 중 위에 나온 상위 종목들을 동일가중으로 매수하면 된다.

여기에 예시된 엑셀 파일은 2018년 5월 11일 기준으로 한국거래소 홈페이지에서 다운받은 파일이다. 2018년 5월 11일의 주가와 2017년의 배당금을 바탕으로 하여 배당수익률이 계산되어 있다.

만약 적자이면서 배당을 주는 주식을 매수하고 싶다면 어떻게 해야 될까? EPS[15] 항목(F열)에 0값이 입력되어 있는 종목 중에서 배당금 항목(J열)에는 0이 아닌 숫자가 입력되어 있는 종목을 찾는다. 찾은 종목 안

---

15 여기서 EPS는 주당순이익을 의미하며 당기순이익을 발행주식 수로 나누어서 구한다. 사실 당기순이익이 적자이면 EPS 값은 마이너스가 나와야 한다. 하지만 우리가 다운받은 엑셀 파일에는 당기순이익이 적자이면 EPS를 0으로 표시하고 있다.

에서 우선주를 제외하고 전부 동일가중으로 매수하면 된다.

또한 다운받은 엑셀 파일 안에 배당수익률 이외에도 PER과 PBR지표도 있는데, 이는 5장에서 다룰 것이다. PER과 PBR지표 값을 오름차순으로 정렬하는 방식을 사용하면, 5장에서 필자가 권하는 투자 방법 또한 쉽게 적용할 수 있다.

♪ 알아두면 좋은 지식들 3.
배당과 관련된 용어 정리

배당과 관련해서는 배당수익률이 가장 중요한 개념이다. 4장에서도 배당수익률에 따른 20분위 수익률을 분석해보았다. 배당수익률 이외에 다양한 배당 관련 용어들이 있다. 배당 관련 용어들은 서로 비슷해서 헷갈리는 경우가 많으므로 정리해서 익혀두도록 하자.

• 배당수익률(시가배당률)

$$배당수익률(시가배당률) = \frac{배당금\ 총액}{시가총액} = \frac{주당배당금}{현재주가}$$

4장에서 이미 살펴보았듯이 주당배당금을 현재주가로 나누어서 구한다. 당기에도 전기와 같이 동일한 배당률로 배당이 실현된다고 가정하여, 현재의 가격으로 주식을 매입하여 결산기 말까지 보유할 때 배당금으로 몇 %의 수익을 얻을 수 있는가를 측정하는 지표이다. 투자자 입장에서는 실질수익률이 된다. 현재 1만 원에 거래되는 주식이 500원의 배당금을 준다면 배당수익률은 5%이다.

• 배당성향

$$배당성향 = \frac{배당금\ 총액}{당기순이익} = \frac{주당배당금}{주당순이익}$$

배당금 총액을 당기순이익으로 나누어서 구하거나, 주당배당금을 주당순이익으로 나누어서 구한다. 기업이 1년 동안 벌어들인 이익 중에서 얼마의 비중을 배당금으로 주는지를 나타내는 지표이다. 기업이 1억 원의 당기순이익을 달성하였는데 그중 2,000만 원을 배당금으로 지급하는 데 사용한다면 배당성향은 20%이다.

• 배당률(액면배당률)

$$배당률(액면배당률) = \frac{주당배당금}{액면가}$$

주당배당금을 액면가로 나누어서 구한다. 액면가는 사실 투자자 입장에서는 중요한 지표가 되지 않는다. 주당배당금을 액면가로 나누는 것이 무슨 의미가 있겠는가? 필자가 생각하기에는 별 의미가 없는 지표이다. 그래도 상장기업들의 공시에서 종종 등장하므로 알아두면 좋다. 1주에 500원의 배당금을 주는데 주식의 액면가가 5,000원이라면 배당률(액면배당률)은 10%이다.

• 배당락

배당 기준일이 경과하여 배당금을 받을 권리가 없어지는 것을 말한다. 상장기업의 경우 사업연도가 끝나면 결산을 하고, 주주들에게 배당금을 나눠주는 절차를 밟는다. 따라서 배당을 받을 권리는 사업연도가 끝나는 날을 기준으로 주식을 가진 주주들에게 한정된다. 우리나라의 경우 3일 결제로 정하고 있다. 따라서 12월 결산법인의 경우 배당락일은 매년 12월 주식시장 마지막 거래일 전날이 된다. 배당을 받기 위해서는 마지막 거래일 전전거래일까지는 매수해야 한다. 참고로 배당락일이나 그 이후에 매도해도 배당금을 받을 수 있는데, 그림 A-9를 보면 이해하기 쉽다. 좀 더 이해하기 쉽도록 하기 위해 참고 사항으로 2017년을 기준으로 날짜를 표기하였다.

● 그림 A-9. 언제까지 매수해야 배당금을 받을 수 있을까?

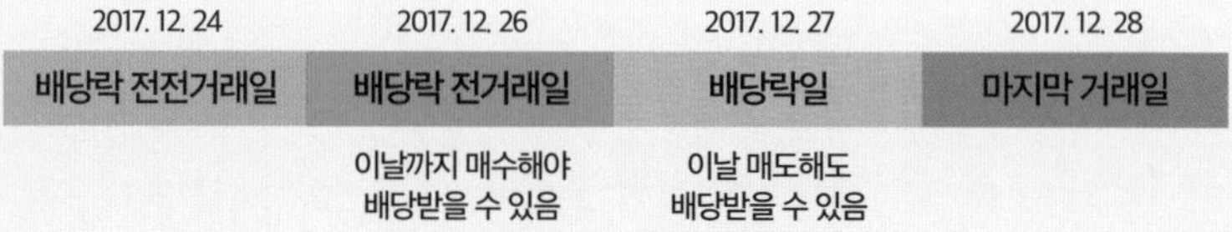

2017. 12. 24	2017. 12. 26	2017. 12. 27	2017. 12. 28
배당락 전전거래일	배당락 전거래일	배당락일	마지막 거래일
	이날까지 매수해야 배당받을 수 있음	이날 매도해도 배당받을 수 있음	

5장

PER, PBR, PSR, PCR지표의
유용성

PER, PBR, PSR, PCR의 기본 개념

주식의 가치를 평가할 때는 PER, PBR, PSR, PCR지표를 활용한다. 먼

저 개념부터 알고 가자. 이 PER, PBR, PSR, PCR지표는 시가총액[16]을 각각 당기순이익, 자본, 매출액, 영업현금흐름으로 나눈 지표이다. 이 지표들은 현재 주가 수준이 이익, 자본, 매출액, 영업현금흐름 대비 고평가인지 저평가인지를 쉽게 알 수 있게 해주는 장점이 있다. 지표의 분자에 모두 시가총액이 들어가 있기 때문이다. 이 지표들은 숫자가 낮을수록 저평가를 의미하고, 숫자가 높을수록 고평가를 의미한다.

숫자가 높으면 고PER, 고PBR, 고PSR, 고PCR이라고 하고, 낮으면 저PER, 저PBR, 저PSR, 저PCR이라고 한다. 사실 어느 숫자를 기준으로 '고高'를 붙일지 '저低'를 붙일지 확실히 정해진 것은 없다. 10 이상이면 고PER로 할 것인가, 20 이상이면 고PER로 할 것인가? PBR, PSR, PCR 역시 어떤 값을 기준으로 '고, 저'를 판단할 것인지 절대적 기준이 없다. 이 때문에 "A 주식이 B 주식에 비해서 지표가 낮으므로 상대적으로 저평가 상태에 있다"라는 식으로 말한다. 그래서 PER, PBR, PSR, PCR을 '상대가치지표'라고 한다.

투자자들 사이에서 많이 알려진 지표이고 기본적 분석에 가장 많이 사용되는 지표이지만, 또한 많이 무시당하는 지표이기도 하다. 너무 많이 알려져 있고 쉽게 데이터를 구할 수 있기 때문에 무시당하는 것으로 보인다. 뒤에서 살펴보겠지만 이들 4가지 지표는 모두 유용성이 매우 높다. 이들 지표만 이용해도 충분히 부자가 될 수 있음에도, 많은 사람

---

16 현재주가에서 발행주식 수를 곱해서 구한다. 예를 들어 현재주가가 1만 원이고 발행주식 수가 1,000만 주이면 시가총액은 1,000억 원이 된다.

이 수익 내는 방법을 너무 먼 곳에서 찾고 있는 것 같다.

투자자들과의 대화에서 "XX 종목은 PER이 낮으므로 저평가되어 있어 매수해야 된다"라는 논리로 얘기하면, 몇몇 사람(주로 성장주 투자자들)으로부터 이런 지표만 가지고는 수익을 낼 수 없다는 말을 듣곤 한다. PER지표의 유용성에 반대 입장을 가진 사람들은 자신의 주장을 강조하기 위해 PER지표가 높음에도 불구하고 급등하는 종목을 찾아낸다. 그리고 그 예를 바탕으로 PER지표의 유용성에 의문을 제기한다. 하지만 사실 그 반대인 예를 더 많이 찾아낼 수 있다. 통계적으로 보면 PER지표가 높은 주식이 급락하는 예가 급등하는 예보다 훨씬 더 많다. 이는 PBR, PSR, PCR에서도 마찬가지다.

PER(Price Earning Ratio, 주가수익비율)지표의 이해

먼저 PER지표부터 알아보자.

$$PER = \frac{\text{시가총액}}{\text{당기순이익}} = \frac{\text{주가}}{\text{주당순이익}}$$

PER은 수익가치가 저평가 상태인지, 고평가 상태인지를 볼 수 있는 지표이다. 시가총액은 현재 거래되는 주가를 발행주식 수로 곱한 금액을 말한다. PER은 바로 이 시가총액을 당기순이익으로 나누어서 구한다. PER은 주가 수준이 당기순이익에 비교해보았을 때 얼마나 높은지 낮은지를 판단하게 해주며, PER이 낮을수록 저평가임을 의미한다.

어떤 사람은 성장하는 기업의 주식을 PER이 높을 때 사서 낮을 때 팔아야 된다고 역으로 주장하기도 한다. 처음에는 그러한 주장이 이해가 안 되었지만, 자세히 얘기를 듣고 나면 어느 정도 수긍이 가는 주장이다. PER은 시가총액을 당기순이익으로 나눈 값이라는 점을 생각해보자. 성장기업이 아직 본격적으로 이익이 나지 않은 상태에서 미래에 대한 기대로 주가가 오르게 되면 나뉘는 값(분자)이 커져서 고PER이 된다. 하지만 본격적으로 이익이 크게 나게 되면 나누는 값(분모)이 커지게 되면서 PER 값이 하락하여 저PER이 된다. 즉 PER이 높을 때 사서 낮을 때 팔라는 의미는 성장하는 기업이 아직 본격적으로 이익이 나지 않은 상태일 때 매수해서 본격적으로 이익이 나는 때가 되면 매도하라는 뜻이다. 성장주 투자나 집중투자에는 그 말이 맞을 수 있다. 하지만 가치투자, 분산투자 영역에서는 PER지표가 높은 주식보다는 낮은 주식을 매수하는 것이 더 좋은 투자 방법이다. 자세한 내용은 뒤에서 확인할 수 있다.

PER지표를 중요하게 이용하여 투자에 성공한 분 중에 '존 네프John Neff'가 있다. 그는 스스로를 'Low PER Shooter(저PER 공략가)'라고 표현하였는데, 1964년부터 공식적으로 은퇴한 1995년까지 5,600%라는 엄청난 수익률을 거두었다. 높은 수익률의 핵심은 바로 PER이 낮은 주식들에 투자한 것에 있다.

PER지표가 낮은 주식이 수익률도 좋을까

실제로 한국에서 PER지표가 낮은 주식에 투자하는 것이 PER지표가 높은 주식에 투자하는 것보다 수익률이 더 좋을까? 2000년 6월 마지막 거래일부터 2017년 6월 마지막 거래일까지 1년마다 동일가중으로 교체 매매한 20분위 수익률을 살펴보자. 여기서 테스트는 매매 시점 직전년도의 당기순이익이 흑자이며 완전자본잠식이 되지 않은 기업을 대상으로 하였다.[17] PER지표가 가장 낮은 종목부터 가장 높은 종목 순으로 정렬한 이후 종목 수를 동일하게 20개의 그룹으로 나눈다. 1그룹은 PER지표가 가장 낮은 5%의 주식(저PER 주식)들로 구성되고, 맨 마지막 20그룹은 PER지표가 가장 높은 상위 5%의 주식(고PER 주식)들로 구성된다.

그림 2-17을 보면, 그룹의 숫자가 올라갈수록 PER지표 값이 높아진다. 수익률이 완벽한 선형관계에 있다고 볼 수는 없으나, 대체적으로 그룹 숫자가 낮을수록 수익률이 높다. 즉 저PER일수록 높은 수익률을 보여준다. PER지표는 투자에 있어서 매우 유용한 지표이다. 이 지표만 잘 이용해서 적절히 분산투자만 해도 우리는 충분히 부자가 될 수 있다.

PER지표가 가장 낮은 주식으로 구성된 1그룹의 수익률과 PER지표가 가장 높은 주식으로 구성된 20그룹의 수익률을 연도별로 확인해보자.

---

17 당기순이익이 적자이면 PER을 구할 수 없고 완전자본잠식이면 뒤에 나오는 PBR을 구할 수가 없다. 때문에 이번 장 전체의 통일성을 위해 이 두 가지의 제약 조건을 동시에 넣었다.

<PER에 따른 20분위 수익률>

- 기간 : 2000년 7월~2017년 6월(총 17년)
- 대상 : 코스피, 코스닥 종목 중 매매 시점에 직전년도의 당기순이익이 흑자이며 완전자본잠식이 아닌 기업
- 교체 매매 주기 : 1년에 1회
- 교체 시기 : 6월 마지막 거래일
- 방법 : 매매 시점에서 PER이 낮은 종목부터 높은 종목 순으로 1그룹부터 20그룹까지 20분위로 나눈다. 각 그룹에 속한 종목들을 동일가중으로 교체 매매한다.

● 그림 2-17. PER에 따른 20분위 수익률

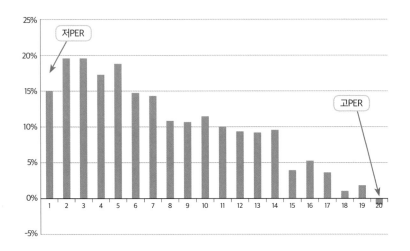

투자 기간	1그룹 수익률	20그룹 수익률
2000. 7~2001. 6	12.92%	-42.38%
2001. 7~2002. 6	18.47%	-37.92%
2002. 7~2003. 6	-26.22%	-23.10%
2003. 7~2004. 6	-9.28%	-16.40%
2004. 7~2005. 6	89.41%	74.77%
2005. 7~2006. 6	33.27%	20.04%
2006. 7~2007. 6	81.81%	45.99%
2007. 7~2008. 6	-0.31%	-14.70%
2008. 7~2009. 6	-17.79%	-16.90%
2009. 7~2010. 6	10.40%	6.01%
2010. 7~2011. 6	19.28%	-6.94%
2011. 7~2012. 6	8.01%	9.84%
2012. 7~2013. 6	20.74%	-2.04%
2013. 7~2014. 6	22.71%	-2.22%
2014. 7~2015. 6	15.88%	74.42%
2015. 7~2016. 6	8.22%	1.82%
2016. 7~2017. 6	19.39%	-5.82%
연평균 복리수익률	14.91%	-0.84%

1그룹의 연평균 복리수익률은 +14.91%이다. 최초 원금 1,000만 원이 17년 후에 1억 619만 원이 되는 수익률이다. 반면 20그룹의 연평균 복리

수익률은 −0.84%으로 저조하다. 하지만 매년 1그룹이 20그룹보다 수익률이 높은 것은 아니다. 과거 17년의 기간 중 4번의 기간에서는 오히려 20그룹의 수익률이 더 높았다. 1그룹보다 20그룹의 수익률이 높았던 기간을 표 2-14에 별도로 표시하였다.

PER지표가 낮은 주식을 매수한다고 매번 수익률이 좋은 것은 아니다. 상대적으로 PER지표가 높은 주식이 수익률이 좋고, PER지표가 낮은 주식의 수익률이 좋지 않은 구간이 있다. 이 기간은 필자 같은 계량투자자나 저평가 기업을 찾는 가치투자자들의 수익률이 상대적으로 저조해지는 구간이다. 한동안 저조한 수익률로 힘들어하다 보면 자신의 투자법이 틀린 것은 아닌지 혹은 시장이 바뀐 것은 아닌지 의심이 들기도 한다. 하지만 어려운 시기가 지나가면 PER지표가 낮은 주식의 수익률이 다시 좋아진다. 장기적으로는 PER지표가 높은 주식보다 PER지표가 낮은 주식이 좋은 성과를 낸다. PER지표뿐만 아니라 뒤에서 살펴볼 PBR, PSR, PCR지표도 마찬가지이다. 결국 가치지표를 활용하는 계량투자자와 가치투자자들은 장기적으로 좋은 성과를 거둘 것이다.

PBR(Price Book−value Ratio, 주가순자산비율)지표의 이해

재무상태표는 크게 자산, 부채, 자본으로 구성된다. PBR지표는 그중 자본을 이용한다. 자본은 자산에서 부채를 빼서 구해지기 때문에 순자산이라는 용어를 사용하기도 한다. 시가총액을 자본으로 나누어서 구한 것이 PBR이다. PBR지표는 거래되는 주가 수준이 자본에 비교해보았을 때 얼마나 높은지, 낮은지를 쉽게 판단하게 해준다. 당연히 PBR이 낮으면 자본에 비해 저평가 상태를 의미하고, 높으면 자본에 비해 고평가 상태를 의미한다.

$$PBR = \frac{시가총액}{자본} = \frac{주가}{주당순자산}$$

당기순이익을 사용하는 PER지표에 비해 자본을 사용하는 PBR지표가 가지는 장점이 있는데, 당기순이익에 비해 자본은 변동이 덜 심하다는 점이다. 기업이 영업을 하다 보면 이익이 일시적으로 좋아지는 경우가 있다. 반대로 일시적인 비용으로 말미암아 적자가 발생하거나 순이익이 급락하는 경우도 있다. 일시적인 현상이므로 기업가치에는 큰 변화가 없음에도, 당기순이익을 사용해서 구해지는 PER지표는 급등하거나 급락하는 경우가 쉽게 발생한다. 반면에 자본을 사용해서 구해지는 PBR지표는 이런 변동이 덜하다. 기업의 자본이란 과거부터 현재까지 영업 활동을 통해서 누적된 숫자이기 때문이다.

PBR지표가 낮은 주식이 수익률도 좋을까

유진 파머Eugene Fama와 케네스 프렌치Kenneth French 교수의 1992년 연구논

문 〈The Cross−Section of Expected Stock Return(기대 주식수익률의 횡
단면)〉[18]에서 PBR의 역수를 사용하여 PBR지표가 낮은 주식일수록 수익
률이 높다는 사실을 증명하였다. 물론 미국 주식을 대상으로 진행한 연
구였다.

한국 시장에서도 PBR이 낮은 주식이 높은 수익률이 나는지 궁금하였
다. 그래서 PER과 마찬가지로 매매 시점에서 직전년도 당기순이익이 흑
자이면서 완전자본잠식이 아닌 기업을 대상으로 테스트하였다. 앞에서
했던 PER과 같은 방법으로 20분위 테스트를 해보았다. 1그룹은 PBR지
표가 가장 낮은 5% 주식(저PBR 주식)들로 구성될 것이고, 20그룹은 PBR
지표가 가장 높은 5%의 주식(고PBR 주식)들로 구성될 것이다.

그림 2−18을 보자. 그룹의 숫자가 높아질수록 PBR지표가 높은 종목
들이 편입되어 있다. PER과 마찬가지로 수익률이 완벽한 선형관계에 있
다고 볼 수는 없으나 대체적으로 그룹의 숫자가 낮으면 수익률이 높고,
그룹의 숫자가 높으면 수익률이 낮다. 가장 낮은 PBR로 구성되어 있는
1그룹이 가장 높은 수익률을 보여주며, 가장 높은 PBR로 구성되어 있
는 20그룹이 가장 낮은 수익률을 보여준다.

1그룹의 연평균 복리수익률은 +25.69%인 반면에 20그룹의 연평균
복리수익률은 −11.87%이다. PBR지표 역시 한국 주식시장에서 상당히
유용성이 있는 지표이다. +25.69%의 수익률은 지금까지 살펴본 테스트

---

18 유진 파머(Eugene F. Fama), 케네스 프렌치(Kenneth R. French), 〈The Cross−Section of
    Expected Stock Returns(기대 주식수익률의 횡단면)〉, The Journal of Finance(파이낸스저
    널) Vol. 47, No. 2 (Jun., 1992), pp. 427−465

<PBR에 따른 20분위 수익률>

- 기간 : 2000년 7월~2017년 6월(총 17년)
- 대상 : 코스피, 코스닥 종목 중 매매 시점에 직전년도 당기순이익이 흑자이며 완전자본잠식이 아닌 기업
- 교체 매매 주기 : 1년에 1회
- 교체 시기 : 6월 마지막 거래일
- 방법 : 매매 시점에서 PBR이 낮은 종목부터 높은 종목 순으로 1그룹부터 20그룹까지 20분위로 나눈다. 각 그룹에 속한 종목들을 동일가중으로 교체 매매한다.

● 그림 2-18. PBR에 따른 20분위 수익률

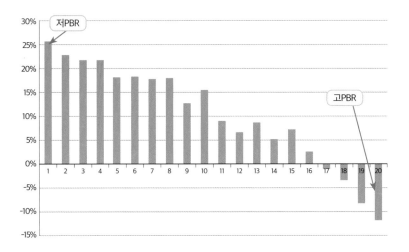

● 표 2-15. PBR에 따른 1그룹과 20그룹의 연도별 수익률

● 표 2-15. PBR에 따른 1그룹과 20그룹의 연도별 수익률

투자 기간	1그룹 수익률	20그룹 수익률
2000. 7~2001. 6	9.41%	-54.50%
2001. 7~2002. 6	27.38%	-51.50%
2002. 7~2003. 6	-21.05%	-12.99%
2003. 7~2004. 6	16.47%	-19.38%
2004. 7~2005. 6	99.58%	13.67%
2005. 7~2006. 6	67.42%	2.44%
2006. 7~2007. 6	112.54%	21.56%
2007. 7~2008. 6	15.20%	-18.98%
2008. 7~2009. 6	-12.52%	-20.92%
2009. 7~2010. 6	19.77%	-3.16%
2010. 7~2011. 6	11.58%	-14.72%
2011. 7~2012. 6	19.54%	-4.37%
2012. 7~2013. 6	19.46%	-0.74%
2013. 7~2014. 6	37.39%	0.50%
2014. 7~2015. 6	55.71%	62.62%
2015. 7~2016. 6	8.12%	-18.78%
2016. 7~2017. 6	20.44%	-20.09%
연평균 복리수익률	25.69%	-11.87%

중에서 가장 높은 수익률이다. +25.69%의 연평균 복리수익률이면 원금 1,000만 원이 17년 후에는 4억 8,765만 원이 된다. 하지만 매년 1그룹이

20그룹보다 수익률이 높은 것은 아니다. 총 17년의 기간 중 2번의 기간에서는 오히려 20그룹의 수익률이 더 높았다. 이 2번의 기간은 표 2-15에 별도로 표시하였다. 1그룹이 마이너스 수익률을 보이는 기간도 있었지만, 장기적으로 보면 결국 PBR지표가 낮은 주식들이 높은 수익을 거둘 수 있었다.

PSR(Price Sales Ratio, 주가매출액비율)지표의 이해

PSR은 시가총액을 매출액으로 나누어서 구한다.

$$PSR = \frac{시가총액}{매출액} = \frac{주가}{주당매출액}$$

많은 투자자가 저평가, 고평가를 판단할 때 매출액을 사용한다는 것을 선뜻 받아들이기 어려워한다. 매출액이라는 항목은 포괄손익계산서의 맨 위에 위치해 있다. 제조업체를 예로 들어보자. 100만 원어치의 제품을 100개 팔았으면, 100만 원에 100을 곱해서 1억 원이 매출액이 된다. 이 제품을 만들기 위해 얼마의 비용이 들었는지는 아직 고려되기 전이다. '매출액'에서 '매출원가'를 빼야 '매출총이익'이 나오고, 여기서 또 '판매비와관리비'를 빼야 '영업이익'이 나온다. '영업이익'에서 기타수익, 금융수익, 지분법이익을 더하고 기타비용, 금융원가, 지분법손실, 법인

매출액
(-) 매출원가
매출총이익
(-) 판매비와관리비
영업이익
영업외수익(기타수익, 금융수익, 지분법이익)
(-) 영업외비용(기타비용, 금융원가, 지분법손실)
법인세차감전순이익
(-) 법인세비용
당기순이익
기타포괄손익
총포괄손익

세비용까지 제외해야 드디어 '당기순이익'이 나온다. 당연히 포괄손익계산서의 맨 위에 있는 매출액보다 아래쪽에 있는 영업이익이나 당기순이익이 훨씬 중요한 개념으로 보인다(표 2-16 참고). 단순하게 생각했을 때 비용이 전혀 감안되지 않은 항목인 매출액은 주식의 저평가나 고평가 판단에 이용하기에는 무리가 있어 보인다.

A 기업과 B 기업이 있는데, 두 기업 모두 시가총액이 100억 원이라고 가정해보자. A 기업은 매출액 100억 원에 당기순이익률이 1%이고, B 기업은 매출액 90억 원에 당기순이익률이 10%라는 것을 추가로 가정한다. A 기업은 1억 원의 당기순이익이 발생하고, B 기업은 9억 원의 당기순이익이 발생한다.[19] 일반적인 생각에 B 기업이 더 좋은 기업이며, 따라서 시가총액이 같다면 B 기업이 더 저평가 상태여야 정상이다. B 기

업의 이익이 더 클뿐더러 수익성을 나타내는 당기순이익률[20]도 더 높기 때문이다. 하지만 PSR을 살펴보면 A 기업의 PSR은 1인데 비해 B 기업의 PSR은 1.11로 A 기업이 오히려 더 저평가된 것으로 나온다. PSR지표에 사용되는 매출액은 비용이 감안되기 전의 개념이기 때문에 이런 문제가 발생한다. PER을 한번 계산해보자. A 기업의 PER은 100, B 기업의 PER은 11.11로 B 기업이 더 저평가된 상태인 것으로 확인된다.

  내용을 정리해보면, PSR로 평가했을 때는 A 기업이 저평가이나 PER로 평가했을 때는 B 기업이 저평가이다(표 2–17 참조). 그리고 PER이 PSR보다 우리 상식에 더 일치한다.

● 표 2-17. A 기업과 B 기업 예시

구분	A 기업	B 기업
시가총액	100억 원	100억 원
매출액	100억 원	90억 원
당기순이익률	1%	10%
당기순이익[21]	1억 원	9억 원
PSR[22]	1	1.11
PER[23]	100	11.11

---

19 A 기업: 100억×1%=1억, B 기업: 90억×10%=9억
20 당기순이익을 매출액으로 나누어서 구한다.
21 순이익 = 매출액 × 당기순이익률
22 PSR = 시가총액 / 매출액
23 PER = 시가총액 / 당기순이익

다음의 경우도 가정해보자. 1억 원의 매출을 올렸지만 매출원가가 1억 1,000만 원이어서 역마진이 나는 경우이다. 이는 매출이 늘어나면 늘어날수록 손해를 보는 구조이다. 이 경우에 매출액을 시가총액과 비교하여 저평가 여부를 판단하는 것이 무슨 의미가 있겠는가? 오히려 매출이 없는 상황이 더 좋은 상황이다.

이런 이유들로 인해 시가총액을 매출액으로 나눈 지표인 PSR은 PER이나 PBR에 비해 투자자들의 관심이 덜하다. 증권사 HTS^{Home Trading} ^{System}를 살펴보거나 혹은 증권사에서 작성한 리포트를 확인해보면 PER과 PBR은 쉽게 눈에 띄는데 비해 PSR은 좀처럼 눈에 띄지 않는다. 실제로 주위를 둘러봐도 PER이나 PBR지표에 비해 PSR지표에 관심을 갖는 투자자들은 많지 않다.

하지만 PSR지표에 많은 관심을 보인 투자의 대가가 있다. 성장주 투자의 대가 필립 피셔^{Philip Fisher}의 이름은 들어봤을 것이다. 바로 그분의 아들인 켄 피셔^{Kenneth Fisher}이다. 켄 피셔가 바로 PSR지표를 만든 사람이다. 모든 사람이 이익이나 자본을 이용한 PER이나 PBR에 관심을 보일 때 켄 피셔는 매출액에 관심을 가졌다. 그리고 PSR지표가 PER이나 PBR보다 더 유용하다는 사실을 주장하면서 투자에 이용하였다. 켄 피셔는 그의 저서 《슈퍼 스톡스》[24]에서 매출액은 이익에 비해 변동 폭이 덜하기 때문에 안정적이라고 말하면서 PSR지표의 유용성에 대해 자세히 설명하고 있다. 하지만 켄 피셔는 《슈퍼 스톡스》 이후 저서인 《3개의 질문으

---

24 켄 피셔(Kenneth Fisher), 《슈퍼 스톡스》, 중앙북스, 이건 · 김홍식 역, 2009

로 주식시장을 이기다》[25]에서는 "PSR이 그 힘을 대부분 잃게 되었다"고 말했다. 이는 PSR지표로 수익이 잘 나오지 않게 되었다는 뜻인데, 그 원인은 'PSR이 널리 사용되면서 완전히 가격에 반영됐기 때문'이라고 말하였다.[26]

PSR지표가 낮은 주식이 수익률도 좋을까

켄 피셔가 말한 PSR이 잘 맞고, 안 맞고는 미국 주식시장에 관한 얘기다. 그렇다면 한국 시장에서는 어떤지 궁금해진다. PSR지표는 한국 시장에서도 유용했으며, 지금도 유용할까? 앞에서 진행했던 것과 같은 방법으로 20분위 테스트를 진행해보자.

그림 2-19를 보면, PSR지표 역시 앞에서 살펴보았던 PER이나 PBR과 마찬가지로 유용한 지표임을 알 수 있다. 1그룹은 PSR이 낮은 저PSR 종목들로 구성되어 있으며, 20그룹은 PSR이 높은 고PSR 종목으로 구성되어 있다. 그룹의 숫자가 올라갈수록 PSR이 높아진다. PER, PBR과 마찬가지로 수익률이 완벽한 선형관계에 있다고 볼 수는 없으나 대체적으로 저PSR 주식들이 높은 수익률을 보이며, 고PSR 주식들이 낮은 수익

25 켄 피셔(Kenneth Fisher), 《3개의 질문으로 주식시장을 이기다》, 비즈니스맵, 우승택 역, 2008
26 켄 피셔가 《3개의 질문으로 주식시장을 이기다》에서 언급한 내용이다. 그는 특정 매매 기법이나 지표가 세상에 공개되어 널리 사용되면 초과수익(알파)은 사라진다는 생각을 가지고 있는 것으로 보인다. 여기에 대한 자세한 논의는 18장에서 다룰 것이다.

<PSR에 따른 20분위 수익률>

- 기간 : 2000년 7월~2017년 6월(총 17년)
- 대상 : 코스피, 코스닥 종목 중 매매 시점에서 직전년도의 당기순
  이익이 흑자이며 완전자본잠식이 아닌 기업
- 교체 매매 주기 : 1년에 1회
- 교체 시기 : 6월 마지막 거래일
- 방법 : 매매 시점에서 PSR이 낮은 종목부터 높은 종목 순으로 1그
  룹부터 20그룹까지 20분위로 나눈다. 각 그룹에 속한 종목들을 동
  일가중으로 교체 매매한다.

● 그림 2-19. PSR에 따른 20분위 수익률

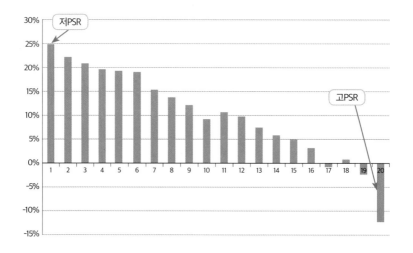

률을 보이고 있다. 이번 장에서 다루는 4개의 지표 중 PSR지표는 숫자가 낮을수록(저평가일수록) 수익률이 높아지는 경향성이 가장 뛰어나다.

● 표 2-18. PSR에 따른 1그룹과 20그룹의 연도별 수익률

투자 기간	1그룹 수익률	20그룹 수익률
2000. 7~2001. 6	5.77%	-61.32%
2001. 7~2002. 6	30.88%	-51.67%
2002. 7~2003. 6	-17.69%	-13.36%
2003. 7~2004. 6	21.48%	-18.65%
2004. 7~2005. 6	115.50%	8.08%
2005. 7~2006. 6	42.49%	3.07%
2006. 7~2007. 6	107.96%	27.92%
2007. 7~2008. 6	11.70%	-26.31%
2008. 7~2009. 6	-2.06%	-17.77%
2009. 7~2010. 6	24.10%	-6.91%
2010. 7~2011. 6	24.89%	-17.43%
2011. 7~2012. 6	8.53%	17.05%
2012. 7~2013. 6	21.91%	-3.55%
2013. 7~2014. 6	31.52%	3.83%
2014. 7~2015. 6	28.46%	55.04%
2015. 7~2016. 6	15.54%	-20.33%
2016. 7~2017. 6	12.29%	-14.39%
연평균 복리수익률	24.84%	-12.25%

앞에서 이익이 아니라 매출액으로 가치평가를 하는 것이 이해하기 힘들다고 말하였다. 하지만 테스트 결과는 PSR을 이용한 주식투자 결과가 매우 좋았음을 보여주고 있다. 이제 1그룹과 20그룹의 연도별 수익률을 살펴보자.

PSR이 가장 낮은 1그룹의 연평균 복리수익률은 +24.84%이다. 최초 원금 1,000만 원이 17년 후에는 4억 3,452만 원이 되는 엄청난 수익률이다. 반면에 PSR이 가장 높은 20그룹의 연평균 복리수익률은 −12.25%이다. 매우 유용성이 높은 지표이지만 이 지표 역시 매년 1그룹이 20그룹보다 수익률이 높은 것은 아니다. 과거 17년의 기간 동안 3번의 기간에서는 오히려 20그룹의 수익률이 더 높았다. 20그룹이 1그룹의 수익률보다 좋았던 기간을 표 2−18에서 별도로 표시하였다.

PCR(Price Cash−flow Ratio, 주가현금흐름비율)지표의 이해

어떤 기업의 순이익이 100억 원이라고 하면 그 기업에 100억 원의 현금이 들어올까? 실제로 기업에 들어오는 현금과 이익은 동일하지 않다. 매출이 발생하더라도 현금이 들어오지 않고, 매출채권으로 계속 남아 있는 경우도 있다. 이것은 이익은 발생했지만 현금이 들어오지 않는 경우이다. 감가상각비는 어떨까? 감가상각비는 분명 이익을 줄이는 비용이지만 현금이 나가지 않는다. 이렇게 기업의 이익과 현금흐름이 동일하지 않는 경우가 많다.

이익에 비해 현금흐름이 양호한 기업도 존재하고, 그 반대도 존재한다. 일반적으로 시장에서는 이익에 비해 현금흐름이 불량한 기업을 제품 영향력이 낮은 기업으로 평가한다. 또한 현금흐름이 불량한 기업은 분식회계의 의심을 받기도 한다. 이익은 쉽게 조작이 가능하지만 현금흐름은 조작이 어렵기 때문이다. 실제로 현금흐름이 악화되면 이익이 지속적으로 발생하는 기업도 흑자도산에 처할 수 있다. 지금까지 말한 여러 가지 이유 때문에 많은 전문가가 이익보다는 현금흐름을 더 중요하게 봐야 한다고 주장하기도 한다.

우리는 앞에서 PER에 대해서 알아봤다. 즉 시가총액을 이익으로 나눈 지표이다. 그런데 이익보다 현금흐름을 더 중요하게 생각하는 사람들은 PER지표에 만족하지 못한다. 이들은 시가총액을 '이익'으로 나눈 지표보다 '현금흐름'으로 나눈 지표를 더 의미 있다고 생각할 것이다. 시가총액을 '영업현금흐름'으로 나눈 것이 바로 PCR 지표이다.

$$PCR = \frac{\text{시가총액}}{\text{영업현금흐름}} = \frac{\text{주가}}{\text{주당영업현금흐름}}$$

PCR지표가 낮은 주식이 수익률도 좋을까

PCR지표 역시 앞에서 테스트했던 방법 그대로 20분위 테스트를 진행하였다. 역시 매수 직전년도의 당기순이익이 흑자이며 완전자본잠식이 아닌 기업을 대상으로 하였다. 그런데 이번 PCR 테스트에서는 영업현금흐름이 마이너스인 기업도 제외해야 한다. 영업현금흐름이 마이너스인 경우에는 PCR지표를 구할 수 없기 때문이다.

영업현금흐름이 플러스인 기업이라는 제약 조건을 하나 더 추가한 테스트 결과다. 그러다 보니 전체적인 수익률이 앞에서 진행했던 다른 테스트 결과에 비해 약간 더 좋다. PCR지표도 그룹의 숫자가 올라갈수록 수익률이 낮아진다. 역시 앞에서 살펴봤던 PER, PBR, PSR과 마찬가지로 PCR지표의 값이 높아질수록 수익률이 낮아지는 경향성이 존재한다.

PCR값이 가장 낮은 1그룹의 연평균 복리수익률은 +24.69%이다. 최초 원금 1,000만 원이 17년 후에 4억 2,573만 원이 되는 수익률이다. 반면에 PCR값이 가장 높은 20그룹의 연평균 복리수익률은 −5.03%로 저조하다. 1그룹의 수익률이 20그룹보다 뛰어나지만 역시 1그룹이 20그룹보다 수익률이 매년 높은 것은 아니다. 과거 17년의 기간 동안 한 번의 기간에서 20그룹의 수익률이 더 높았다. 20그룹이 1그룹의 수익률보다 좋았던 한 번의 기간을 표 2−19에 별도로 표시하였다.

\<PCR에 따른 20분위 수익률\>

- 기간 : 2000년 7월~2017년 6월(총 17년)
- 대상 : 코스피, 코스닥 종목 중 매매 시점에서 직전년도 당기순이 익이 흑자이며 완전자본잠식이 아닌 기업, 동시에 매매 시점에서 직전년도 영업현금흐름 플러스인 기업
- 교체 매매 주기 : 1년에 1회
- 교체 시기 : 6월 마지막 거래일
- 방법 : 매매 시점에서 PCR이 낮은 종목부터 높은 종목 순으로 1그 룹부터 20그룹까지 20분위로 나눈다. 각 그룹에 속한 종목들을 동 일가중으로 교체 매매한다.

● 그림 2-20. PCR에 따른 20분위 수익률

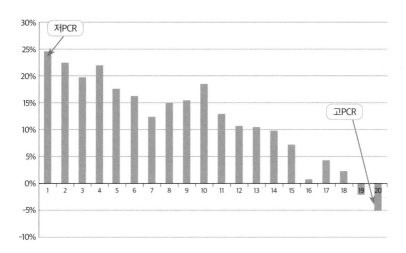

● 표 2-19. PCR에 따른 1그룹과 20그룹의 연도별 수익률

투자 기간	1그룹 수익률	20그룹 수익률
2000. 7~2001. 6	18.43%	-53.48%
2001. 7~2002. 6	40.00%	-36.56%
2002. 7~2003. 6	-27.51%	-30.39%
2003. 7~2004. 6	22.58%	-24.01%
2004. 7~2005. 6	81.08%	40.95%
2005. 7~2006. 6	47.30%	22.33%
2006. 7~2007. 6	96.77%	52.71%
2007. 7~2008. 6	27.59%	-21.39%
2008. 7~2009. 6	-18.23%	-19.29%
2009. 7~2010. 6	30.35%	10.38%
2010. 7~2011. 6	18.72%	1.65%
2011. 7~2012. 6	5.02%	-3.70%
2012. 7~2013. 6	27.17%	-2.48%
2013. 7~2014. 6	19.74%	13.70%
2014. 7~2015. 6	42.80%	60.36%
2015. 7~2016. 6	20.32%	-3.42%
2016. 7~2017. 6	24.09%	-14.08%
연평균 복리수익률	24.69%	-5.03%

4개의 지표 중 어느 지표가 가장 좋을까

이번 장에서 PER, PBR, PSR, PCR 4개 지표 모두 통계적으로 유용성이 높다는 사실을 알았다. 그런데 이 4개의 지표 중에서 어떤 지표가 한국 시장에서 가장 유용할까? 1그룹의 연평균 복리수익률이 가장 높은 PBR 지표일까, 아니면 그룹의 숫자가 올라갈수록 수익률이 낮아지는 경향성이 가장 강한 PSR지표일까? 1그룹이 20그룹보다 수익률이 낮은 적이 한 번밖에 없었던, 승률 면에서 가장 우수한 PCR지표일까? 어떤 것이 가장 유용한 지표인지 판단하는 것은 어렵지만, 가장 유용성이 떨어지는 것은 PER지표로 보인다. 수익률, 경향성, 승률 중 어느 것을 기준으로 하든 다른 지표들에 비해 뒤처진다. 정말 그럴까?

이 4개 지표 중 어떤 지표가 더 유용한지에 대해 너무 고민할 필요가 없다. 최고로 유용한 지표를 찾으려는 독자에게 꼭 보여주고 싶은 그래프가 있다. 지금까지 테스트했던 기간보다 더 이전인 1990년 7월~2000년 6월까지 기간으로 PER, PBR, PSR, PCR의 20분위 수익률을 나타낸 그래프이다.

4개의 지표 중 2000년 7월~2017년 6월까지 한국 시장에서는 1그룹 수익률의 꼴찌는 PER지표였다. 그런데 1990년대(1990년 7월~2000년 6월) 한국 시장을 살펴보면 얘기가 달라진다. 1990년대 1그룹 수익률이 1등인 지표가 바로 PER지표이다. PER지표는 수익률 1등에서 꼴찌가 되는 큰 반전을 보였다. PBR지표에서도 PER지표와는 다른 방향으로 반전이 관찰된다.

<PER에 따른 20분위 수익률>

- 기간 : 1990년 7월~2000년 6월(총 10년)
- 대상 : 코스피, 코스닥 종목 중 매매 시점에서 직전년도 당기순이 익이 흑자이며 완전자본잠식이 아닌 기업
- 교체 매매 주기 : 1년에 1회
- 교체 시기 : 6월 마지막 거래일
- 방법 : 매매 시점에서 PER이 낮은 종목부터 높은 종목 순으로 1그 룹부터 20그룹까지 20분위로 나눈다. 각 그룹에 속한 종목들을 동 일가중으로 교체 매매한다.

● 그림 2-21. PER에 따른 20분위 수익률(1990년 7월~2000년 6월)

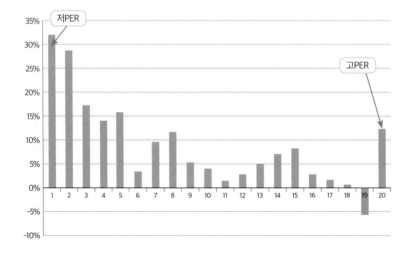

<PBR에 따른 20분위 수익률>

- 기간 : 1990년 7월~2000년 6월(총 10년)
- 대상 : 코스피, 코스닥 종목 중 매매 시점에서 직전년도의 당기순이익이 흑자이며 완전자본잠식이 아닌 기업
- 교체 매매 주기 : 1년에 1회
- 교체 시기 : 6월 마지막 거래일
- 방법 : 매매 시점에서 PBR이 낮은 종목부터 높은 종목 순으로 1그룹부터 20그룹까지 20분위로 나눈다. 각 그룹에 속한 종목들을 동일가중으로 교체 매매한다.

● 그림 2-22. PBR에 따른 20분위 수익률(1990년 7월~2000년 6월)

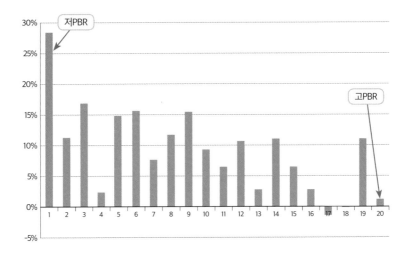

<PSR에 따른 20분위 수익률>

- 기간 : 1990년 7월~2000년 6월(총 10년)
- 대상 : 코스피, 코스닥 종목 중 매매 시점에서 직전년도의 당기순
  이익이 흑자이며 완전자본잠식이 아닌 기업
- 교체 매매 주기 : 1년에 1회
- 교체 시기 : 6월 마지막 거래일
- 방법 : 매매 시점에서 PSR이 낮은 종목부터 높은 종목 순으로 1그
  룹부터 20그룹까지 20분위로 나눈다. 각 그룹에 속한 종목들을 동
  일가중으로 교체 매매한다.

● 그림 2-23. PSR에 따른 20분위 수익률(1990년 7월~2000년 6월)

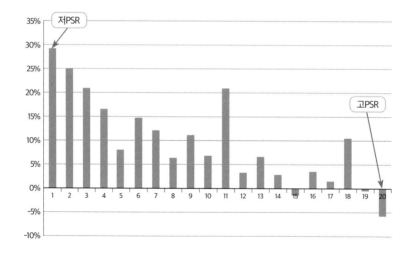

<PCR에 따른 20분위 수익률>

- 기간 : 1990년 7월~2000년 6월(총 10년)
- 대상 : 코스피, 코스닥 종목 중 매매 시점에 직전년도의 당기순이 익이 흑자이며 완전자본잠식이 아닌 기업, 동시에 매매 시점에서 직전년도의 영업현금흐름이 플러스인 기업
- 교체 매매 주기 : 1년에 1회
- 교체 시기 : 6월 마지막 거래일
- 방법 : 매매 시점에서 PCR이 낮은 종목부터 높은 종목 순으로 1그 룹부터 20그룹까지 20분위로 나눈다. 각 그룹에 속한 종목들을 동 일가중으로 교체 매매한다.

● 그림 2-24. PCR에 따른 20분위 수익률(1990년 7월~2000년 6월)

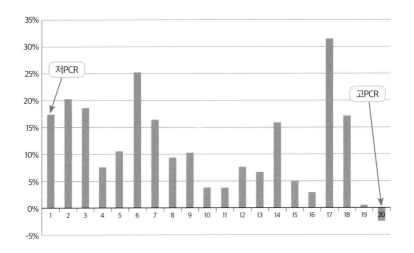

2000년 7월~2017년 6월까지 한국 시장에서 4개의 지표 중 1그룹 수익률이 1등인 지표는 PBR지표이지만, 1990년대에는 3등의 수익률을 보여주고 있다. 심지어 1990년대 20분위 테스트에서 PBR지표는 그룹 숫자가 올라갈수록 수익률이 낮아지는 선형관계도 제대로 확인되지 않을 정도로 상대적으로 경향성이 떨어지는 지표였다(그림 2-22).

그렇다면 앞으로 10년은 어떻게 될까? 다시 PBR의 1그룹 수익률이 떨어지고 PER의 1그룹 수익률이 1등으로 올라서지 않을까? 필자도 정확한 답을 알지 못한다. 물론 장기적으로 이 4개의 지표는 모두 유용할 것이라고 확신한다. 하지만 만약 과거 17년간 가장 수익률이 높았던 PBR지표만 사용하여 투자했는데, 앞으로 10년 동안은 PBR지표가 별볼일 없으면 어떻게 할 것인가? 이 경우 엄청난 고통을 감내해야 한다.

콤보 전략 그리고 지표별 분산투자 전략

이런 고통을 받을 가능성을 줄이기 위해 두 가지 전략을 생각해볼 수 있다. 바로 콤보 전략과 지표별 분산투자 전략이다. 첫 번째 콤보 전략은 퀀트투자 전문가인 강환국 님의 저서 《할 수 있다! 퀀트투자》[27]에서 제시한 전략으로, 여러 지표의 순위를 매겨서 종합 순위에 따라 투자하는

---

27 강환국, 《할 수 있다! 퀀트투자》, 에프앤미디어, 신진오 감수, 2017

전략을 말한다. 콤보 전략으로 투자하는 방법이 단일 지표만을 이용하여 투자하는 방법보다 반드시 더 높은 수익률을 보장하지는 않는다. 하지만 어떤 한 지표가 유용성이 떨어졌을 때 받게 되는 리스크를 피할 확률은 높다. 그리고 수익률 면에서 과거 백테스트의 결과는 매우 훌륭하다. 이 책에서는 PER, PBR, PSR, PCR 4개 지표의 순위를 매긴 후 각 순위를 전부 더해 종합순위를 구하고, 종합순위 상위 5%의 주식에 투자하는 방법을 콤보 전략으로 정의하자(강환국 님의 콤보 전략과 약간 차이는 있다). 이렇게 PER, PBR, PSR, PCR의 각 1그룹의 수익률과 콤보 전략의 수익률까지 더해서 총 5가지 투자 방법의 수익률 순위는 다음과 같다.

<5가지 지표(각 지표별 1그룹 수익률과 콤보 전략)의 수익률 비교>

• 1990년 7월~2000년 6월까지 투자 가정

콤보 전략(34.99%) > PER(32.15%) > PSR(29.21%) > PBR(28.34%) > PCR(17.17%)

• 2000년 7월~2017년 6월까지 투자 가정

콤보 전략(26.92%) > PBR(25.69%) > PSR(24.84%) > PCR(24.69%) > PER(14.91%)

콤보 전략은 1990년 7월~2000년 6월 기간에 최고의 수익률을 보여주었으며, 2000년 7월~2017년 6월 기간에도 최고의 수익률을 보여주었다. 그렇다면 과거처럼 앞으로도 콤보 전략은 5가지 방법 중 최고의 수

익률을 보여줄까? 지금까지와 반대로 앞으로 콤보 전략이 꼴찌의 수익률을 보일 수도 있을까? 꼴찌가 될 가능성이 아예 없지는 않지만 높아 보이지 않는다.

콤보 전략을 사용하였는데 꼴찌의 수익률이 되는 (일어날 확률이 거의 없어 보이는) 위험조차도 감수하기 싫다면 두 번째로 지표별 분산투자 전략을 고려해보자. 4개의 계좌를 만들어 투자자산을 4등분하여 투자하는 방법이다. 1번 계좌 이름을 PER계좌, 2번 계좌 이름을 PBR계좌 이런 식으로 PSR, PCR까지 총 4개의 계좌를 만든 후 4개 지표 우수 종목들을 각각의 계좌에서 따로 투자하는 방법이다. 이렇게 하면 수익률 1등은 불가능하지만 항상 4개 포트폴리오의 평균 수익률은 얻을 수 있다.

이번 장을 마치며

PER, PBR, PSR, PCR과 같은 지표만으로는 수익을 낼 수 없다고 주장하는 사람들을 주위에서 많이 봤을 것이다. 하지만 우리는 이런 지표들을 이용해 분산투자하는 것만으로도 충분히 부자가 될 수 있다는 사실을 알게 되었다. 분산투자가 아닌 집중투자를 한다고 하더라도 PER, PBR, PSR, PCR지표가 낮은 주식들 안에서 투자할 주식을 찾는 것이 이들 지표가 높은 주식들 안에서 투자할 주식을 찾는 것보다 유리하다.

선천적으로 안목이 없는 사람들은 이 책에서 테스트하였던 방법대로 투자해보는 것이 좋다. 전년도의 당기순이익이 흑자이면서 완전자본잠식이 아닌 기업들의 리스트를 뽑아서 PER, PBR, PSR, PCR지표가 낮은 순으로 각각 정렬해보자. 마음에 드는 지표를 하나 골라 지표 값이 가장 낮은 5% 종목을 매수해도 좋다. 아니면 각각 순위를 매겨서 합산한 후 종합순위가 가장 우수한 5% 종목을 매수해도 좋다. 4개의 계좌를 만들어서 각 계좌별로 4개의 지표가 가장 낮은 5%의 종목을 각각 매수해도 좋다(5% 매수가 불편하면 50종목을 매수해도 된다). 그리고 정기적으로 동일가중으로 교체 매매한다. 어느 방법을 사용하더라도 장기적으로 모두 부자가 될 것이다.

5장 핵심 요약

1. PER, PBR, PSR, PCR 지표가 낮은 주식들이 지표가 높은 주식들보다 수익률이 좋다.

2. PER, PBR, PSR, PCR 지표만 이용해도 충분히 부자가 될 수 있다.

3. 이 4개 지표 중에서 어떤 지표가 가장 좋은지를 찾으려고 애쓰지 말자. 시기에 따라 달라진다.

4. 특정 지표가 유용성이 떨어질 것을 대비하여 콤보 전략과 지표별 분산투자 전략을 이용하면 좋다.

※ 전년도 흑자 기업 중 PBR이 가장 낮은 5% 종목에 동일가중으로 투자하여 1년마다 교체 매매하였다면 과거 17년간 연평균 복리수익률 +25.69%를 얻을 수 있었다(원금 1,000만 원이 4억 8,765만 원으로 늘어난다).

♪ 알아두면 좋은 지식들 4.
부분자본잠식과 완전자본잠식

5장에서는 완전자본잠식 기업을 제외한 상태에서 테스트를 진행하였다. 그렇다면 완전자본잠식은 무슨 의미일까, 또 부분자본잠식은 무슨 의미일까?

재무제표 중 자본상태표는 '자산=부채+자본'의 공식이 성립한다. 그중 자본이라는 항목은 또 다시 이익잉여금, 자본잉여금, 기타포괄손익누계액, 자본금으로 나눌 수 있다.

- 이익잉여금 : 기업이 영업 활동을 하면서 이익이 생기게 되는데, 이익을 배당이나 상여 등으로 외부 유출하지 않고 사내에 유보시켜서 쌓아놓은 금액이다.
- 자본잉여금 : 자본거래에 의해서 생기는 잉여금이다. 대표적인 예가 주식을 발행할 때 액면가를 초과한 금액이다.
- 기타포괄손익누계액 : 당기순이익에 포함되지 않는 평가손익의 누계액이다. 자산재평가를 하면서 생긴 이익이나 매도 가능 증권의 평가이익이 여기에 포함된다.
- 자본금 : 주식의 액면가에 발행주식 수를 곱해서 구한다.

흑자가 지속되면 좋겠지만, 적자가 나게 되면 자본이 줄어들게 된다. 즉 쌓여 있는 이익잉여금이 있다면 이익잉여금이 줄어든다. 이익잉여금이 모두 없어져도 자본을 더 줄여야 한다면 결손금이 생기게 된다. 결손금은 마이너스 이익잉여금을 말한다. 결손금이 크지 않을 때는 자본잉여금이나 기타포괄손익누계액이 남아 있기 때문에 자본총계가 자본금보다는 크다. 하지만 적자가 계속되어 결손금이 자본잉여금과 기타포괄손익누계액을 합한 금액보다 커지게 되면 문제가 시작된다. 즉 자본총계가 자본금보다 작아지는 상태가 되는데, 이런 상태가 바로 '부분자본잠식'이다. 여기서 추가적으로 결손금이 더 커져서 아예 자본이 모두 없어지고 마이너스가 될 수도 있는데, 이런 상태를 '완전자본잠식'이라고 한다.

- 일반적인 경우 : 자본총계 > 자본금
- 부분자본잠식 : 자본총계 < 자본금
- 완전자본잠식 : 자본총계 < 0

표 A-6을 보면서 더 쉽게 이해해보자.

- 2017년 : 일반적인 경우다. 자본총계는 이익잉여금, 자본잉여금, 기타포괄손익누계액, 자본금을 모두 더해서 구하는데, 이렇게 구해진 2017년의 자본총계는 700만 원이다.
- 2018년 : 당기순이익에서 600만 원 적자가 발생했다. 이익잉여금은

● 표 A-6. 재무제표 예시

(단위 : 만 원)

	2017년	2018년	2019년
당기순이익	100	-600	-200
이익잉여금(결손금)	300	-300	-500
자본잉여금	100	100	100
기타포괄손익누계액	100	100	100
자본금	200	200	200
자본총계 (이익잉여금+자본잉여금+ 기타포괄손익누계액+자본금)	700	100	-100
자본잠식여부	일반적인 경우	부분자본잠식	완전자본잠식

원래 300만 원이 있었지만, 이제는 결손금 300만 원으로 바뀐다. 결손금은 마이너스 이익잉여금이다. 자본총계를 계산해보면 100만 원이다. 그런데 자본금은 200만 원이다. 자본총계가 자본금보다 작지만 마이너스는 아니므로 부분자본잠식이 된다.

• 2019년 : 당기순이익에서 200만 원 적자가 발생한다. 결손금이 200만 원 더 늘어 500만 원이 되었다. 자본총계를 계산해보면 −100만 원이다. 이제 자본총계가 마이너스이므로 완전자본잠식이 된다.

완전자본잠식 기업의 경우 PBR지표를 구하는 것은 의미가 없다. 왜냐하면 PBR은 시가총액을 자본으로 나누어서 구하기 때문이다. 완전자본잠식 기업의 경우 자본이 마이너스이므로, 공식에 적용하면 PBR은 마이너스 값이 나온다. 그런데 PBR지표는 낮을수록 저평가 상태이지 않은가? 완전자본잠식 기업의 PBR이 마이너스이고 일반적인 기업의 PBR은 플러스이므로, 완전자본잠식 기업이 더 저평가라는 얘기가 된다. 뭔가 논리적으로 오류가 있다.

PBR의 역수를 사용하면 이런 오류를 해결할 수 있다. 시가총액을 자본으로 나누는 것이 아니라 자본을 시가총액으로 나누는 것이다. 이것을 B/M^Book-to-Market(장부가/시가비율)지표라고 한다. 이 B/M지표는 PBR과 반대로 숫자가 높을수록 저평가이고, 낮을수록 고평가이다. 완전자본잠식된 기업은 B/M지표가 마이너스가 되어 일반적인 기업보다 고평가로 평가받게 된다. 이렇게 PBR의 역수를 이용하여 분석하면 완전자본잠식 기업도 논리적인 문제없이 분석이 가능하다. 많은 논문에서도 실제로 이렇게 분석을 진행한다.

하지만 필자는 이번 장에서 PBR의 역수를 사용하지 않고, 아예 완전자본잠식기업을 제외한 상태로 테스트하였다. 완전자본잠식 상태인 기업을 처음부터 아예 투자 대상에서 제외하는 것이 더 현실적이라고 판단했기 때문이다. 또한 5장에서는 전체적인 통일성을 위해 PBR뿐만 아니라 PER, PSR, PCR의 테스트에서도 완전자본잠식 기업을 제외하였다.

PBR 이외에도 완전자본잠식기업을 대상으로 할 때 오류가 생기는 지표들이 있는데, 자본총계가 공식의 분모로 들어가는 지표들이다. ROE지표와 부채비율이 대표적 예이다. ROE지표는 이 책의 6장에서, 부채비율은 8장에서 다룰 것이다. 이들 지표의 유용성을 테스트할 때도 당연히 완전자본잠식 기업을 대상에서 제외하였다.

6장

ROE, ROA
지표의 유용성

Questions

1. ROE, ROA지표가 높은 기업의 주식이 수익률도 좋을까?

2. ROE, ROA지표가 낮은 기업의 주식을 무조건 피해야 할까?

3. ROE, ROA지표가 낮지만 흑자인 기업의 주식을 어떻게 봐야 할까?

기업의 수익성에 대하여

A 기업과 B 기업이 같은 10억 원의 순이익을 거두었다면 두 기업의 가치가 같을까? 기업이 영업을 하기 위해서는 자본이 필요하다. A 기업은

자본 100억 원으로 10억 원의 이익을 냈고, B 기업은 자본 200억 원으로 10억 원의 이익을 냈다면 어떨까? 상대적으로 A 기업의 수익성이 더 높다. 더 적은 자본으로 같은 이익을 냈기 때문이다. 그렇다면 수익성이 높은 기업의 주식과 낮은 기업의 주식 중 어디에 투자해야 할까? 일반적으로는 수익성이 높은 기업에 투자하는 것이 옳아 보인다.

그런데 정말 수익성이 높은 기업의 주식이 가격도 많이 오를까? 수익성이 높은 것과 실제 주가가 오르는 것은 다른 문제일 수 있다. 여기에 대한 답을 구해보자. 기업의 수익성을 나타내는 지표는 여러 가지가 있는데, 이번 장에서는 ROE와 ROA에 대해 알아볼 것이다(다음 7장에서 영업이익률과 당기순이익률이라는 수익성 지표를 다룰 것이다).

ROE(Return On Equity, 자기자본이익률)지표의 이해

ROE라는 지표는 '자기자본이익률'이라고 하는데 보통 영어 약자인 ROE로 많이 쓰인다. 기업이 자기자본을 활용해 1년간 얼마를 벌어들였는가를 나타내는 수익성 지표이다. 당기순이익을 평균자본으로 나누어서 구하며, 숫자가 높을수록 수익성이 높음을 의미한다.

$$ROE = \frac{당기순이익}{평균자본}$$

ROE지표가 높은 기업은 자본 증가율도 크다. 당기순이익에서 배당금 등 자본유출을 제외한 금액이 다시 재무상태표의 자본 항목으로 들어오기 때문이다. 그래서 대다수의 투자자는 ROE지표가 낮은 기업보다 높은 기업을 더 선호한다. 비록 지금은 상대적으로 비싸 보일지 모르지만, ROE지표가 높게 유지되는 기업의 경우 빠른 속도로 자본이 늘어나기 때문에 나중에는 저평가 기업이 될 가능성이 크다. 그리고 많은 사람이 이런 기업의 주가가 많이 상승할 것으로 생각한다.

이를 이해하기 위해 두 개의 기업을 새롭게 가정해보자. 표 2-20을 같이 보면 이해하기가 쉽다. ROE지표가 30%인 A 기업과 ROE지표가 2%인 B 기업이 있다. 두 기업 모두 2017년 말 자본은 100억 원이다. A 기업의 시가총액은 200억 원이고, B 기업의 시가총액은 100억 원이라 가정하면 PBR을 계산할 수 있다. 2017년 A 기업의 PBR은 2이고, B 기업의 PBR은 1이다.[28]

2017년 시점에서 보면 B 기업의 PBR이 더 낮아 B 기업이 A 기업에 비해 상대적으로 저평가된 것으로 볼 수 있다. 하지만 A 기업의 경우 ROE 지표가 30%로 배당이나 증자 등의 이벤트가 없다면 자본이 매년 30% 수준으로 빠르게 늘어난다. 결국 5년 후인 2022년에는 A 기업의 자본은 371억 원이 되어 있을 것이다. 시가총액이 그대로 200억 원이라면 2022년의 A 기업 주식의 PBR지표는 0.54로 낮아지게 된다.

---

28 PBR의 공식은 시가총액/자본이므로
   A 기업 PBR = 200억 원/100억 원 = 2
   B 기업 PBR = 100억 원/100억 원 = 1

B 기업은 자본이 매년 2%의 느린 속도로 늘어나게 되고, 2022년에 B 기업의 자본은 110억 원이 된다. 시가총액이 그대로 100억 원이라면 PBR지표는 0.91로 낮아진다. 두 기업 모두 PBR지표가 낮아지긴 하였으나 A 기업이 더 많이 낮아졌다. 2022년에는 두 기업을 다시 평가했을 때 시가총액(주가)의 변화가 없다면, A 기업이 B 기업보다 오히려 더 저평가 상태가 된다. 당연히 시가총액(주가)이 변해 있다면, A 기업의 주식이 B 기업의 주식보다 더 많이 상승해 있을 확률이 높다.

이것이 ROE지표가 높은 기업이 가지는 장점이다.

성장주 투자자들은 현재 PER, PBR, PSR, PCR 등 가치지표가 고평가 상태인데도, ROE가 높은 주식에 과감히 투자한다. ROE의 장점을 잘 알고 있기 때문이다. 실제로도 주식시장에서는 ROE지표가 높게 유지되는

● 표 2-20. ROE에 따른 연도별 PBR 변화 추이

(단위 : 억 원)

	연도	2017	2018	2019	2020	2021	2022
A 기업	자기자본	100	130	169	220	286	371
	시가총액	200	200	200	200	200	200
	당기순이익		30	39	51	66	86
	PBR(배)	2	1.54	1.18	0.91	0.70	0.54
B 기업	자기자본	100	102	104	106	108	110
	시가총액	100	100	100	100	100	100
	당기순이익		2	2	2	2	2
	PBR(배)	1	0.98	0.96	0.94	0.92	0.91

기업의 주식은 가치지표 역시 상대적으로 고평가 상태를 보이는 경우가 많다. ROE가 높은 기업의 주식은 수익성이 높은 만큼 현재 시점에서 가치를 더 부여받는 것이다.

ROE지표의 유용성에 관한 다른 연구들

ROE지표가 높은 기업의 주식이 수익률도 좋은지에 대한 많은 연구가 있다. 제임스 오서너시James O'Shaughnessy의 저서 《What Works on Wall Street(월스트리트에서 통하는 것)》[29]에서는 ROE를 10분위로 나누어 수익률을 분석하였다.

이 책의 내용을 빌리자면 1964년부터 2009년까지 미국 시장의 분석에서 ROE의 유용성은 다른 지표들에 비해 높지 않았다. 제임스 오서너시는 ROE가 높은 기업의 주식수익률이 평균적인 주식수익률보다 약간 더 높다고 하였다. 그리고 ROE가 낮은 기업의 주식수익률은 평균적인 주식수익률보다 크게 낮다고 분석하였다(ROE가 가장 높은 10% 종목들의 연평균 복리수익률은 +12.3%로 전체 동일가중 연평균 복리수익률 +11.2%에 비해서 약간 더 높다. 하지만 ROE가 가장 낮은 10% 종목들의 연평균 복리수익률은 +6.2%로 전체 동일가중 연평균 복리수익률 +11.2%에 비해서 크게 낮다고 분석하였다).

---

29 제임스 오서너시(James O'Shaughnessy), 《What Works on Wall Street(월스트리트에서 통하는 것)》, McGraw-Hill Education, 2011

한국 주식을 바탕으로 분석한 책도 있다.

문병로 교수의 저서 《문병로 교수의 메트릭 스튜디오》[30]에서 2000년 4월부터 2012년 3월 말까지의 기간 동안 ROE를 10분위로 나누어서 한국 주식을 분석하였다. 이 책에서 ROE는 PER, PBR 등 다른 지표에 비해 뚜렷한 경향성을 보이지 않았다. 하지만 ROE가 지나치게 낮으면 수익률에 눈에 띄게 낮아진다고 분석하고 있다.

ROE지표가 높은 기업의 주식이 수익률도 좋을까

여기서도 테스트를 진행해보자. 매수하는 해 직전년도 말 기준으로 손익계산서에 있는 당기순이익과 재무상태표에 있는 자본을 바탕으로 ROE를 구한다. ROE의 기본 공식에서 분모는 평균자본인데, 여기서는 평균자본 대신 매수 시점의 직전년도 말 기준의 자본으로 대체하였다. 그렇게 해도 순위에는 큰 차이가 나지 않는다. ROE가 높은 기업에서 낮은 기업 순으로 정렬하여 20개의 그룹으로 나누어서 각각의 수익률을 구해보자.

그림 2-25를 보자. ROE는 앞에서 살펴보았던 다른 지표들에 비해서 강한 경향성을 보이지 않는다. 하지만 ROE가 가장 낮은 20그룹의 수익률은 눈에 띄게 낮다. 《문병로 교수의 메트릭 스튜디오》에서 ROE가 뚜

30　문병로, 《문병로 교수의 메트릭 스튜디오》, 김영사, 2014

<ROE에 따른 20분위 수익률>

- 기간 : 2000년 7월~2017년 6월(총 17년)
- 대상 : 코스피, 코스닥 종목 중 매매 시점에서 직전년도에 완전자 본잠식 상태가 아닌 기업
- 교체 매매 주기 : 1년에 1회
- 교체 시기 : 6월 마지막 거래일
- 방법 : 매매 시점의 직전년도 회계기준으로 ROE가 높은 종목부터 낮은 종목 순으로 1그룹부터 20그룹까지 20분위로 나눈다. 각 그 룹에 속한 종목들을 동일가중으로 교체 매매한다.

● 그림 2-25. ROE에 따른 20분위 수익률

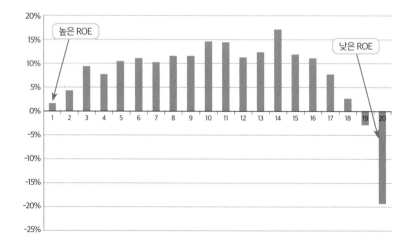

렷한 경향성을 보이지 않으며, 지나치게 낮은 그룹의 수익률이 눈에 띄게 낮다고 한 것과 비슷한 결과이다.

그렇다고 ROE가 가장 높은 1그룹 수익률이 좋은 것도 아니다. 그래프를 한눈에 살펴보면 ROE가 높지도 낮지도 않은 중간 정도 그룹의 수익률이 가장 좋다. ROE가 가장 낮은 기업의 주식으로 구성된 20그룹의 수익률은 특히 좋지 않다.

20그룹의 수익률이 특히 좋지 않은 이유가 무엇일까?《문병로 교수의 메트릭 스튜디오》의 내용을 다시 빌리자면, ROE 10분위 테스트를 한 부분에서 ROE가 지나치게 낮은 그룹은 순이익이 적자인 기업들로 구성되어 있기 때문이라고 한다. 우리가 테스트한 그림 2-25의 20그룹과 19그룹 또한 주로 적자 기업들로 구성되어 있다. 이 점에서 아이디어를 얻어 매수 시점의 직전년도 당기순이익이 적자인 기업을 제외하고 다시 테스트를 진행해보자.

그림 2-26을 보자. 당기순이익이 적자인 기업을 제외하고 테스트를 해보니 당황스러운 결과가 나왔다. 일반적인 통념과는 반대로 ROE가 낮을수록 오히려 수익률이 좋은 경향을 보였다. 이번 장의 서두에서 필자는 ROE가 높은 기업이 가지는 장점에 대해서 설명하였다. 하지만 테스트 결과는 뜻밖이다. 2000년 7월~2017년 6월의 기간 동안 매년 ROE가 가장 높은 5% 기업들의 주식에 정기적으로 교체 매매하여 투자하였다면 연평균 복리수익률 +1.74%(1그룹 수익률)의 형편없는 수익률을 얻게 된다. 반면 ROE가 가장 낮은 5% 기업들의 주식에 정기적으로 교체 매매하여 투자하였다면 연평균 복리수익률 +14.89%(20그룹 수익률)의 높

<ROE에 따른 20분위 수익률(적자 기업 제외)>

- 기간 : 2000년 7월~2017년 6월(총 17년)
- 대상 : 코스피, 코스닥 종목 중 매매 시점에서 직전년도의 당기순 이익이 흑자이며 완전자본잠식 상태가 아닌 기업
- 교체 매매 주기 : 1년에 1회
- 교체 시기 : 6월 마지막 거래일
- 방법 : 매매 시점에서 직전년도 회계 기준으로 ROE가 높은 종목부터 낮은 종목 순으로 1그룹부터 20그룹까지 20분위로 나눈다. 각 그룹에 속한 종목들을 동일가중으로 교체 매매한다.

● 그림 2-26. ROE에 따른 20분위 수익률(적자 기업 제외)

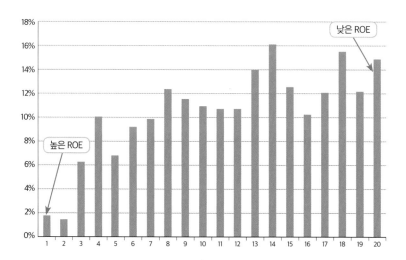

은 수익률을 얻게 된다.

지금까지 알아낸 ROE지표에 대한 사실을 종합해보자. 당기순이익이 적자인 기업까지 포함한다면 ROE가 극단적으로 낮은(ROE가 마이너스인) 주식은 피해야 한다. 하지만 일단 당기순이익이 흑자이기만 하면(ROE가 플러스이기만 하면), 오히려 ROE가 낮은 주식의 수익률이 좋다. 내가 투자할 기업이 흑자라는 전제가 있다면, 통념과 반대로 ROE가 낮은 기업의 주식을 찾아 투자해야 한다.

왜 통념과 다른 현상이 발생할까? 모든 조건이 모두 같다면 ROE가 상대적으로 더 높은 기업의 주식에 투자하는 것이 유리할 것이다. 하지만 ROE가 높은 기업의 주식은 대체적으로 PER, PBR, PSR, PCR지표 또한 높게 나타난다. 우리는 5장에서 PER, PBR, PSR, PCR지표가 높은 주식들의 수익률은 좋지 않다는 것을 알았다.

결국 한국 시장에서 ROE가 높은 기업의 주식은 스스로 받아야 할 가치보다 지나치게 높은 가치를 적용받는 경향이 있음을 알 수 있다. 반대로 생각해보면 흑자 기업으로 ROE가 낮은 기업의 주식은 스스로 받아야 할 가치보다 지나치게 낮은 가치를 적용받는 경향이 있는 것이다.

주식투자에서 성공하는 방법은 단순히 좋은 기업의 주식에 투자하는 것이 아니다. 적정가치보다 낮은 가격에 거래되는 주식에 투자해야 한다. 당기순이익이 흑자이면서 ROE가 낮은 기업의 주식이 바로 그런 주식일 확률이 높다.

그럼 적자 기업을 제외한 ROE에 따른 1그룹과 20그룹의 연도별 수익률을 살펴보자.

● 표 2-21. ROE에 따른 1그룹과 20그룹의 연도별 수익률(적자 기업 제외)

투자 기간	1그룹 수익률	20그룹 수익률
2000. 7~2001. 6	-0.12%	0.30%
2001. 7~2002. 6	-8.48%	-11.00%
2002. 7~2003. 6	-20.29%	-15.17%
2003. 7~2004. 6	-13.32%	-15.88%
2004. 7~2005. 6	48.85%	78.46%
2005. 7~2006. 6	-0.71%	38.85%
2006. 7~2007. 6	50.67%	78.41%
2007. 7~2008. 6	-16.90%	-1.57%
2008. 7~2009. 6	-16.28%	-8.65%
2009. 7~2010. 6	-5.96%	14.97%
2010. 7~2011. 6	-7.78%	6.81%
2011. 7~2012. 6	-4.74%	27.58%
2012. 7~2013. 6	9.61%	4.72%
2013. 7~2014. 6	3.92%	7.56%
2014. 7~2015. 6	28.97%	67.18%
2015. 7~2016. 6	3.92%	27.27%
2016. 7~2017. 6	8.70%	11.32%
연평균 복리수익률	1.74%	14.89%

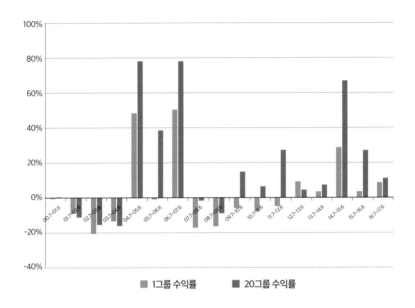

일반적으로 ROE가 낮은 20그룹의 수익률이 ROE가 높은 1그룹의 수익률보다 좋다. 하지만 매년 20그룹의 수익률이 1그룹의 수익률보다 좋은 것은 아니다. 과거 17년의 기간 동안 3번의 기간에서는 1그룹의 수익률이 더 높았다. 1그룹의 수익률이 더 높았던 기간을 표 2-21에 별도로 표시하였다.

ROA(Return On Assets, 총자산이익률)지표의 이해

ROE와 비슷한 지표로 ROA지표가 있다. 우리나라 말로는 '총자산이익률'이라고 하는데 보통 영어 약사인 ROA로 더 많이 쓰인다. 기업이 총자산을 이용해서 1년간 얼마를 벌어들였는가를 나타내는 지표이다. 즉특정 기업이 자산을 얼마나 효율적으로 운용했는지를 나타낸다. ROA를 구하는 공식은 다음과 같다.

$$ROA = \frac{당기순이익}{총자산}$$

ROA지표가 높은 기업의 주식이 수익률도 좋을까

앞에서 살펴본 ROE와 마찬가지로 ROA가 높은 기업은 수익성이 높다. 따라서 많은 사람이 ROA가 높은 기업의 주식 또한 수익률이 높을 것으로 생각한다. 정말 그런지 20분위 테스트를 진행해보자. 매수 시점의 직전년도에서 흑자 기업이며 완전자본잠식이 아닌 기업들의 주식을 대상으로 테스트하였다.

그림 2-28을 보자. 테스트한 결과 ROE와 마찬가지로 통념과 다른 결과를 보여준다. ROA가 높은 기업의 주식 수익률은 ROA가 낮은 기업의

<ROA에 따른 20분위 수익률(적자 기업 제외)>

- 기간 : 2000년 7월~2017년 6월(총 17년)
- 대상 : 코스피, 코스닥 종목 중 매매 시점에서 직전년도의 당기순이익이 흑자이며 완전자본잠식 상태가 아닌 기업
- 교체 매매 주기 : 1년에 1회
- 교체 시기 : 6월 마지막 거래일
- 방법 : 매매 시점에서 직전년도 회계 기준으로 ROA가 높은 종목부터 낮은 종목 순으로 1그룹부터 20그룹까지 20분위로 나눈다. 각그룹에 속한 종목들을 동일가중으로 교체 매매한다.

● 그림 2-28. ROA에 따른 20분위 수익률(적자 기업 제외)

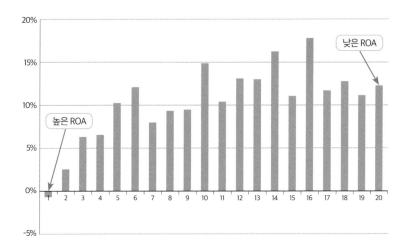

● 표 2-22. ROA에 따른 1그룹과 20그룹의 연도별 수익률(적자 기업 제외)

투자 기간	1그룹 수익률	20그룹 수익률
2000. 7~2001. 6	-13.00%	-5.33%
2001. 7~2002. 6	-2.46%	16.53%
2002. 7~2003. 6	-15.06%	-16.88%
2003. 7~2004. 6	-23.51%	0.81%
2004. 7~2005. 6	50.64%	69.55%
2005. 7~2006. 6	-13.04%	56.70%
2006. 7~2007. 6	40.34%	62.44%
2007. 7~2008. 6	-18.95%	-5.55%
2008. 7~2009. 6	-14.20%	-16.04%
2009. 7~2010. 6	-5.75%	2.82%
2010. 7~2011. 6	-7.00%	-2.53%
2011. 7~2012. 6	12.72%	15.63%
2012. 7~2013. 6	8.61%	0.31%
2013. 7~2014. 6	2.90%	16.24%
2014. 7~2015. 6	27.83%	49.31%
2015. 7~2016. 6	-15.90%	2.97%
2016. 7~2017. 6	3.66%	7.12%
연평균 복리수익률	-0.83%	12.16%

주식수익률보다 오히려 좋지 않다. ROA 값이 가장 높은 1그룹의 연평균 복리수익률은 −0.83%이다. 하지만 ROA가 가장 낮은 20그룹의 연평

● 그림 2-29. ROA에 따른 1그룹과 20그룹의 연도별 수익률(적자 기업 제외)

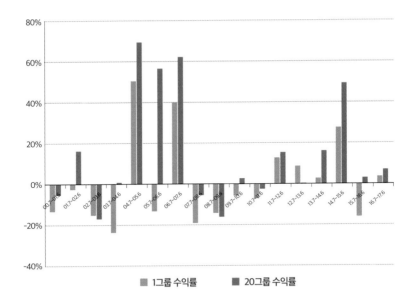

■ 1그룹 수익률   ■ 20그룹 수익률

균 복리수익률은 +12.16%이다. 20그룹의 수익률이 가장 높지는 않지만 ROA가 낮을수록 수익률이 높아지는 경향을 보인다. 하지만 앞에서 살펴본 ROE보다 경향성은 조금 떨어진다.

ROA에 따른 1그룹과 20그룹의 연도별 수익률 역시 확인해보자.

ROA가 낮은 20그룹 수익률이 ROA가 높은 1그룹보다 수익률이 높다. 하지만 매년 1그룹이 20그룹보다 수익률이 높은 것은 아니다. 과거 17년의 기간 동안 3번의 기간에서는 1그룹의 수익률이 더 높았다. 1그룹의 수익률이 더 좋았던 기간을 표 2-22에 별도로 표시해두었다.

이번 장을 마치며

이번 장에서는 피해야 할 기업의 주식이 있다는 사실을 알았다. 역설적이게도 전년도 ROE, ROA가 지나치게 높은 기업의 주식을 피해야 한다. 이것만 지켜도 제법 괜찮은 수익을 얻을 수 있다. ROE나 ROA가 높은 기업이 수익성이 더 높은 기업이다. 그러므로 많은 투자자는 ROE나 ROA가 높은 기업의 주식에 투자하는 것이 낮은 기업의 주식에 투자하는 것보다 수익률이 더 좋을 것이라고 생각한다.

적자 기업까지 포함한다면 그 얘기는 어느 정도 맞다. 적자 기업의 경우 ROE와 ROA는 마이너스 값이 나온다. 이런 적자 기업들 때문에 ROE와 ROA가 낮은 기업의 주식은 확실히 수익률도 나쁘다. 하지만 적자 기업을 제외하고 테스트하면 전혀 다른 결과가 도출된다. 일반적인 통념과 반대로 ROE와 ROA가 낮은 기업의 주식수익률이 더 좋다.

내가 투자할 주식이 ROE와 ROA 값이 낮더라도 적자 기업만 아니라면 무서워할 필요가 전혀 없다. 오히려 ROE와 ROA 값이 낮다면 더 높은 수익률을 거둘 것이라고 기대해봐도 좋다. 당기순이익이 흑자이면서 완전자본잠식이 아닌 기업들 중에서 ROE와 ROA가 가장 낮은 5% 종목들을 동일가중으로 매수하여 정기적으로 교체 매매해보자. 괜찮은 수익을 거둘 수 있을 것이다.

1. 대다수의 투자자가 ROE, ROA가 높은 기업은 수익성이 높기 때문에 주식 상승률도 높을 것으로 생각한다. 하지만 테스트 결과는 그렇지 않다.

2. 전년도 ROE, ROA가 낮은 기업의 주식수익률이 좋지 않은 이유는 적자 기업 때문이다.

3. 적자 기업이 아니라면 전년도 ROE, ROA가 낮은 기업의 주식이 높은 기업의 주식보다 오히려 수익률이 좋다.

4. 역설적이게도 전년도 ROE, ROA가 극단적으로 높은 기업의 주식 수익률은 형편없다.

※ 직전년도 당기순이익이 흑자인 종목 중 ROE가 가장 낮은 5% 종목들에 동일가중으로 투자하여 1년마다 교체 매매하였다면 과거 17년간 연평균 복리수익률 +14.89%를 얻을 수 있었다(원금 1,000만 원이 1억 587만 원으로 늘어난다).

7장

영업이익률과 당기순이익률의 유용성

영업이익률의 이해

제조업 기준으로 100만 원인 물건 100개를 팔면 1억 원이 생긴다. 이 1억 원이 바로 매출액이다. 여기에서 매출원가를 빼면 매출총이익이 되고, 매출총이익에서 판매비와관리비를 빼면 영업이익이다. 영업이익률은 영업이익을 매출액으로 나누어서 구한다.

$$영업이익률 = \frac{영업이익}{매출액}$$

영업이익률은 영업 활동에 대한 기업의 수익성을 나타내는 지표이다. 같은 물건을 1억 원어치 팔았을 때 3,000만 원이 이익으로 남는 기업이 있고, 100만 원만 이익으로 남는 기업이 있다. 이 두 기업 중 어디에 투자하고 싶은가? 당연히 수익성이 높은 3,000만 원의 이익이 남는 기업에 투자하고 싶은 것이 일반적이다.

그런데 수익성이 높은 기업의 주식이 정말 가격도 많이 오를까? 6장에서 다른 종류의 수익성 지표인 ROE, ROA지표는 그렇지 않다는 사실을 알았다. 그렇다면 영업이익률이라는 수익성 지표는 좀 다를까? 결과를 알아보기 위해 20분위 테스트를 진행해보자.

영업이익률이 높은 기업의 주식이 수익률도 높을까

<영업이익률에 따른 20분위 수익률>

- 기간 : 2000년 7월~2017년 6월(총 17년)
- 대상 : 코스피, 코스닥 전 종목
- 교체 매매 주기 : 1년에 1회
- 교체 시기 : 6월 마지막 거래일
- 방법 : 매매 시점에서 직전년도의 영업이익률이 높은 종목부터 낮은 종목 순으로 1그룹부터 20그룹까지 20분위로 나눈다. 각 그룹에 속한 종목들을 동일가중으로 교체 매매한다.

● 그림 2-30. 영업이익률에 따른 20분위 수익률

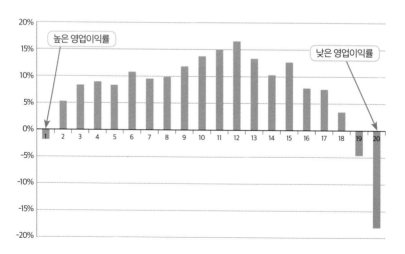

그림 2-30을 보자. 그룹의 숫자가 올라갈수록 영업이익률이 낮은 기업의 주식들로 구성되어 있다. 그래프를 살펴보면 특별한 경향성을 보이지는 않는다. 보통은 높은 영업이익률의 주식들로 구성된 1그룹의 수익률이 가장 높을 것이고, 가장 낮은 영업이익률의 주식들로 구성된 20그룹의 수익률이 가장 낮을 것으로 생각한다.

하지만 결과는 좀 특이했다. 20그룹의 수익률이 가장 낮은 것은 예상과 맞았다. 그러나 1그룹의 수익률도 이렇다 할 정도로 높은 수익률을 보여주지 않았다. 6장에서 살펴봤던 ROE 20분위 테스트와 비슷한 결과이다.

영업이익률이 높은 기업의 주식이 수익률도 높을 것이라는 막연한 생각을 가지고, 매년 높은 영업이익률을 보이는 기업의 주식들만 골라서 투자하였다면 어떻게 되었을까? 결과는 좋지 못했다. 1그룹의 연평균 복리수익률은 −1.86%이다. 그렇다고 영업이익률이 낮은 기업의 주식들만 골라서 투자하는 것은 더 좋지 못한 행동이었다. 20그룹의 연평균 복리수익률은 무려 −18.21%이다.

가장 수익률이 높은 그룹은 12그룹으로 나타났다. 1그룹에서 12그룹까지 지속적으로 수익률이 올라가다가 12그룹을 정점으로 20그룹까지는 수익률이 급격히 하락하는 모습을 보이고 있다. 이것이 의미하는 것은 무엇일까?

6장에서 ROE를 테스트하면서 얻었던 교훈을 여기에 적용할 수 있다. 12그룹을 정점으로 수익률이 내려온다는 것은 적자 기업들 때문이다. 적자 기업은 영업이익률이 마이너스 값을 보인다. 매년 주식시장의 상

황에 따라 다르겠지만 13그룹부터 20그룹 안에는 마이너스 영업이익률
을 가진 종목들(영업이익이 적자인 종목들)이 편입된다.

매매 시점에서 직전년도의 적자 종목들을 제외한 상태로 다시 테스
트를 진행해보면 다른 결과가 나올 것 같다. 그렇다면 해보자! 이번 테
스트에서 직전년도의 영업이익이 적자인 종목만을 제외하는 것이 아니
라 직전년도의 당기순이익이 적자인 종목도 제외하고 테스트를 진행하
였다.[31]

그림 2-31을 보자. 적자 기업을 제외하고 테스트하였더니 완전히 다
른 그래프가 나왔다. 완벽한 선형관계로 보긴 어렵지만 대체적으로 영
업이익률이 낮을수록 수익률이 높아지는 경향성이 나타났다. 2000년 7
월~2017년 6월의 기간 동안 매년 영업이익률이 가장 높은 상위 5% 종
목들에 정기적으로 교체 매매하여 투자하였다면 연평균 복리수익률은
+1.73%(1그룹 수익률) 수준밖에 얻지 못할 것이다.

하지만 같은 기간 매년 영업이익률이 가장 낮은 5% 종목들에 정기적
으로 교체 매매하여 투자하였다면 연평균 복리수익률 +14.84%(20그룹
수익률)의 높은 수익률을 얻을 수 있다. 역설적이게도 적자 기업이 아니
라면 영업이익률이 높은 기업의 주식보다 낮은 기업의 주식에 투자해야
유리하다.

---

31   직전년도의 영업이익과 당기순이익이 모두 흑자인 종목을 대상으로 하는 것과 같은 의미
    이다. 영업이익뿐만 아니라 당기순이익이 적자인 종목까지 제외하는 이유는 이후에 알아
    볼 당기순이익률의 20분위 테스트와 통일성을 갖추기 위해서다.

<영업이익률에 따른 20분위 수익률(적자 기업 제외)>

- 기간 : 2000년 7월~2017년 6월(총 17년)
- 대상 : 코스피, 코스닥 종목 중 매매 시점에 직전년도의 영업이익과 당기순이익이 모두 흑자인 종목(영업이익과 당기순이익 중 하나라도 적자이면 테스트에서 제외함)
- 교체 매매 주기 : 1년에 1회
- 교체 시기 : 6월 마지막 거래일
- 방법 : 매매 시점에서 직전년도 회계 기준으로 영업이익률이 높은 종목부터 낮은 종목 순으로 1그룹부터 20그룹까지 20분위로 나눈다. 각 그룹에 속한 종목들을 동일가중으로 교체 매매한다.

● 그림 2-31. 영업이익률에 따른 20분위 수익률(적자 기업 제외)

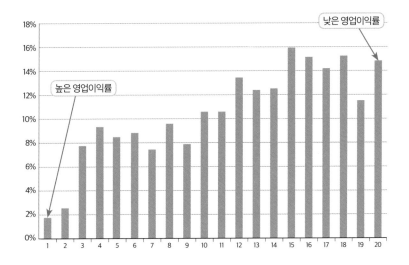

● 표 2-23. 영업이익률에 따른 1그룹과 20그룹의 연도별 수익률(적자 기업 제외)

투자 기간	1그룹 수익률	20그룹 수익률
2000. 7~2001. 6	-21.78%	-4.85%
2001. 7~2002. 6	-14.83%	-9.23%
2002. 7~2003. 6	-14.19%	-15.85%
2003. 7~2004. 6	-5.74%	-14.27%
2004. 7~2005. 6	44.97%	66.70%
2005. 7~2006. 6	14.78%	62.85%
2006. 7~2007. 6	57.37%	56.53%
2007. 7~2008. 6	-22.73%	6.28%
2008. 7~2009. 6	-12.47%	-16.53%
2009. 7~2010. 6	-13.73%	16.42%
2010. 7~2011. 6	-3.97%	24.94%
2011. 7~2012. 6	5.27%	22.19%
2012. 7~2013. 6	12.75%	9.22%
2013. 7~2014. 6	10.23%	16.61%
2014. 7~2015. 6	45.45%	57.01%
2015. 7~2016. 6	-15.52%	17.46%
2016. 7~2017. 6	5.26%	7.11%
연평균 복리수익률	1.73%	14.84%

이런 역설적인 테스트 결과는 6장에서 진행했던 ROE, ROA지표의 테스트 결과와도 비슷하다.[32] 적자 기업을 제외한 영업이익률 20분위 테

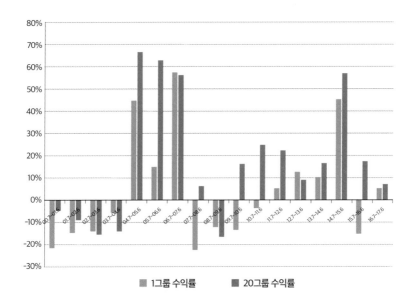

● 그림 2-32. 영업이익률에 따른 1그룹과 20그룹의 연도별 수익률(적자 기업 제외)

■ 1그룹 수익률   ■ 20그룹 수익률

스트에서 1그룹과 20그룹의 연도별 수익률을 살펴보자.

연도별 수익률을 확인해보면 대체적으로 영업이익률이 낮은 20그룹
의 수익률이 영업이익률이 높은 1그룹 수익률보다 높다. 하지만 매년
20그룹이 1그룹보다 수익률이 높은 것은 아니다. 과거 17년의 기간 동
안 5번의 기간에서는 1그룹의 수익률이 더 높았다. 1그룹의 수익률이
더 좋았던 기간을 표 2-23에 별도로 표시해두었다.

수익률을 높이기 위해서는 영업이익률이 높은 기업의 주식이 아니라

---

32 6장에서 진행한 ROE, ROA지표의 20분위 테스트에서도 적자 기업을 포함한 테스트에서는
뚜렷한 경향성이 나타나지 않았다. 하지만 적자 기업을 제외한 테스트에서는 일반적인 통
념과는 다르게 ROE, ROA지표가 낮은 기업의 주식이 수익률이 좋았다.

오히려 낮은 기업의 주식을 매수해야 한다는 말인가? 필자의 대답은 '그렇다'이다. 영업이익률은 기업의 수익성을 나타내는 지표이다. 어떻게 수익성이 낮은 기업들의 주식수익률이 더 높은 것일까? 앞에서 설명했던 ROE, ROA도 마찬가지겠지만 영업이익률의 공식 안에는 시가총액이나 주가가 들어가 있지 않다. 그러다 보니 영업이익률 수치만으로는 현재주가가 고평가인지 저평가인지를 판단할 수 없다.

직전년도의 영업이익률이 높게 나왔다는 얘기는 해당 기업이 직전년도에 호황기를 맞이했을 확률이 높다. 대다수의 투자자는 주로 호황기에 놓인 기업에 관심을 갖기 마련이다. 그리고 이런 관심이 주가를 고평가 상태로 만든다. 직전년도의 영업이익률이 높은 회사의 주식을 매수한다면 이미 오를 만큼 올라서 고평가 상태인 주식을 매수하게 될 가능성이 높다.

반대로 생각해보자. 영업이익률이 낮다고 적자 기업의 주식을 매수하는 것은 좋은 행동이 아니다. 하지만 일단 흑자 기업이라면 영업이익률이 낮은 기업의 주식에 투자하는 것이 수익률 면에서 유리하다. 직전년도의 영업이익률이 낮으면 해당 기업이 직전년도에 불황기를 맞았을 가능성이 크다. 주식시장에서는 이런 기업에 전혀 관심을 갖지 않는다. 결국 영업이익률이 낮은 기업의 주가는 하락할 대로 하락하여 적정가격 대비 저평가 상태가 된다. 흑자이면서 영업이익률이 낮은 기업의 주식들을 매수하면 저평가 주식을 매수할 확률을 높일 수 있다.

영업이익률이 낮은 기업의 주식이 더 높은 수익률을 보이는 현상을

● 그림 2-33. 영업이익률 따른 1, 5, 10, 15, 20그룹의 투자수익 시뮬레이션(적자 기업 제외)

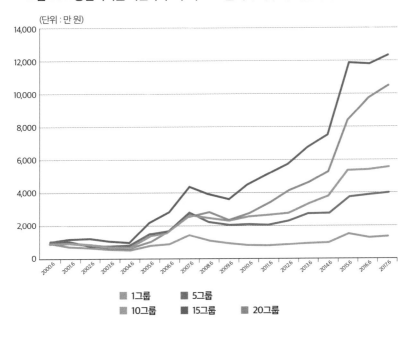

다른 이유로도 설명이 가능하다. 영업이익률은 일반적으로 100%를 넘을 수 없다. 따라서 매출액이 그대로라면 이미 영업이익률이 40%로 매우 높은 기업의 경우 기껏해야 2.5배만큼의 이익이 증가하는 것이 한계

이다. 물론 이런 일이 벌어지기란 거의 불가능하다.

하지만 영업이익률이 1%인 기업의 경우 영업이익률을 3%대로 올리는 것은 그렇게 어려운 일은 아니다. 즉 영업이익률이 높은 기업이 이익을 3배로 증가시키는 것은 어렵지만, 영업이익률이 낮은 기업이 이익을 3배로 증가시키는 것은 상대적으로 쉽다. 이것이 영업이익률이 낮은 기업의 주식을 매수하는 것이 투자수익률을 더 높일 수 있는 또 다른 이유이다.

영업이익률과 관련된 논의를 마치기 전에 적자 기업을 제외한 영업이익률에 따른 1, 5, 10, 15, 20 그룹의 투자수익을 시뮬레이션해보자.

영업이익률이 가장 높은 상위 5% 종목들을 동일가중으로 투자하여 1년마다 한 번씩 교체 매매한다면 2000년 6월 마지막 거래일에 1,000만 원으로 시작했던 계좌는 2017년 6월 마지막 거래일에 겨우 1,338만 원이 된다(1그룹). 하지만 반대로 흑자 기업 중 영업이익률이 가장 낮은 5% 종목들에 같은 방법으로 투자한다면 2000년 6월 마지막 거래일의 1,000만 원이 2017년 6월 마지막 거래일에는 1억 503만 원이 된다(20그룹).

당기순이익률의 이해

수익성을 나타내는 지표 중에 영업이익률과 비슷한 지표가 있는데, 바로 당기순이익률이다. 그냥 '순이익률'이라는 용어로도 사용된다. 당기순이익을 매출액으로 나누어서 구한다.

$$당기순이익률 = \frac{당기순이익}{매출액}$$

당기순이익률 또한 지표가 높을수록 수익성이 높다는 의미이다. 당연히 많은 투자자가 당기순이익률이 높은 기업을 선호한다. 하지만 우리는 앞에서 영업이익률로 테스트를 진행했던 결과를 기억하고 있다. 대다수의 투자자가 생각했던 것과는 반대의 결과였다. 적자만 아니라면 영업이익률이 낮은 기업의 주식이 오히려 수익률이 좋았다. 당기순이익률이라는 지표도 영업이익률과 비슷한 지표이니 테스트 결과도 비슷하지 않을까? 먼저 적자 기업까지 포함한 20분위 수익률 테스트를 진행해보고, 이후 적자 기업을 제외하고 다시 테스트를 진행해보자.

당기순이익률이 높은 기업의 주식이 수익률도 좋을까

'적자 기업을 포함한 영업이익률 20분위 수익률 그래프'와 '적자 기업을 포함한 당기순이익률 20분위 수익률 그래프'는 서로 비슷한 모습이다(그림 2-30과 그림 2-34 비교). 우선 20그룹의 수익률이 가장 낮다는 점이 같다. 또한 그룹의 숫자가 올라갈수록 수익률이 점차 올라가다가 중간 부근에서 정점을 찍고 급격하게 하락하는 모습도 비슷하다.

이쯤 되면 중간 그룹을 정점으로 그룹 숫자가 올라갈수록 수익률이 낮아지는 현상은 적자 기업들 때문이라는 것을 직감으로 알 수 있다.

<당기순이익률에 따른 20분위 수익률>

• 기간 : 2000년 7월~2017년 6월(총 17년)

• 대상 : 코스피, 코스닥 전 종목

• 교체 매매 주기 : 1년에 1회

• 교체 시기 : 6월 마지막 거래일

• 방법 : 매매 시점에서 직전년도의 당기순이익률이 높은 종목부터 낮은 종목 순으로 1그룹부터 20그룹까지 20분위로 나눈다. 각 그룹에 속한 종목들을 동일가중으로 교체 매매한다.

● 그림 2-34. 당기순이익률에 따른 20분위 수익률

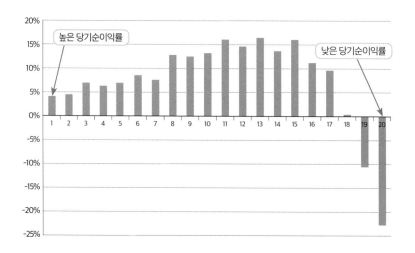

매수 시점에서 직전년도의 적자 기업들을 제외한 후 다시 테스트를 진행해보자. 영업이익률 테스트 진행과 마찬가지로 직전년도의 당기순이익이 적자인 기업들만을 제외하는 것이 아니라 직전년도의 영업이익과 당기순이익 중 한 가지만이라도 적자인 기업들을 제외하고 테스트를 진행한다(직전년도의 영업이익과 당기순이익이 모두 흑자인 종목을 대상으로 하는 것과 같은 의미이다).

그림 2-35를 보자. 역시 적자기업을 제외하고 테스트하였더니 완전히 다른 그래프가 나왔다. 대체적으로 당기순이익률이 낮을수록 수익률이 높아지는 경향성을 보이고 있다. 2000년 7월~2017년 6월의 기간 동안 매년 당기순이익률이 가장 높은 상위 5%의 종목들에 정기적으로 교체 매매하여 투자하였다면 연평균 복리수익률 +2.74%(1그룹 수익률) 수준밖에 얻지 못한다. 하지만 같은 기간 매년 당기순이익률이 가장 낮은 5% 종목들에 정기적으로 교체 매매하여 투자하였다면 연평균 복리수익률 +15.01%(20그룹 수익률)를 얻을 수 있다. 흑자 기업이라면 당기순이익률이 낮은 기업의 주식에 투자해야 오히려 수익률이 높다. 영업이익률을 기초로 테스트했던 것과 비슷한 결과이고, 역시 일반적인 통념과 반대이다.

적자 기업을 제외한 당기순이익률에 따른 1그룹과 20그룹의 연도별 수익률을 살펴보자. 당기순이익률이 낮은 20그룹의 수익률이 당기순이익률이 높은 1그룹 수익률보다 높다. 하지만 이것 역시 매년 20그룹이 1그룹보다 수익률이 높은 것은 아니다.

<당기순이익률에 따른 20분위 수익률(적자 기업 제외)>

- 기간 : 2000년 7월~2017년 6월(총 17년)

- 대상 : 코스피, 코스닥 종목 중 매매 시점에 직전년도의 영업이익 과 당기순이익이 모두 흑자인 종목(영업이익과 당기순이익 중 하나라 도 적자이면 테스트에서 제외함)

- 교체 매매 주기 : 1년에 1회

- 교체 시기 : 6월 마지막 거래일

- 방법 : 매매 시점에서 직전년도의 당기순이익률이 높은 종목부터 낮은 종목 순으로 1그룹부터 20그룹까지 20분위로 나눈다. 각 그 룹에 속한 종목들을 동일가중으로 교체 매매한다.

● 그림 2-35. 당기순이익률에 따른 20분위 수익률(적자 기업 제외)

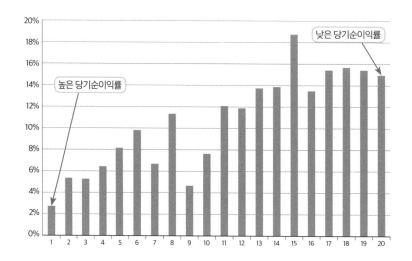

● 표 2-24. 당기순이익률에 따른 1그룹과 20그룹의 연도별 수익률(적자 기업 제외)

투자 기간	1그룹 수익률	20그룹 수익률
2000. 7~2001. 6	-14.64%	9.11%
2001. 7~2002. 6	-14.83%	-9.23%
2002. 7~2003. 6	-16.55%	-16.41%
2003. 7~2004. 6	-17.67%	5.12%
2004. 7~2005. 6	64.07%	67.90%
2005. 7~2006. 6	2.13%	60.36%
2006. 7~2007. 6	49.31%	80.91%
2007. 7~2008. 6	-20.49%	-2.38%
2008. 7~2009. 6	-9.95%	-13.32%
2009. 7~2010. 6	-5.16%	9.84%
2010. 7~2011. 6	3.87%	13.63%
2011. 7~2012. 6	5.20%	20.86%
2012. 7~2013. 6	17.02%	9.28%
2013. 7~2014. 6	15.28%	17.33%
2014. 7~2015. 6	47.61%	35.51%
2015. 7~2016. 6	-12.67%	8.29%
2016. 7~2017. 6	-1.89%	5.87%
연평균 복리수익률	2.74%	15.01%

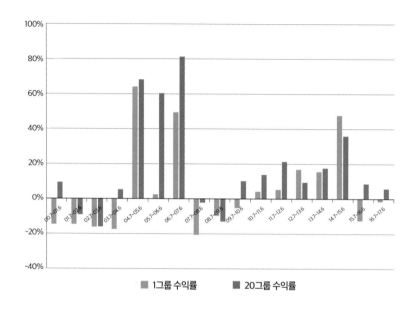

과거 17년의 기간 동안 3번의 기간에서 1그룹의 수익률이 더 높았다. 1그룹의 수익률이 더 좋았던 기간을 표 2-24에 별도로 표시해두었다.

당기순이익률이 가장 높은 5% 종목들을 동일가중으로 투자하여 1년 마다 한 번씩 교체 매매한다면 2000년 6월 마지막 거래일에 1,000만 원으로 투자하기 시작했던 계좌는 2017년 6월 마지막 거래일에 1,582만 원이 된다(1그룹). 하지만 반대로 흑자이면서 당기순이익률이 가장 낮은 5% 종목들을 같은 방법으로 투자한다면 2000년 6월 마지막 거래일 1,000만 원으로 시작했던 계좌는 2017년 6월 마지막 거래일에는 1억 777만 원이 된다(20그룹). 당기순이익률이 낮은 기업의 주식이 높은 기업의 주식보다 수익률이 높은 이유는 영업이익률 부분에서 언급했던 것과

<당기순이익률 따른 1, 5, 10, 15, 20그룹의 투자수익 시뮬레이션(적자 기

업 제외)>

- 기간 : 2000년 6월 30일~2017년 6월 30일

- 최초 원금 1,000만 원 투자 가정

● 그림 2-37. 당기순이익률 따른 1, 5, 10, 15, 20그룹의 투자수익 시뮬레이션(적자 기업 제외)

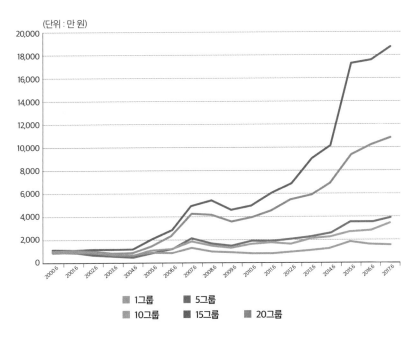

같은 이유 때문이다.

투자수익률을 높이기 위해서 당기순이익률이 높은 기업의 주식을 매수하는 것이 아닌 당기순이익률이 낮은 기업을 매수해야 된다. 물론 낮은 기업을 매수하라고 했다고 당기순이익률이 마이너스인 기업(당기순이익이 적자인 기업)을 매수하라는 것은 아님을 유념하자. 영업이익과 당기순이익이 모두 흑자인 기업 중에서 당기순이익률이 낮은 기업의 주식을 매수하라는 의미이다.

이번 장을 마치며

영업이익률, 당기순이익률이 극단적으로 높은 기업의 주식수익률은 형편없다. 많은 투자자가 이런 기업의 주식에 관심을 갖지만 사실은 피해야 할 주식이다. 역설적이게도 흑자 기업 중 영업이익률이나 당기순이익률이 낮은 기업들 중에서 투자할 주식을 찾는 것이 성공할 확률이 높다. 투자할 주식을 찾아내기가 어렵다면, 이번 장에서 테스트했던 방법대로 투자해보자. 전년도 당기순이익과 영업이익이 모두 흑자인 기업들 중에서 영업이익률이나 당기순이익률이 가장 낮은 5% 종목들을 동일가중으로 매수하자(5%가 아니라 50종목이어도 무관하다). 그리고 같은 방법으로 정기적으로 교체 매매해보자. 제법 괜찮은 수익을 거둘 수 있을 것이다.

1. 영업이익률, 당기순이익률이 낮은 기업의 주식수익률이 좋지 않은 이유는 적자 기업 때문이다.

2. 적자 기업이 아니라면 영업이익률, 당기순이익률이 낮은 기업의 주식을 무서워할 이유가 없다. 오히려 더 좋다.

3. 영업이익률, 당기순이익률이 극단적으로 높은 기업의 주식수익률은 형편없다. 많은 투자자가 이런 기업의 주식에 관심을 갖지만 사실은 피해야 할 주식이다.

4. 영업이익률, 당기순이익률이 낮은 기업의 주식에는 일반적인 투자자들은 관심을 갖지 않는다. 하지만 해당 기업이 적자 기업이 아니라면 오히려 이런 주식에 더 관심을 가져야 한다.

※ 직전년도의 당기순이익과 영업이익이 모두 흑자인 종목 중 당기순이익률이 가장 낮은 5% 종목들에 동일가중으로 투자하여 1년마다 교체 매매하였다면 과거 17년간 연평균 복리수익률 +15.01%를 얻을 수 있었다(원금 1,000만 원이 1억 777만 원으로 늘어난다).

영업이익률, 당기순이익률이
낮은 종목을 어디서 찾을까

직전년도 영업이익과 당기순이익이 모두 흑자이면서, 영업이익률과 당기순이익률이 낮은 종목에 투자해야 한다. 이것이 7장의 백테스트 결론이다. 그런데 이런 종목들을 어떻게 찾을 수 있을까? 필자는 이 책에서 사용한 백테스트를 위한 재무자료를 유료 프로그램을 통해 엑셀로 다운받았다. 하지만 잘 찾아보면 무료로도 얼마든지 필요한 데이터를 얻을 수 있다. 이미 '알아두면 좋은 지식들 2'에서 한국거래소 홈페이지를 통

● 그림 A-10. 에프앤가이드(FnGuide) 홈페이지 화면

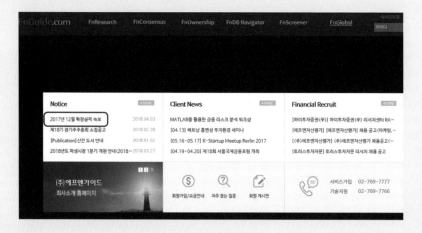

해 배당수익률, PER, PBR의 데이터를 무료로 얻을 수 있다는 것을 설명했다. 이번에는 에프앤가이드^FnGuide 사이트(www.fnguide.co.kr)를 소개하려고 한다.

에프앤가이드는 유료 또는 무료로 매우 유용한 자료들을 투자자들에게 제공해주고 있다. 특히 매 분기 실적이 발표될 때마다 전체 상장기업의 재무자료를 엑셀로 정리하여 제공하고 있는데, 감사하게도 이 엑셀 파일을 무료로 제공해주고 있다.

에프앤가이드 홈페이지(http://www.fnguide.co.kr)에 접속한 뒤 Notice 메뉴 안에서 '20XX년 12월 확정 실적 속보' 부분을 찾아서 클릭한다(이 원고를 쓰고 있는 시점에서 최근 자료인 '2017년 12월 확정 실적 속보'를 클릭하였다. 이 자료를 바탕으로 얘기를 계속해서 진행하려고 한다).

● 그림 A-11. 에프앤가이드^FnGuide에서 다운받아 압축을 풀은 파일들

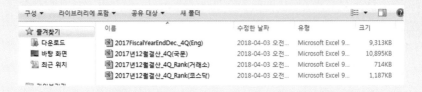

'속보자료 바로 다운로드'를 클릭하여 압축파일을 받아보자. 받은 파일의 압출을 풀면 총 4개의 파일을 얻을 수 있다(그림 A-11 참고).

'2017년 12월 결산_4Q(국문).xls' 파일을 열게 되면 다양한 재무제표 항목에서부터 우리가 필요한 영업이익률과 순이익률(당기순이익률)도 역시 계산되어 있다.

● 그림 A-12. 2017년 12월 결산_4Q(국문).xls 파일

	코드	회사명	시장	업종	산업명	매출액 (201712) 누적	매출액 (201709) 3개월	매출액 (201709)	매출액 (201706)	매출액 (201701)	매출액 (201612)
2	A000040	케이알모터스(주)	거래소	제조업	기타 운송장비 제조업	41,662	9,760	30,284	20,524	9,610	84,775
3	A000050	(주)경방	거래소	제조업	섬유제품 제조업; 의복제외	360,789	86,073	268,317	182,244	91,964	377,465
4	A000070	(주)삼양홀딩스	거래소	제조업	전문 서비스업	2,396,290	635,451	1,811,194	1,175,772	566,814	2,311,465
5	A000080	하이트진로(주)	거래소	제조업	음료 제조업	1,889,910	528,265	1,432,992	904,727	413,376	1,890,233
6	A000100	(주)유한양행	거래소	제조업	의료용 물질 및 의약품 제조업	1,462,248	378,734	1,084,993	706,259	351,199	1,320,797
7	A000120	씨제이대한통운(주)	거래소	제조업	육상운송 및 파이프라인 운송업	7,110,391	1,873,206	5,175,963	3,302,757	1,594,923	6,081,946
8	A000140	하이트진로홀딩스(주)	거래소	제조업	전문 서비스업	1,881,223	526,072	1,426,658	900,585	411,346	1,895,437
9	A000150	(주)두산	거래소	제조업	전문 서비스업	17,585,205	4,254,054	12,952,779	8,674,711	4,086,330	16,470,291
10	A000180	성창기업지주(주)	거래소	제조업	전문 서비스업	178,284	41,154	133,206	92,053	49,151	181,374
11	A000210	대림산업(주)	거래소	제조업	종합 건설업	12,335,536	3,427,208	9,044,854	5,617,646	2,511,359	9,853,770
12	A000220	(주)유유제약	거래소	제조업	의료용 물질 및 의약품 제조업	62,852	21,072	0	0	0	71,579
13	A000230	일동홀딩스(주)	거래소	제조업	전문 서비스업	41,071	10,459	31,976	21,518	10,077	40,771
14	A000240	한국타이어월드와이드(주)	거래소	제조업	전문 서비스업	824,846	220,297	619,170	398,873	195,551	690,030
15	A000270	기아자동차(주)	거래소	제조업	자동차 및 트레일러 제조업	53,535,680	14,107,692	40,530,031	26,422,339	12,843,896	52,712,908
16	A000300	(주)대유플러스	거래소	제조업	자동차 및 트레일러 제조업	457,742	115,068	348,344	233,276	113,993	434,113
17	A000320	(주)노루홀딩스	거래소	제조업	전문 서비스업	771,302	200,999	579,179	378,180	172,583	690,144
18	A000390	삼화페인트공업(주)	거래소	제조업	화학물질 및 화학제품 제조업; 의약품제외	488,121	123,990	369,235	245,246	105,471	482,192
19	A000430	대원강업(주)	거래소	제조업	자동차 및 트레일러 제조업	1,028,166	256,268	764,830	508,562	259,561	1,076,116
20	A000480	조선내화(주)	거래소	제조업	비금속 광물제품 제조업	694,334	187,771	542,237	354,466	175,882	714,500
21	A000490	대동공업(주)	거래소	제조업	기타 기계 및 장비 제조업	610,103	137,287	489,343	352,055	177,667	585,414
22	A000500	가온전선(주)	거래소	제조업	전기장비 제조업	836,979	225,282	632,870	407,589	207,366	749,445
23	A000520	삼일제약(주)	거래소	제조업	의료용 물질 및 의약품 제조업	92,038	21,831	66,361	44,530	21,978	96,758
24	A000590	CS홀딩스(주)	거래소	제조업	전문 서비스업	120,960	30,197	93,014	62,817	32,594	123,145
25	A000640	동아쏘시오홀딩스(주)	거래소	제조업	전문 서비스업	690,265	193,042	527,977	334,134	151,406	726,166
26	A000660	에스케이하이닉스(주)	거래소	제조업	전자부품, 컴퓨터, 영상, 음향 및 통신장비 제조업	30,109,434	8,100,085	21,061,861	12,981,796	6,289,518	17,197,975
27	A000670	(주)영풍	거래소	제조업	1차 금속 제조업	3,724,855	1,172,918	2,661,706	1,488,788	706,196	2,654,083
28	A000680	(주)엘에스네트웍스	거래소	제조업	도매 및 상품 중개업	443,353	98,579	309,664	211,085	106,211	487,043
29	A000700	(주)유수홀딩스	거래소	제조업	전문 서비스업	433,552	114,365	277,113	162,748	81,437	415,891
30	A000720	현대건설(주)	거래소	제조업	종합 건설업	16,887,090	4,243,113	12,590,617	8,347,504	4,129,693	18,825,015
31	A000760	이화산업(주)	거래소	제조업	도매 및 상품 중개업	65,664	17,085	50,216	33,131	16,506	55,158
32	A000810	삼성화재(주)	거래소	제조업	기타 기계 및 장비 제조업	208,441	60,893	158,789	97,895	48,191	174,779
33	A000860	강남제비스코(주)	거래소	제조업	화학물질 및 화학제품 제조업; 의약품 제외	342,405	88,065	260,230	172,164	77,693	332,334
34	A000880	(주)한화	거래소	제조업	화학물질 및 화학제품 제조업; 의약품 제외	50,404,436	11,695,462	36,426,978	24,731,516	13,348,494	47,120,215
35	A000890	보해양조(주)	거래소	제조업	음료 제조업	99,566	23,950	74,444	50,494	26,132	115,522
36	A000910	유니온(주)	거래소	제조업	비금속 광물제품 제조업	181,139	53,332	130,516	77,183	19,772	92,313
37	A000950	전방(주)	거래소	제조업	섬유제품 제조업; 의복제외	182,485	48,830	140,066	91,236	46,805	200,801
38	A000990	(주)DB하이텍	거래소	제조업	전자부품, 컴퓨터, 영상, 음향 및 통신장비 제조업	679,738	163,900	529,044	365,144	190,461	773,140
39	A001060	(주)JW중외제약	거래소	제조업	의료 용 물질 및 의약품 제조업	556,516	154,183	426,941	272,757	131,662	421,934
40	A001120	(주)LG상사	거래소	제조업	도매 및 상품 중개업	26,898,600	7,065,054	19,919,722	12,854,668	6,349,714	23,954,197

제조(별도-개별) / 제조(연결) / 금융(별도-개별) / 금융(연결)

왼쪽 하단에 여러 개의 시트가 있는데 별도재무제표와 연결재무제표,

제조업과 금융업을 원하는 대로 선택 가능하다(참고로 이 책의 백테스트는

9장을 제외하고 모두 연결재무제표를 사용하였다). 여기서는 '제조(연결)' 시트를

선택하여 분석해보자(그림 A-12 참고).

● 그림 A-13. 2017년12월 결산_4Q(국문).xls 파일

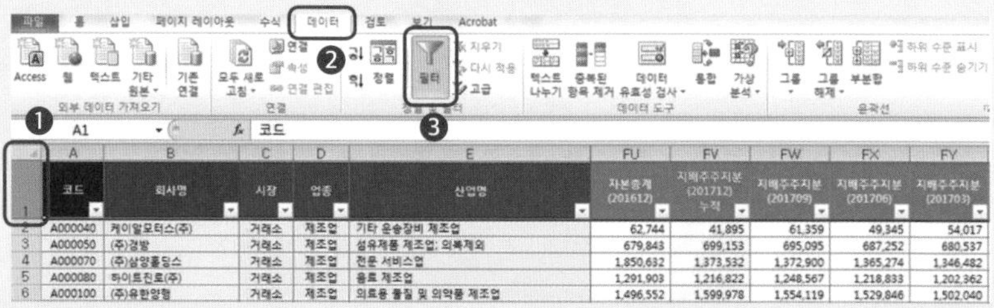

파일 / 홈 / 삽입 / 페이지 레이아웃 / 수식 / 데이터 / 검토 / 보기 / Acrobat

	A	B	C	D	E	FU	FV	FW	FX	FY
1	코드	회사명	시장	업종	산업명	자본총계 (201612)	지배주주지분 (201712) 누적	지배주주지분 (201709)	지배주주지분 (201706)	지배주주지분 (201703)
2	A000040	케이알모터스(주)	거래소	제조업	기타 운송장비 제조업	62,744	41,895	61,359	49,345	54,017
3	A000050	(주)경방	거래소	제조업	섬유제품 제조업; 의복제외	679,843	699,153	695,095	687,252	680,537
4	A000070	(주)삼양홀딩스	거래소	제조업	전문 서비스업	1,850,632	1,373,532	1,372,900	1,365,274	1,344,482
5	A000080	하이트진로(주)	거래소	제조업	음료 제조업	1,291,903	1,216,822	1,248,567	1,218,833	1,202,362
6	A000100	(주)유한양행	거래소	제조업	의료용 물질 및 의약품 제조업	1,496,552	1,599,978	1,554,119	1,529,846	1,502,040

'엑셀 파일의 1행을 클릭 → 데이터 → 필터'를 순서대로 클릭을 하여 1행 전체에 필터를 걸어준다(그림 A-13 참고).

● 그림 A-14. 2017년 12월 결산_4Q(국문).xls 파일

엑셀 파일의 1행에서 발표영업이익률 항목을 찾아낸다. 좌우로 커서를 이동하다 보면 나온다.

'발표영업이익률'의 ▾ 모양을 클릭한 후 '숫자 오름차순으로 정렬'한다. 그러면 상단에는 발표영업이익률이 마이너스 값이 큰 기업들부터, 아래쪽으로는 발표영업이익률의 플러스 값이 큰 기업 순으로 정렬된다. 발표영업이익률이 마이너스인 기업들이 보이는 이유는 아직 영업이익과 당기순이익이 적자인 기업을 제외하지 않았기 때문이다.

엑셀 파일의 1행에서 '발표영업이익(201712) 누적' 항목을 찾아 그 셀에 있는 ⏷ 모양을 클릭한 후 '숫자필터', '보다 큼'을 순서대로 클릭한다(그림 A-15 참고).

● 그림 A-16. 2017년 12월 결산_4Q(국문).xls 파일

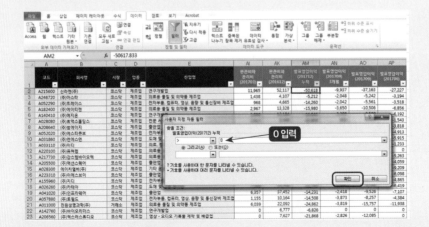

'사용자 지정 자동 필터' 메뉴가 뜨면 0을 입력하고 확인 버튼을 누른다. 그러면 발표영업이익이 0 초과인 기업들만 나타난다. 영업이익이 적자인 기업들을 제거하고 흑자인 기업들만 나오게 한 것이다. 이제 같은 방법으로 당기순이익이 적자인 기업도 필터로 제거할 차례다.

● 그림 A-17. 2017년 12월 결산_4Q(국문).xls 파일

엑셀 파일의 1행에서 '순이익(201712) 누적' 항목을 찾아 그 셀에 있는 ⊡ 모양을 클릭한 후 '숫자 필터', '보다 큼'을 순서대로 클릭한다(그림 A-17 참고).

● 그림 A-18. 2017년 12월 결산_4Q(국문).xls 파일

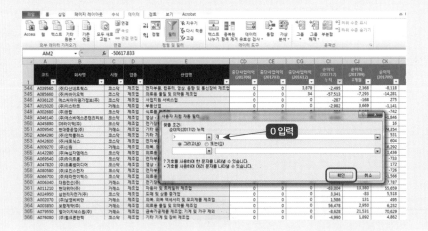

'사용자 지정 자동 필터' 메뉴가 뜨면 그림처럼 0을 입력하고 확인 버튼을 누른다. 그러면 발표 당기순이익이 0 초과인 기업들만 나타난다. 당기순이익이 적자인 기업들을 제거하고 흑자인 기업들만 나오게 한 것이다(그림 A-18 참고).

● 그림 A-19. 2017년 12월 결산_4Q(국문).xls 파일

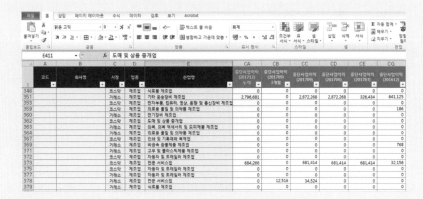

모든 것이 다 설정되었다. 영업이익률이 낮은 종목부터 높은 종목 순으로 정렬하였고, 영업이익이 적자인 기업을 제거하였다. 그리고 당기순이익이 적자인 기업도 제거하였다(필자가 특정 종목을 추천하는 듯 보일까 걱정되어, 그림 A-19에서 종목 코드와 회사명을 삭제하였다).

지금까지 영업이익과 당기순이익이 흑자인 기업들 중에서 영업이익률이 낮은 기업을 찾는 방법을 알아보았다. 설명한 내용을 바탕으로 당기순이익률이 낮은 기업도 찾을 수 있다. 또한 엑셀의 필터 기능을 잘 이용해 2장에서 다루었던 흑자 전환이나 흑자 지속형 기업들의 리스트를 뽑는 것이 가능하다. 이 엑셀 파일에서 필터 기능과 약간의 엑셀 함수를 이용하면 3장에서 다루었던 매출액이 감소하고 영업이익이 증가한 기업의 리스트도 뽑을 수 있다. 또한 매출액성장률이 낮은 기업의 리스트도 뽑을 수 있다. 6장에서 다루었던 ROE와 ROA가 낮은 기업의 리스트를 만드는 것도 가능하다. 앞으로 8장에서 다루게 될 부채비율에 대해서도 이 엑셀 파일을 이용하여 종목 리스트를 뽑을 수 있다. 좋은 자료를 제공해주고 있는 에프앤가이드^{FnGuide}에 감사한 마음을 갖자.

8장

높은 부채비율 vs. 낮은 부채비율의 주식수익률 차이

Questions

1. 부채비율이 낮은 기업의 주식들을 골라서 투자하면 수익률이 높을까?
2. 부채비율이 높은 기업의 주식들은 무조건 피해야 하는가?
3. 과거 통계상 가장 수익률이 높은 주식들의 부채비율 수준은 얼마일까?

부채비율의 이해

기업이 100% 자기자본만 가지고 사업을 하는 경우는 거의 없다. 은행차

입이나 채권 발행 등을 통해 어느 정도의 부채를 가지고 사업을 하는 것이 일반적이다. 부채비율은 자본상태표의 부채총액을 자본(자기자본)으로 나눈 비율이다. 타인자본의 의존도를 표시하며, 기업의 안정성을 나타낸다.

$$부채비율 = \frac{총부채}{자본}$$

일반적으로 부채비율이 낮을수록 안전한 기업이라고 평가한다. 실제로 많은 투자자가 투자할 주식을 찾을 때 부채비율이 매우 높은 기업을 꺼려한다. 기업의 안정성을 중요하게 생각하는 투자자들은 아예 부채비율이 낮을수록 좋게 생각하기도 한다. 부채비율이 높은 기업의 경우 경기가 어려워졌을 때 부도와 같은 최악의 상황에 놓일 수 있기 때문이다. 그래서 많은 투자자가 '부채비율이 XX% 이하의 기업에만 투자한다'라는 자기 나름의 종목 선별 조건을 가지고 있다.

물론 부채비율이 극단적으로 높은 기업은 확실히 위험하다. 그렇다고 부채비율이 극단적으로 낮은 기업 또한 비효율적일 수 있다. 이해를 위해 두 기업을 예로 들어보자. 표 2-25를 함께 보면 이해하기 쉽다.

두 기업은 모두 제과점 사업에 진출하려고 한다. 200억 원의 자금이 소요될 것으로 생각되는데 A 기업은 200억 원 전부를 자기자본으로 조달하고, B 기업은 100억 원만 자기자본으로 조달하고 나머지 100억 원은 부채를 통해 자금을 조달하였다. 두 기업 모두 주식발행가액이 5,000

● 표 2-25. 부채비율이 다른 두 기업의 예

(단위 : 원)

구분	A 기업	B 기업
총자산	200억	200억
부채	0원	100억
자기자본	200억	100억
주식발행가액	5,000	5,000
발행주식 수[33]	400만 주	200만 주
이자지급전 이익	20억	20억
이자지급	0	5억
순이익	20억	15억
주당순이익	500	750

원이라고 하면, A 기업은 400만 주, B 기업은 200만 주의 주식을 발행하게 된다. 이때 부채에 대한 이자율이 5%라고 가정해보자.

두 기업 모두 1년 후 이자지급 전 20억 원의 순이익이 발생하였다면, A 기업은 부채가 없으므로 20억 원이 그대로 순이익이 된다. 한편 B 기업은 부채에 따른 이자 5억 원을 제외한 15억 원이 순이익이 된다. A 기업이 B 기업보다 순이익이 더 큰 것은 맞다. 하지만 최종 순이익을 발행주식 수로 나눈 주당순이익을 보면, A 기업은 500원이며 B 기업은 750

---

33 A 기업 : 200억 원 / 5,000원
    B 기업 : 100억 원 / 5,000원

원이다. 당기순이익은 A 기업이 높지만 주당순이익은 B 기업이 더 높다. 당연히 주식의 가치는 B 기업의 주식이 더 높아야 한다. 두 기업 모두 PER이 10이라면 A 기업의 주가는 5,000원이고, B 기업의 주가는 7,500원이 된다.

이 예에서 보듯이 적당한 수준의 부채를 이용하여 기업을 경영하는 것이 주주가치에 도움이 된다. 극단적으로 높은 부채비율은 문제이지만, 극단적으로 낮은 부채비율도 문제다. 소수 종목에 집중투자하는 투자자들은 여러 종목에 분산투자하는 투자자들에 비해 부채비율에 더 민감하게 반응한다. 한 종목에 집중해서 투자했는데, 그 종목이 부도가 나면 원금 전체를 다 잃을 수 있기 때문이다. 하지만 수십 종목을 포트폴리오로 구성하여 분산투자하는 경우에는 부채비율에 대해 약간 다른 방식으로 접근할 필요가 있다.

부채비율이 낮을수록 수익률도 높을까

부채비율에 따른 주식수익률을 테스트해보자. 매수하는 해 전년도 말 기준으로 재무상태표에 나와 있는 부채와 자본을 바탕으로 부채비율을 구한다. 이렇게 구해진 부채비율이 가장 높은 기업들부터 가장 낮은 기업 순으로 정렬한 후 종목 수를 동일하게 20개의 그룹으로 나눈다. 1그룹은 부채비율이 가장 높은 5% 기업들의 주식으로 구성될 것이다. 그리고 맨 마지막 20그룹은 부채비율이 가장 낮은 5% 기업들의 주식으로 구

<부채비율에 따른 20분위 수익률>

- 기간 : 2000년 7월~2017년 6월(총 17년)
- 대상 : 코스피, 코스닥 종목 중 매매 시점에 직전년도 완전자본잠 식이 아닌 종목
- 교체 매매 주기 : 1년에 1회
- 교체 시기 : 6월 마지막 거래일
- 방법 : 매매 시점에서 직전년도의 부채비율이 높은 종목부터 낮은 종목 순으로 1그룹부터 20그룹까지 20분위로 나눈다. 각 그룹에 속한 종목들을 동일가중으로 교체 매매한다.

● 그림 2-38. 부채비율에 따른 20분위 수익률

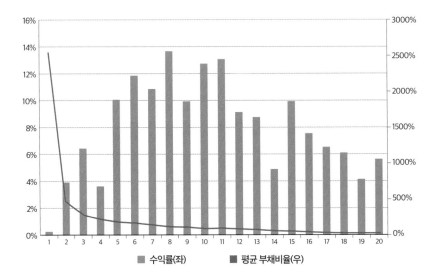

성될 것이다. 그럼 각 그룹의 수익률을 확인해보자. 이번 장의 테스트에서는 완전자본잠식 기업을 대상에서 제외하였다. 자본이 마이너스가 되므로 부채비율 자체를 구할 수 없기 때문이다.

그림 2-38을 살펴보자. 부채비율이 가장 높은 상위 5%의 주식들로 구성된 1그룹의 연평균 복리수익률은 +0.22%로 20개의 그룹 중 가장 낮다. 그런데 부채비율이 가장 낮은 5% 주식들로 구성된 20그룹의 수익률 또한 높지 않다. 20그룹의 연평균 복리수익률은 +5.65%로 전체 수익률 평균인 +7.98%보다 낮다. 이 사실은 부채비율이 무조건 낮은 기업을 선호하는 투자자들에게는 당황스러운 결과이다. 20개의 그룹 중에서 가장 수익률이 좋은 그룹은 8그룹이다. 8그룹은 부채비율을 내림차순으로 정렬하면 상위 35~40%의 종목들로 구성되어 있는 그룹으로, 연평균 복리수익률은 +13.70%이다.

과거 통계상 주식수익률이 가장 높았던 부채비율

부채비율이 매우 낮은 기업의 주식에 투자하는 것은 수익률을 높여주지 않는다. 그렇다고 부채비율이 매우 높은 기업에 투자하는 행동은 수익률을 더 악화시킨다. 부채비율을 이용하여 수익률을 높일 수 있는 방법은 적당한 수준의 부채비율을 가지고 있는 기업의 주식에 투자하는 것이다.

그렇다면 적당한 수준의 부채비율은 어느 정도일까? 2000년 6월 마지막 거래일부터 2017년 6월 마지막 거래일까지 17년간 가장 수익률이 높았던 8그룹의 평균 부채비율은 121%이다. 8그룹 이외에 수익률이 높았던 그룹들은 주로 8그룹 근처에 있는 그룹들이다. 이들의 부채비율을 살펴보자. 6그룹은 159%, 7그룹은 138%, 9그룹은 107%, 10그룹은 95%, 11그룹은 83%이다. 결국 83~159% 정도 수준의 부채비율이 과거 한국 시장에서 수익률이 높았던 부채비율 수준이다.

테스트 결과 부채비율이 가장 높은 1그룹의 수익률이 가장 좋지 못하다. 일반적으로 적자 기업들의 부채비율이 높은 경향이 있다. 때문에 1그룹에는 적자 기업들의 비중이 높다. 혹시 적자 기업을 제외하면 1그룹의 수익률이 크게 올라가지 않을까? 이것을 알아보기 위해 전년도 당기순이익이 적자인 기업들을 제외하고 흑자인 기업들만을 대상으로 다시 테스트해보자.

그림 2-39를 보자. 부채비율이 높은 상위 5%의 주식으로 구성된 1그룹의 연평균 복리수익률은 +8.74%이다. 당기순이익이 적자인 기업을 제외하고 흑자인 기업만을 대상으로 테스트해보니 1그룹의 수익률이 많이 올라왔다(적자 기업을 포함한 테스트에서 1그룹의 수익률은 +0.22%였다. 그림 2-38 참조). 당기순이익이 적자만 아니라면 부채비율이 높은 기업의 주식을 무조건 무서워할 필요가 없다.

부채비율이 가장 낮은 20그룹의 연평균 복리수익률은 +7.14%로 나쁜 수익률은 아니지만 20개 그룹 전체의 연평균 복리수익률 +10.16%보다 낮다. 즉 흑자 기업을 대상으로 부채비율이 가장 낮은 종목들만 골라서 투자하는 것 역시 훌륭한 행동은 아니다.

<부채비율에 따른 20분위 수익률(적자 기업 제외)>

- 기간 : 2000년 7월~2017년 6월(총 17년)
- 대상 : 코스피, 코스닥 중 매매 시점에 직전년도 완전자본잠식이 아니며 당기순이익이 흑자인 종목
- 교체 매매 주기 : 1년에 1회
- 교체 시기 : 6월 마지막 거래일
- 방법 : 매매 시점에서 직전년도의 부채비율이 높은 종목부터 낮은 종목 순으로 1그룹부터 20그룹까지 20분위로 나눈다. 각 그룹에 속한 종목들을 동일가중으로 교체 매매한다.

● 그림 2-39. 부채비율에 따른 20분위 수익률(적자 기업 제외)

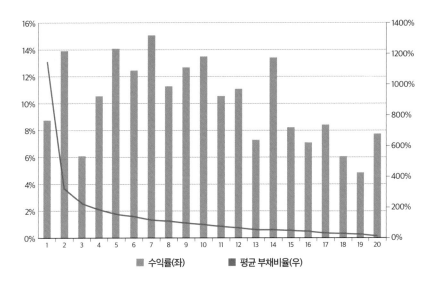

흑자 기업을 대상으로 한 테스트에서 총 20개 그룹 중에서 가장 수익률이 좋은 그룹은 7그룹이다. 7그룹의 연평균 복리수익률은 +15.11%이며, 7그룹의 평균 부채비율은 118%이다. 7그룹 이외에 수익률이 높았던 7그룹 근처에 있는 그룹들의 부채비율을 살펴보자. 5그룹은 155%, 6그룹은 135%, 8그룹은 104%, 9그룹은 93%, 10그룹은 83%이다. 결국 흑자 기업 중 83~155% 정도 수준의 부채비율을 가지고 있는 기업의 주식이 과거 17년 동안 한국 시장에서 주식수익률이 높았다.

　전 종목을 대상으로 하든지, 흑자 기업만을 대상으로 하든지 모두 극

● 그림 2-40. 부채비율에 따른 1그룹, 7그룹, 20그룹의 연도별 수익률(적자 기업 제외)

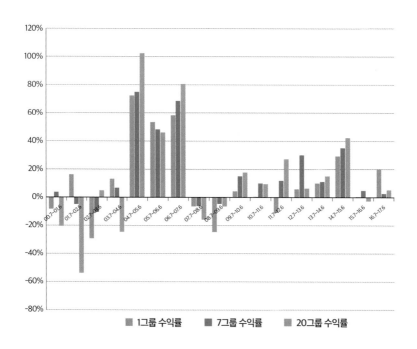

● 표 2-26. 부채비율에 따른 1그룹, 7그룹, 20그룹의 연도별 수익률(적자 기업 제외)

투자 기간	1그룹 수익률	7그룹 수익률	20그룹 수익률
2000. 7~2001. 6	-8.37%	3.71%	-20.52%
2001. 7~2002. 6	16.24%	-5.12%	-53.83%
2002. 7~2003. 6	-29.47%	-10.44%	4.83%
2003. 7~2004. 6	12.96%	6.92%	-24.72%
2004. 7~2005. 6	72.48%	75.19%	102.31%
2005. 7~2006. 6	53.32%	48.21%	46.18%
2006. 7~2007. 6	57.93%	68.22%	80.35%
2007. 7~2008. 6	-6.50%	-6.21%	-15.68%
2008. 7~2009. 6	-24.64%	-4.70%	-6.52%
2009. 7~2010. 6	4.05%	14.99%	17.57%
2010. 7~2011. 6	-0.18%	10.05%	9.52%
2011. 7~2012. 6	-10.93%	11.89%	27.38%
2012. 7~2013. 6	5.89%	29.95%	6.50%
2013. 7~2014. 6	10.16%	11.00%	15.15%
2014. 7~2015. 6	29.27%	35.38%	42.48%
2015. 7~2016. 6	-0.24%	4.69%	-3.01%
2016. 7~2017. 6	19.65%	2.70%	4.99%
연평균 복리수익률	8.74%	15.11%	7.74%

단적으로 높은 부채비율과 극단적으로 낮은 부채비율을 보이는 기업의 주식에 투자하는 것은 훌륭한 방법이 아니다. 120% 수준 내외의 부채비율을 보이는 주식에 투자하는 것이 수익률 면에서 가장 이상적이다.

부채비율이 가장 높은 기업의 주식으로 구성되어 있는 1그룹, 가장 수익률이 높은 7그룹 그리고 부채비율이 가장 낮은 기업의 주식으로 구성되어 있는 20그룹의 연도별 수익률을 살펴보자.

7그룹의 연평균 복리수익률이 1그룹이나 20그룹보다 높지만, 매년 높은 것은 아니다. 승률 면에서는 17개의 기간 동안 8개의 기간에서 7그룹이 20그룹보다 수익률이 낮았다. 앞에서 살펴보았던 다른 테스트들에

● **그림 2-41. 부채비율에 따른 1그룹, 7그룹, 20그룹의 투자수익 시뮬레이션**(적자 기업 제외)

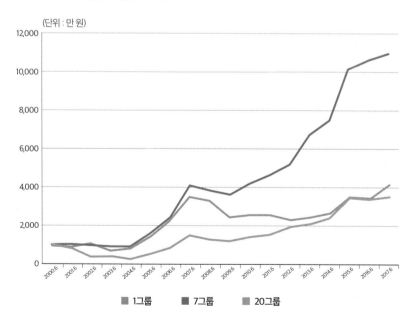

(단위 : 만 원)

■ 1그룹   ■ 7그룹   ■ 20그룹

비해 승률 면에서 훌륭한 전략은 아닌 것으로 보인다. 7그룹이 20그룹보다 수익률이 낮은 기간을 표 2-26에 별도로 표시하였다.

최초 원금 1,000만 원을 시작으로 2000년 6월 마지막 거래일부터 2017년 6월 마지막 거래일까지 1년마다 교체 매매하여 17년간 복리로 투자했을 때 1그룹, 7그룹, 20그룹의 계좌 잔고가 어떻게 되었는지를 살펴보자(그림 2-41). 가장 부채비율이 높은 기업들의 주식으로 구성된 1그룹은 최초 원금 1,000만 원이 4,158만 원이 된다. 적당한 수준의 부채비율을 가지고 있는 7그룹은 1억 936만 원이 되고, 마지막으로 부채비율이 가장 낮은 주식으로 구성된 20그룹은 3,553만 원이 된다.

이번 장을 마치며

많은 투자자가 투자할 주식을 찾을 때 부채비율을 확인한다. 일반적으로 부채비율이 낮은 기업의 주식을 선호한다. 부채비율이 낮을수록 안정적이라고 믿기 때문이다. 하지만 무조건 부채비율이 낮은 주식에 투자하는 것은 좋은 전략이 아니다. 그렇다고 부채비율이 높은 기업의 주식에 투자하는 것도 수익률이 좋지 않기는 마찬가지다. 적당한 수준의 부채비율을 가지고 있는 기업에 투자하는 것이 수익률을 높일 수 있는 비결이다.

과거 17년간의 통계에 의하면 적당한 수준의 부채비율은 120% 내외였다. 이 수치는 경제 상황에 따라 바뀔 수 있다. 하지만 과거에 120%

내외의 부채비율을 가지고 있었던 기업의 주식이 수익률이 좋았다는 사실을 알고 있으면 수익률을 향상시키는 데 큰 도움이 될 것이다.

이번 장에서 테스트했던 대로 투자해보자. 전년도 당기순이익이 흑자인 기업들 중에서 부채비율이 높은 종목부터 낮은 종목으로 정렬한다. 부채비율이 높은 상위 30~35% 사이에 있는 종목들을 동일가중으로 매수하자. 그리고 정기적으로 교체 매매한다면 앞으로도 괜찮은 수익을 거둘 수 있을 것이다. 좋은 팁을 소개하자면 그냥 부채비율 120%를 기준으로 바로 위에 있는 20종목과 바로 아래 있는 20종목의 총 40종목을 매수하는 방법을 사용해도 큰 차이가 없다. 즉 부채비율 120% 수준 근처의 종목들에 투자하는 것이다. 이런 방법으로 매매했을 때의 테스트 결과 17년간 연평균 복리수익률은 +15.55%이다.

8장 핵심 요약

1. 많은 투자자가 부채비율이 낮은 기업을 선호하지만, 부채비율이 극단적으로 낮은 기업의 주식들은 수익률이 저조하다.
2. 부채비율이 높은 기업의 주식도 수익률이 부진하기는 마찬가지이다.
3. 부채비율이 너무 낮지도 않고 높지도 않은 적당한 수준의 부채비율을 가지고 있는 기업의 주식이 수익률이 좋다(적당한 부채비율은 과거 통계상 120% 내외이다).
4. 당기순이익이 흑자인 기업 중 부채비율이 높은 상위 30~35%에 속해 있는 기업들의 주식에 투자하면 수익률이 높다.

5. 부채비율 120%를 기준으로 바로 위 20종목과 바로 아래 20종목, 총 40종목에 투자하는 방법도 수익률이 괜찮다.

※ 직전년도 당기순이익이 흑자인 종목 중 부채비율 120%를 기준으로 위 20종목과 아래 20종목의 총 40종목에 동일가중으로 투자하여 1년마다 교체 매매하였다면 과거 17년간 연평균 복리수익률 +15.55%를 얻을 수 있었다(원금 1,000만 원이 1억 1,670만 원으로 늘어난다).

💡 생각해볼 문제 2.
적정 부채비율은 기업이 속한 산업에 따라 다르다

8장은 논란의 여지가 있다. 논란의 여지 때문에 필자도 이번 장을 책에 넣을지 말지 많은 고민을 했다. 기업은 각자 처해진 환경에 맞게 최적화하여 부채비율을 결정한다. 그 최적화를 통해서 나온 것이 현재 부채비율일 가능성이 높다. 업종별로 적정한 부채비율은 모두 다르다. 대표적으로 은행 업종의 경우 부채비율이 매우 높다. 하지만 은행의 부채비율이 높다고 해서 아무도 위험하다고 생각하지 않는다.

우리가 은행에 예금을 하면 이 예금은 은행 입장에서는 부채가 된다. 은행이 부채비율이 높다는 것은 자본에 비해 예금을 많이 유치했다는 의미이다. 은행은 이런 예금을 이용하여 대출을 한다. 대출은 은행 입장에서는 수익이 들어오는 자산이다. 이렇게 은행은 부채를 수익이 들어오는 자산으로 바꾸어 수익을 얻는다(예금이자와 대출이자의 차이를 통해 예대마진을 주요 수익원으로 한다). 은행은 부채비율이 높을수록 수익원이 많아진다. 은행의 부채비율은 보통 1,000%가 넘는다. 그렇다면 8장의 테스트에서 120% 내외의 부채비율 종목들이 수익률이 잘 나왔다고 하여 계속 이 수준 내외의 종목들로 구성하여 투자한다면 평생 은행주는 투자하지 못하게 된다.

부채비율이 높게 나오는 특징을 보이는 업종 중에는 조선업이나 건설업도 있다. 이 두 업종은 재무상태표에 부채로 기록되는 선수금이라는 큰 항목이 있다. 조선사의 경우 수주를 하게 되면 계약금을 받게 되는데, 이 계약금이 선수금이라는 부채 항목으로 들어온다. 건설사도 이와 비슷하다.

"적정한 부채비율은 그 기업이 속해 있는 산업에 따라 상대적으로 판단해야 한다"라는 것이 일반적이고 더 논리적이다. 하지만 필자는 8장에서 산업별로 분리하지 않고 모든 종목을 일률적으로 부채비율에 따른 수익률 테스트를 진행하였다. 테스트를 통해 120% 내외 수준의 부채비율이 과거 한국 시장에서 가장 높은 수익률을 보여주었다고 밝혔다. 틀린 말은 아니지만 산업에 따른 특성을 무시했다는 점에서 논란의 여지가 있다.

이런 논란의 여지에도 불구하고 8장을 책에 삽입한 이유가 무엇일까? 무조건 낮은 부채비율을 선호하는 투자자가 있다면, 극단적으로 낮은 부채비율을 가지고 있는 기업의 주식이 오히려 평균 수익률보다 못하다는 사실을 알리고 싶었기 때문이다.

9장

벤저민 그레이엄의
NCAV 전략

Questions

1. 1930년대에 공개된 NCAV 전략이 아직도 잘 맞을까?

2. 벤저민 그레이엄이 제시한 NCAV 조건에 충족하는 종목은 분산 투자가 가능할 정도로 종목 수가 충분할까?

3. NCAV 비율이 높은 주식은 수익률도 높을까?

4. 반대로 NCAV 비율이 낮은 주식은 무조건 피해야 할까?

NCAV 전략의 이해

재무상태표에 있는 자산은 유동자산과 비유동자산으로 나눌 수 있다.

비유동자산의 경우는 토지, 건물, 기계 등으로 재무상태표에 나와 있는 금액만큼의 가치가 있는지 확실하지 않다. 하지만 유동자산의 경우 현금, 재고자산, 단기금융자산 등으로 재무상태표에 나와 있는 금액과 가치가 거의 일치한다. 그렇다면 저평가 여부를 판단할 때 비유동자산을 제외하고 유동자산만 가지고 판단한다면 더 정확하지 않을까? 이 질문에 어느 정도 동의한다면 벤저민 그레이엄Bengamin Graham의 NCAV Net Current Asset Value(순유동자산가치) 전략에 대해서 알아볼 차례다.

가치투자의 아버지 벤저민 그레이엄이 제시했던 전략 중에서 가장 많이 알려진 것이 NCAV 전략이다. 이는 유동자산에서 총부채를 뺀 수치가 시가총액의 1.5배보다 높은 종목을 찾아 투자하는 전략이다. 즉 다음의 NCAV 비율을 구하고, 이 비율이 150%보다 높은 주식을 찾아 투자하면 된다.

$$\text{NCAV 비율} = \frac{(\text{유동자산}-\text{총부채})}{\text{시가총액}}$$

벤저민 그레이엄은 비유동자산의 가치를 제로로 놓고 유동자산만 가지고 기업을 청산한다고 해도 50% 이상의 이익이 남는 종목에 투자하라고 한 것이다. 어떤 기업의 유동자산이 1,000억 원이고 부채가 250억 원인인데, 시가총액이 500억 원밖에 안 된다고 가정해보자.[34]

---

34 NCAV 비율 150%를 의미한다. 즉 (1,000억-250억)/500억 = 150%

우리는 500억 원으로 이 기업의 주식을 모두 매수하여 완전히 내 것으로 만들 수 있다. 그리고 청산 절차를 밟는다. 유동자산 1,000억 원으로 부채 250억 원을 갚으면 750억 원이 남는다. 투자금으로 500억 원만 들어갔으므로 250억 원이 그냥 생기게 된다. 게다가 비유동자산은 아예 고려도 하지 않았다. 비유동자산을 매각하여 나온 금액은 또 추가 이익이 된다. 지금까지 언급한 내용을 보면 NCAV 비율이 150% 이상의 주식은 엄청난 저평가 주식을 의미한다.

NCAV 전략이 벤저민 그레이엄의 사후에도 계속 좋은 수익률을 보여주었다는 연구 결과들이 있다. 하지만 이렇게 잘 통하는 NCAV 전략에도 약간의 문제가 있다. NCAV 비율이 150% 이상이라는 조건이 너무 까다로워 투자할 종목 수가 충분하지 않다는 점이다. 한국 시장을 분석해봤을 때 어떤 해에는 이 조건에 충족되는 주식이 한 종목밖에 없는 경우도 있다. 이 경우 한 종목에 계좌 금액을 전부 다 투자해야 하므로 그만큼 위험도 커지게 된다. 만에 하나 그 한 종목이 상장폐지되면 어떨지 생각해보라.

NCAV 비율이 높은 종목들에 분산투자하면 어떨까

이런 위험을 피할 수 있는 방법은 없을까? NCAV 비율 150%라는 까다로운 기준을 반드시 지킬 것이 아니라, 매년 NCAV 비율이 높은 상위 종목들에 분산투자하는 방법은 어떨까? 이런 방법으로도 수익이 날까?

이 질문에 대한 답을 얻기 위해 NCAV 비율에 따른 20분위 수익률 테스트를 해봐야 한다. 매수 시점에서 직전년도의 당기순이익 흑자 기업만을 대상으로 한다. 이 책의 다른 장에서는 모두 연결재무제표를 사용했지만 이번 장에서는 특이하게 별도재무제표 사용할 것이다. 그 이유는 다음과 같다.

NCAV 비율은 청산가치를 계산하여 저평가 종목을 찾는 개념이다. 어떤 기업을 청산할 때 별도로 청산하지, 연결로 청산하지는 않는다. 또 연결재무제표를 사용하게 되면 청산가치를 과대평가할 가능성이 있다. 따라서 NCAV 비율을 계산할 때 연결재무제표보다는 별도재무제표 계산하는 것이 청산가치를 보다 잘 반영한다고 판단하였다.

그림 2-42를 확인해보자. NCAV 비율이 가장 높은 1그룹의 경우 연평균 복리수익률이 +22.41%로 20개의 그룹 중에서 가장 높은 수익률을 보여준다. 그런데 재미있는 점은 NCAV 비율이 낮을수록 수익률이 점차 떨어지다가 어느 순간을 지나면 오히려 수익률이 올라간다는 점이다. 1그룹에서 10그룹으로 갈수록 수익률이 점차 하락한다.

하지만 11그룹부터 20그룹까지 수익률이 떨어지는 것이 아니라 오히려 점차 올라간다. 급기야 NCAV 비율이 가장 낮은 20그룹의 연평균 복리수익률은 1그룹과 큰 차이가 없는 +20.27%이다.

NCAV 비율이 매우 높은 주식이 수익률도 높은 것은 충분히 예상 가능하다. 하지만 NCAV 비율이 매우 낮은 주식이 높은 수익률을 보이는 것은 뜻밖의 결과이다. 왜 이런 현상이 발생할까? 다시 생각해보면 어느 정도 수긍이 가기도 한다.

<NCAV 비율에 따른 20분위 수익률>

- 기간 : 2000년 7월~2017년 6월(총 17년)
- 대상 : 코스피, 코스닥 종목 중 매매 시점에서 직전년도의 당기순이익이 흑자인 기업
- 교체 매매 주기 : 1년에 1회
- 교체 시기 : 6월 마지막 거래일
- 방법 : 매매 시점에서 직전년도의 재무제표와 매매 시점의 시가총액을 바탕으로 NCAV 비율을 구한다. NCAV 비율이 높은 종목부터 낮은 종목 순으로 1그룹부터 20그룹까지 20분위로 나눈 후 각 그룹에 속한 종목들을 동일가중으로 교체 매매한다.

● 그림 2-42. NCAV 비율에 따른 20분위 수익률

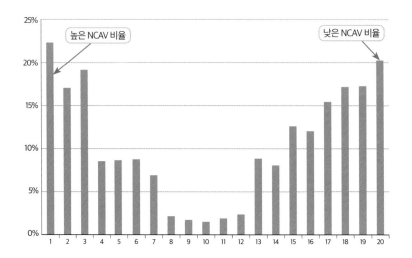

투자 기간	1그룹 수익률	10그룹 수익률	20그룹 수익률
2000. 7~2001. 6	32.54%	-29.48%	22.72%
2001. 7~2002. 6	3.08%	-34.32%	5.37%
2002. 7~2003. 6	-10.80%	-15.38%	-15.02%
2003. 7~2004. 6	-4.69%	-14.93%	23.70%
2004. 7~2005. 6	91.97%	42.38%	104.58%
2005. 7~2006. 6	38.52%	24.96%	44.62%
2006. 7~2007. 6	92.31%	34.57%	116.43%
2007. 7~2008. 6	-0.45%	-18.70%	-8.66%
2008. 7~2009. 6	-6.40%	-16.14%	-15.59%
2009. 7~2010. 6	-0.26%	5.42%	16.00%
2010. 7~2011. 6	18.00%	16.50%	11.31%
2011. 7~2012. 6	20.22%	10.41%	5.88%
2012. 7~2013. 6	26.62%	18.65%	9.91%
2013. 7~2014. 6	23.69%	7.57%	24.13%
2014. 7~2015. 6	51.36%	40.68%	44.69%
2015. 7~2016. 6	35.24%	-6.58%	9.50%
2016. 7~2017. 6	23.86%	5.03%	16.21%
연평균 복리수익률	22.41%	1.56%	20.27%

시가총액에 비해서 많은 토지를 가지고 있는 기업의 주식은 어떨까? 분명 저평가된 주식이지만 NCAV 비율은 오히려 형편없을 수 있다.

비유동자산을 아무리 많이 가지고 있더라도 NCAV 비율 값에 영향을 미치지 못하기 때문이다. 20그룹에 속해 있는 주식들은 유동자산은 많지 않으나 비유동자산이 많아 저평가 주식에 속해 있을 확률이 높다. 그렇기 때문에 NCAV 비율이 매우 낮은 기업을 무시하거나 나쁜 주식으로 치부하면 안 된다.

최악의 그룹은 NCAV 비율이 매우 낮지도 매우 높지도 않은 중간 정도의 10그룹이다. 우리는 NCAV 비율이 매우 낮거나 매우 높은 주식들에 분산투자하는 방법으로 부자가 될 수 있다. 어정쩡한 NCAV 비율을 가지고 있는 주식에 투자하지만 않으면 된다.

● 그림 2-43. NCAV 비율에 따른 1그룹, 10그룹, 20그룹의 연도별 수익률

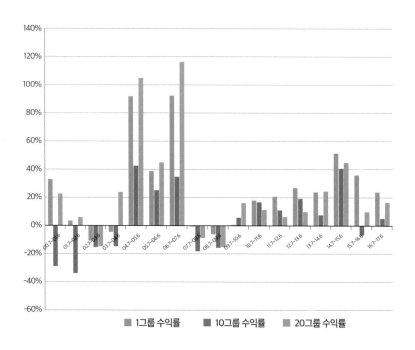

1그룹, 10그룹, 20그룹의 연도별 수익률을 살펴보자. 1그룹과 20그룹은 서로 엎치락뒤치락 하면서 높은 수익률을 보여준다. 10그룹은 거의 모든 기간에서 3개의 그룹 중 가장 낮은 수익률을 보여준다. 17년의 기간 동안 3개의 그룹(1그룹, 10그룹, 20그룹) 중 10그룹이 가장 높은 수익률을 보여주었던 기간은 한 번도 없었다.

<NCAV 비율에 따른 1그룹, 10그룹, 20그룹 투자수익 시뮬레이션>

• 기간 : 2000년 6월 30일~2017년 6월 30일
• 최초 원금 1,000만 원 투자 가정

● 그림 2-44. NCAV 비율에 따른 1그룹, 10그룹, 20그룹 투자수익 시뮬레이션

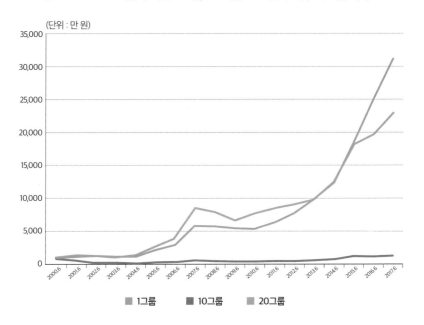

최초 원금 1,000만 원을 시작으로 2000년 6월 마지막 거래일부터 2017년 6월 마지막 거래일까지 1년마다 교체 매매하여 17년간 복리로 투자했다면 1그룹은 3억 1,095만 원, 10그룹은 1,300만 원, 20그룹은 2억 3,045만 원이 된다.

이번 장을 마치며

NCAV 전략은 1930년대에 벤저민 그레이엄에 의해 소개되었다. 오랜 시간이 지났음에도 아직도 높은 수익을 내고 있다는 사실이 신기하다. "계량투자 전략이 공개되어도 초과수익이 사라지지 않는다"라는 주장의 대표적인 근거가 되는 예이기도 하다. 많은 가치투자자가 이 전략에 해당되는 주식을 찾아 투자한다. 이 전략을 이용하는 가치투자자들은 앞으로도 높은 수익을 거둘 것이다. NCAV 비율 150% 이상이라는 매우 어려운 조건을 반드시 충족하지 않아도 된다. 우리는 단순히 NCAV 비율이 높은 상위 주식들에 분산투자하는 것만으로도 충분히 부자가 될 수 있다.

이번 장에서 추가로 NCAV 비율이 매우 낮은 주식들도 수익이 괜찮다는 특이한 사실을 알게 되었다. 하지만 NCAV 비율이 매우 낮은 주식들만 골라서 투자하는 전략은 권하지 않는다. 이런 주식들은 상승해야 하는 논리적 타당성이 약간 부족하기 때문이다.

앞에서 테스트했던 대로 흑자 기업 내에서 NCAV 비율이 높은 상위

5% 종목들에 동일가중으로 투자한 후 정기적으로 교체 매매해보자. 과거 오랜 기간 높은 수익을 거둔 전략이라면 미래에도 높은 수익을 안겨줄 것이다.

9장 핵심 요약

1. 벤저민 그레이엄이 제시한 NCAV 조건은 너무 엄격해서 충족하는 주식이 많지 않다(분산투자하기 어렵다).

2. 엄격한 조건 대신 단순히 NCAV 비율이 높은 상위 주식들에 투자하는 방법만으로도 높은 수익을 거둘 수 있다. 이러면 분산투자하기가 쉬워진다.

3. NCAV 비율이 낮은 주식이라고 무시해서는 안 된다. NCAV 비율이 매우 낮은 주식들에 투자하면 의외로 높은 수익을 얻을 수 있다.

4. 우리가 피해야 할 주식은 NCAV 비율이 높지도 낮지도 않은 어정쩡한 주식들이다.

※ 직전년도 당기순이익이 흑자인 종목 중 NCAV 비율이 가장 높은 상위 5% 종목들에 동일가중으로 투자하여 1년마다 교체 매매하였다면 과거 17년간 연평균 복리수익률 +22.41%를 얻을 수 있었다(원금 1,000만 원이 3억 1,095만 원으로 늘어난다).

3부

주가를 이용한
계량투자

10장

주가가 높은 주식
vs.
주가가 낮은 주식

1. 과연 1,000원 미만에 거래되는 싸구려 주식들에 투자해도 괜찮을까?

2. 10만 원에 거래되는 주식이 100만 원까지 오를 확률과 1,000원짜리 주식이 1만 원까지 오를 확률 중 어느 것이 더 높을까?

3. 많은 개인투자자가 100만 원이 넘는 높은 가격의 주식에 투자하는 것을 꺼리는 것은 옳은 행동일까?

존 템플턴의 경험

가치투자의 대가인 존 템플턴John Templeton의 투자 경험에 대한 얘기로 시작해보자. 1939년 지질회사에 다니던 20대의 존 템플턴은 제2차 세계 대전이 일어나자 주식투자에 나섰다. 이때 투자한 방법이 상당히 특이 했는데, 1달러 미만에 거래되는 모든 종목을 100달러씩 매수한 것이다.

결과는 성공적이었다. 한 종목당 100달러씩 104개 종목을 매수해 4년 후 4배 이상의 수익을 거두었다. 성장성이 높은 기업을 매수한 것도 아니고, 가치 대비 저평가 기업을 매수한 것도 아니었다. 그렇다고 고점 대비 하락폭이 큰 주식을 매수한 것도 아니었다. 단순히 주가가 싼 종목을 분산해서 매수한 특이한 방법이었다.

단순히 주가가 싼 주식에 투자하면 수익이 날까

단순히 주가가 싼 주식을 매수하는 방법으로 한국 주식시장에서 투자했다면 초과수익을 낼 수 있었을까? 질문을 바꿔보자. 주가가 높은 종목을 매수하는 방법과 주가가 낮은 종목을 매수하는 방법 중 어느 쪽이 수익이 많을까? 존 템플턴은 적자나 흑자에 상관없이 무조건 1달러 미만의 주식을 모두 매수한 것으로 보인다.

하지만 우리가 할 테스트에서는 당기순이익이 적자인 기업을 제외하였다. 전년도에 흑자인지 적자인지를 확인하려면 3월 말이 되어야 확인할 수 있다. 그래서 여기서도 역시 3월 말에서 3개월의 기간을 추가하여 매년 6월 마지막 거래일에 교체 매매하는 조건으로 테스트하였다.

매매 시점에서 직전년도에 흑자인 기업의 주식들을 주가가 낮은 종목에서 주가가 높은 종목 순으로 총 20개의 그룹으로 나누어서 1그룹부터 20그룹까지 수익률을 비교해보도록 하자.[35]

가장 낮은 주가의 주식들로 구성된 1그룹의 17년간 연평균 복리수익률은 +17.12%이다. 반면 가장 높은 주가의 주식들로 구성된 20그룹의

〈단순주가에 따른 20분위 수익률〉

- 기간 : 2000년 7월~2017년 6월(총 17년)
- 대상 : 코스피, 코스닥 종목 중 매매 시점에서 직전년도의 당기순이익이 흑자인 기업
- 교체 매매 주기 : 1년에 1회
- 교체 시기 : 6월 마지막 거래일
- 방법 : 매매 시점에서 주가가 높은 종목에서 낮은 종목 순으로 1그룹부터 20그룹까지 20분위로 나눈다. 각 그룹에 속한 종목들을 동일가중으로 교체 매매한다.

---

[35] 직접 백테스트를 진행하려는 독자가 있다면 백테스트 시 유의할 점이 있다. 수익률을 계산할 때는 수정주가를 기준으로 계산해야 한다. 하지만 매수 당시 주가가 낮은 종목을 찾을 때는 수정주가로 찾으면 안 되고, 매수 시점 당시 거래되었던 주가로 종목을 찾아야 한다. 수정주가는 매수 시점 이후에 알게 되는 데이터이기 때문이다.

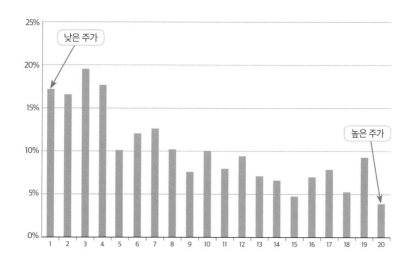

● 그림 3-1. 단순주가에 따른 20분위 수익률

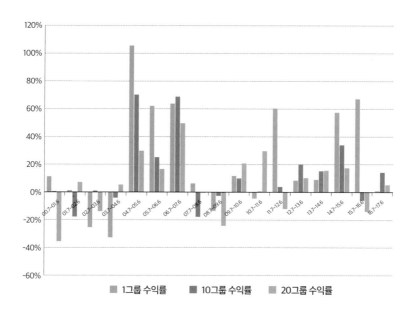

● 그림 3-2. 단순 주가에 따른 1그룹, 10그룹, 20그룹의 연도별 수익률

<단순주가에 따른 1그룹, 10그룹, 20그룹의 투자수익 시뮬레이션>

- 기간 2000년 6월 30일~2017년 6월 30일
- 최초 원금 1,000만 원 투자 가정

● 그림 3-3. 단순주가에 따른 1그룹, 10그룹, 20그룹의 투자수익 시뮬레이션

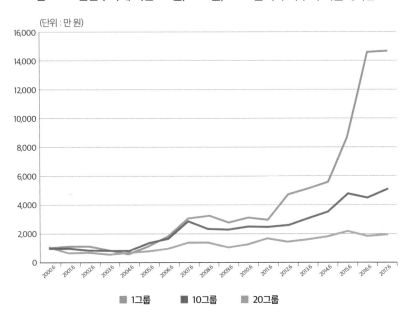

연평균 복리수익률은 +3.93%이다. 완벽하게 선형관계에 있지는 않지만, 그룹의 숫자가 올라갈수록 수익률이 낮아지고 있다. 즉 주가가 높을수록 수익률이 저조하다는 의미이다.

한국 시장에서는 단순히 주가가 낮은 주식을 매수하는 방법만으로도

● 표 3-1. 단순 주가에 따른 1그룹, 10그룹, 20그룹 연도별 수익률

투자 기간	1그룹 수익률	10그룹 수익률	20그룹 수익률
2000. 7~2001. 6	10.90%	0.41%	-35.99%
2001. 7~2002. 6	1.08%	-18.25%	7.02%
2002. 7~2003. 6	-25.89%	0.71%	-14.29%
2003. 7~2004. 6	-32.97%	-4.51%	5.12%
2004. 7~2005. 6	105.69%	70.38%	29.79%
2005. 7~2006. 6	61.96%	24.90%	16.30%
2006. 7~2007. 6	63.73%	68.90%	49.58%
2007. 7~2008. 6	6.02%	-18.03%	-0.50%
2008. 7~2009. 6	-13.63%	-2.69%	-24.40%
2009. 7~2010. 6	11.50%	9.72%	20.41%
2010. 7~2011. 6	-4.65%	-0.15%	29.64%
2011. 7~2012. 6	60.18%	3.57%	-12.12%
2012. 7~2013. 6	7.93%	19.84%	9.83%
2013. 7~2014. 6	8.81%	15.04%	15.13%
2014. 7~2015. 6	57.47%	34.07%	17.03%
2015. 7~2016. 6	66.86%	-5.88%	-14.12%
2016. 7~2017. 6	0.41%	13.83%	5.47%
연평균 복리수익률	17.12%	10.04%	3.93%

괜찮은 수익을 얻을 수 있다. 존 템플턴이 20대의 나이에 했던 단순한 투자 방법이 한국 시장에서도 통하는 것이다.

17년간 연평균 복리수익률을 보면 1그룹이 20그룹보다 수익률이 높다. 하지만 각 연도별로 확인해보면 매년 20그룹이 1그룹보다 수익률이 높은 것은 아니다. 과거 17년의 기간 동안 8번의 기간에서 1그룹의 수익률이 더 높았다. 1그룹의 수익률이 더 저조했던 기간을 표 3-1에 별도로 표시하였다. 단순히 주가가 싼 주식을 사는 방법은 수익률 면에서는 훌륭하지만, 승률 면에서는 훌륭하지 않다.

최초 원금 1,000만 원을 시작으로 2000년 6월 마지막 거래일부터 2017년 6월 마지막 거래일까지 1년마다 교체 매매하여 17년간 복리로 투자했다면 1그룹은 1억 4,676만 원, 10그룹은 5,085만 원, 20그룹은 1,927만 원이 된다.

이번 장을 마치며

단순히 주가가 낮은 종목에 투자하는 방법은 가치투자의 관점으로는 설명되지 않는다. 이론적으로는 시장에서 거래되는 단순 주가와 기업가치 사이에는 전혀 관련성이 없기 때문이다. 하지만 필자가 증권 회사에서 근무하며 많은 투자자와 상담해본 결과 개인투자자들은 100만 원이 넘는 비싼 주가를 보이는 종목에 잘 투자하지 않는 경향이 있음을 알게 되었다.

반대로 거래되는 주가가 낮은 종목들은 개인투자자들이 쉽게 투자한다. 사람들은 심리적으로 100만 원에 거래되는 주식이 1,000만 원으로 상승하는 것은 어렵지만 1,000원에 거래되는 주식이 1만 원으로 상승하는 것은 쉽다고 생각하는 경향이 있다. 개인투자자의 이러한 생각은 통계적으로 옳으며, 10장에서 충분히 검증해보았다.

주식투자를 하다가 둘 중 한 종목을 매수하고 싶은데 도대체 무엇을 매수해야 될지 고민이 되는 경우가 있다. 고민해도 도저히 답이 나오지 않는다면, 그냥 주가가 싼 종목을 매수해보는 것은 어떨까? 계량적으로 분산투자를 해보고 싶다면 전년도 당기순이익이 흑자인 종목 중에서 현재 거래되는 주가가 저렴한 상위 5% 종목[36]을 동일가중으로 매수하면 된다. 상위 5%에 몇 종목이 있는지 판단하기 어렵다면 50종목을 매수해도 괜찮다. 이후 같은 방법으로 정기적으로 교체 매매해보자. 승률 면에서는 좋은 전략은 아니기 때문에 적극 추천하지는 않지만, 그래도 수익률은 나쁘지 않을 것이다.

10장 핵심 요약

1. 존 템플턴은 1달러 미만에 거래되는 주식을 전부 동일가중으로 매수하는 방법을 통해 높은 수익을 낸 경험이 있다.
2. 흑자 종목 중에서 현재 거래되는 주식가격이 낮은 종목이 높은 종목보다 수익률이 좋은 경향이 있다.

---

36 주가가 1,000원 미만의 주식들(소위 말하는 동전주)도 상당히 많이 포함된다.

3. 낮은 주가의 주식에 투자하는 전략은 수익률은 좋지만, 승률 면에서 훌륭한 전략은 아니기 때문에 계량투자 전략으로 적극 추천하지는 않는다.

※ 직전년도의 당기순이익이 흑자인 종목 중 주가가 가장 낮은 5% 종목들에 동일가중으로 투자하여 1년마다 교체 매매하였다면 과거 17년간 연평균 복리수익률 +17.12%를 얻을 수 있다(원금 1,000만 원이 1억 4,676만 원으로 늘어난다).

11장

많이 오른 주식
VS.
많이 하락한 주식
(주가 모멘텀)

Questions

1. 주가가 과거에 상대적으로 강했던 종목은 앞으로도 계속 강할까?

2. 아니면 반대로 주가가 상대적으로 약했던 종목이 앞으로 강할까?

3. 과거 주가 상승률의 강도가 상대적으로 중간 정도였던 종목들은
   어떨까?

주가 모멘텀에 대한 많은 연구

과거에 주가가 약했던 종목과 강했던 종목 중 어떤 것을 매수해야 수익
률이 좋을까? 이 질문에 대한 많은 연구가 이미 진행되어 있다. 제임스

오셔너시의 저서 《What Works on Wall Street》에는 1927년 1월부터 2009년 12월까지의 미국 시장의 데이터를 바탕으로 한 연구 결과가 있다. 과거 6개월 동안의 주식 상승률을 파악한 후 10분위로 나누어 그 후 1년 동안의 수익률을 비교하였다.

결과는 과거 6개월간 주가가 강했던 주식들은 그 이후 12개월간 수익률이 좋았으며, 과거 6개월간 주가가 약했던 주식들은 그 이후 12개월 동안의 수익률도 저조했다고 밝히고 있다. 또한 과거 6개월 상승률을 바탕으로 한 실험뿐만 아니라 과거 12개월 상승률을 바탕으로 한 10분위 실험도 있는데 결과는 비슷했다. 이렇게 과거에 상대적으로 주가가 강했던 주식이 약했던 주식에 비해 미래에도 수익률이 더 높은 현상을 '주가의 상대적 모멘텀 효과'라고 한다.

한국 주식시장은 어떠했을까? 김병규, 이현열은 저서 《SMART BETA (스마트 베타)》[37]에서 2000년부터 2016년까지 코스피 종목을 대상으로 5분위 실험을 진행했다. 과거 12개월 중 최근 1개월을 제외한 주가 상승률을 기준으로 테스트를 진행하였는데, 한국 주식시장에서도 '주가의 상대적 모멘텀 효과'가 존재함을 밝히고 있다.

강환국의 저서 《할 수 있다! 퀀트투자》[38]에는 해외에서 잘 통하는 상대적 모멘텀 전략이 한국에서는 대형주에서만 통했고, 중소형주에서는 잘 통하지 않는다고 밝히고 있다.

37 김병규, 이현열, 《SMART BETA》, 워터베어프레스, 2017
38 강환국, 《할 수 있다! 퀀트투자》, 에프앤미디어, 신진오 감수, 2017

문병로 교수의 저서 《문병로 교수의 메트릭 스튜디오》에서는 2000년부터 2012년까지의 한국 주식에 대해 분석한 내용이 있다. 매년 과거 6개월간의 상승률을 바탕으로 10분위로 나누어 그 이후 1년의 수익률이 어떤지에 대한 실험을 진행하였다. 그 결과 6개월간 상승률이 가장 높았던 그룹과 가장 낮았던 그룹의 향후 1년의 수익률은 좋지 못했고, 적당히 오른 중간 그룹이 가장 수익률이 높았음을 밝히고 있다.

많이 오른 주식과 많이 하락한 주식 중 어느 것이 수익률이 좋을까

그럼 '주가의 상대적 모멘텀 효과'에 대해서 테스트해보자. 과거 1년 동안 가장 낮은 상승률을 보인 주식부터 가장 높은 상승률을 보인 주식 순으로 정렬한 이후 종목 수를 동일하게 20개의 그룹으로 나눈 다음 각 그룹별 수익률을 확인해보자.

그림 3-4를 보자. 과거 1년간 주가 상승률이 높았던 상위 5%로 구성된 20그룹의 수익률은 그다지 높은 수익률을 보여주지 않는다. 20그룹의 연평균 복리수익률은 −1.15%이다. 그렇다고 주가 상승률이 가장 낮았던 5%의 종목들로 구성된 1그룹의 수익률이 좋은 것도 아니다. 1그룹의 연평균 복리수익률은 −25.51%로 최악의 수익률을 보여준다. 미국 시장에서는 과거에 상승률이 높았던 주식이 미래에도 상승률이 높

<최근 1년 상승률에 따른 1년 수익률, 20분위>

- 기간 : 2000년 7월~2017년 6월(총 17년)

- 대상 : 코스피, 코스닥 종목

- 교체 매매 주기 : 1년에 1회

- 교체 시기 : 6월 마지막 거래일[39]

- 방법 : 매매 시점에서 과거 1년 동안 상승률이 낮은 종목부터 높은
  종목 순으로 1그룹부터 20그룹까지 20분위로 나눈다. 각 그룹에
  속한 종목들을 동일가중으로 교체 매매한다.

● 그림 3-4. 최근 1년 상승률에 따른 1년 수익률, 20분위

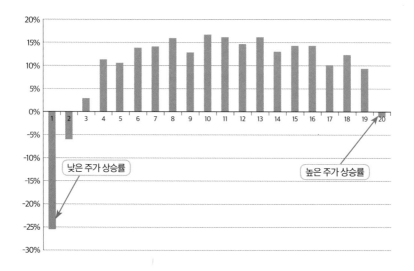

은 현상을 보인다.[40] 하지만 한국 시장에서는 상황이 다르다. 미국 시장에서는 통하는 전략이 한국 시장에서는 통하지 않는다. '추세추종trend following 전략'을 이용하는 투자자들은 20그룹의 수익률 결과에 당황할 것이며, '주가 반전 현상'을 이용하는 투자자들은 1그룹의 수익률 결과에 당황할 것이다.

가장 수익률이 높은 그룹은 중간 정도에 위치해 있는 10그룹이다. 10 그룹은 과거 1년 동안 주가 상승률이 높은 상위 45~50%의 종목들로 구성되어 있으며, 연평균 복리수익률은 +16.78%이다. 과거 상승률이 매우 높았거나 매우 낮았던 종목들보다 중간 종목들의 수익률이 가장 좋았다.

흑자 기업만을 대상으로 하면 어떻게 달라질까

앞의 테스트에서 1그룹의 수익률이 극단적으로 나쁘다. 아마 적자를 보이는 종목들이 많이 편입되어 있기 때문이 아닐까? 당기순이익이 적자인 기업들의 수익률이 나쁘다는 사실을 우리는 2장에서 이미 확인했다. 그래서 추가적으로 당기순이익 적자 기업을 제외하고 흑자 기업만을 대

---

39 과거 1년간의 주가 상승률을 바탕으로 그룹을 나누었으므로 굳이 6월 말을 교체 매매 시기로 정할 필요는 없다. 직전년도 재무제표 항목을 파악할 필요가 없기 때문이다. 하지만 앞서 진행했던 많은 테스트 그리고 이번 장 뒤에서 테스트할 흑자 기업을 대상으로 한 테스트와의 통일성을 위해서 매년 6월 마지막 거래일을 교체 매매 시기로 정하였다.

40 제임스 오서너시, 《What Works on Wall Street》, McGraw-Hill Education, 2011

<最근 1년 상승률에 따른 1년 수익률, 20분위(적자 기업 제외)>

- 기간 : 2000년 7월~2017년 6월(총 17년)
- 대상 : 코스피, 코스닥 종목 중 매수 시점 직전년도 당기순이익 흑자인 종목
- 교체 매매 주기 : 1년에 1회
- 교체 시기 : 6월 마지막 거래일
- 방법 : 매매 시점에서 과거 1년 동안 상승률이 낮은 종목부터 높은 종목 순으로 1그룹부터 20그룹까지 20분위로 나눈다. 각 그룹에 속한 종목들을 동일가중으로 교체 매매한다.

● 그림 3-5. 최근 1년 상승률에 따른 1년 수익률, 20분위(적자 기업 제외)

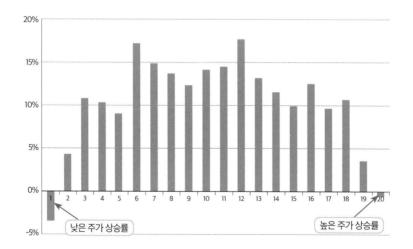

상으로 테스트해볼 필요가 있다.

그림 3-5를 보자. 적자 기업을 제외하고 흑자 기업만을 대상으로 테스트를 하였더니 1그룹의 수익률이 많이 올라왔다. 적자 기업까지 포함한 테스트에서 1그룹의 연평균 복리수익률은 −25.51%였다(그림 3-4 참조). 적자 기업을 제외하고 테스트해보니 1그룹의 연평균 복리수익률은 −3.50%가 되었다. 물론 그렇다고 하더라도 1그룹의 수익률이 가장 낮은 건 바뀌지 않았다.

적자 종목을 제외한 테스트에서도 과거 1년 수익률이 가장 낮았던 1그룹과 가장 높았던 20그룹의 향후 1년 수익률은 별 볼일 없었다. 가장 수익률이 높은 그룹은 중간 정도에 위치해 있는 12그룹이다. 12그룹은 과거 1년 동안 주가 상승률이 높은 상위 55~60%의 종목들로 구성되어 있는 그룹으로 연평균 복리수익률은 +17.71%이다.

그림 3-5에서도 중간 그룹의 수익률이 높고, 양쪽으로 갈수록 수익률이 점차 떨어지고 있다. 필자는 20개 그룹을 10개 그룹으로 바꿔 다시 그래프를 그릴 것이다. 2개 그룹을 한 개의 그룹으로 합쳐보는 것이다. 가장 양옆에 있는 1그룹과 20그룹을 묶어 A 그룹을 만든다. 또 2그룹과 19그룹을 묶어 B 그룹을 만들고, 3그룹과 18그룹을 묶어 C 그룹을 만든다. 이런 식으로 A 그룹부터 J 그룹까지 총 10개의 그룹을 만들 수 있다. 이 10개 그룹의 수익률 그래프를 확인해보자.

그림 3-6을 보자. A 그룹은 과거 1년 동안 주가 상승률의 순위에서 위로든 아래로든 양극단에 위치하는 주식들로 구성되어 있다. A 그룹의

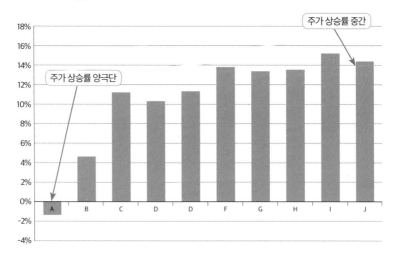

● 그림 3-6. 과거 주가 상승률 순위 중앙으로부터의 떨어진 위치에 따른 10분위 수
    익률(적자 기업 제외)

● 그림 3-7. 과거 주가 상승률에 따른 A 그룹과 J 그룹의 연도별 수익률

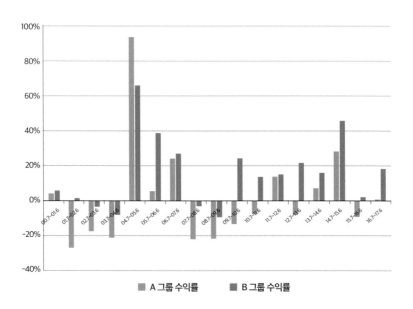

연평균 복리수익률은 −1.37%로 가장 좋지 않은 성과를 보여주고 있다. 대체적으로 과거 1년간 주가 상승률 순위에서 중간에 가까울수록 수익률이 높아지고 있다.

● 표 3-2. 과거 주가 상승률에 따른 A 그룹과 J 그룹의 연도별 수익률

투자 기간	A 그룹 수익률	J 그룹 수익률
2000. 7~2001. 6	4.12%	5.78%
2001. 7~2002. 6	-26.98%	1.32%
2002. 7~2003. 6	-17.70%	-3.33%
2003. 7~2004. 6	-21.18%	-8.19%
2004. 7~2005. 6	93.94%	65.84%
2005. 7~2006. 6	5.55%	38.77%
2006. 7~2007. 6	23.93%	27.20%
2007. 7~2008. 6	-22.09%	-3.30%
2008. 7~2009. 6	-21.75%	-9.39%
2009. 7~2010. 6	-13.59%	24.05%
2010. 7~2011. 6	-7.81%	13.68%
2011. 7~2012. 6	13.82%	15.19%
2012. 7~2013. 6	-8.09%	21.72%
2013. 7~2014. 6	7.10%	15.90%
2014. 7~2015. 6	27.98%	45.90%
2015. 7~2016. 6	-9.39%	2.46%
2016. 7~2017. 6	0.20%	18.23%
연평균 복리수익률	-1.37%	14.42%

J 그룹이 여기에 해당되는데, 연평균 복리수익률은 +14.42%이다. A
그룹과 J 그룹의 연도별 수익률을 표와 그래프로 확인해보자(표 3-2, 그림
3-7).

<과거 주가 상승률 순위 중간 위치와의 간격에 따른 A~J 그룹 수익 시뮬
레이션>

- 기간 : 2000년 6월 30일~2017년 6월 30일
- 최초 원금 1,000만 원 투자 가정

● 그림 3-8. 과거 주가 상승률 순위 중간 위치와의 간격에 따른 A~J 그룹 수익 시뮬
레이션

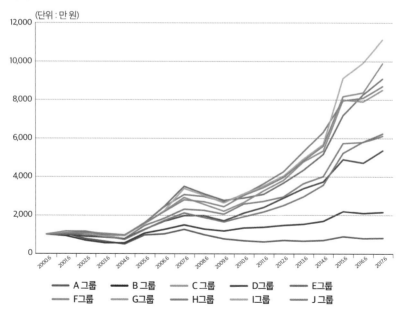

과거 1년간 주가 상승률이 중간에 위치했던 주식들로 구성된 J 그룹의 투자수익률은 과거 1년간 주가 상승률이 양극단에 위치했던 주식들로 구성된 A 그룹보다 좋다. 하지만 매년 J 그룹의 수익률이 A 그룹보다 좋았던 것은 아니다. 총 17년의 테스트 기간 동안 한 번의 기간에서는 A 그룹의 수익률이 더 높았다. 이 기간을 표 3-2에 별도로 표시하였다. 이 한 번의 기간을 제외하고는 모두 J 그룹보다 더 좋았다. 승률 면에서 상당히 우수하다.

그림 3-8을 살펴보자. J 그룹은 2000년 6월 마지막 거래일에 1,000만 원으로 투자하기 시작해서 정기적으로 교체 매매하였다면 2017년 6월 마지막 거래일에는 9,881만 원으로 늘어나게 된다. 반면 A 그룹은 같은 기간 1,000만 원이 791만 원으로 줄어들게 된다.

이번 장을 마치며

우리는 과거 1년 동안 상승률이 가장 높은 주식에 투자하는 것도 좋지 않고, 반대로 상승률이 가장 낮은 주식에 투자하는 것도 좋지 않다는 것을 알았다. 핵심은 과거 1년간 상승률 순위의 중간에 위치한 주식에 투자해야 한다는 점이다.

일반적으로 다른 종목들에 비해 과거에 매우 강했던 종목에 관심을 가지는 투자자가 많다. 강했던 종목이 계속 강할 것으로 생각하기 때문이다. 반대로 다른 종목들에 비해 많이 약했던 종목에 관심을 가지는 투자자도 제법 있다. 종목들 간에 키 맞추기가 진행될 것이라는 기대감 때문이다. 하지만 중간 정도의 상승률을 보인 종목에 관심을 가지는 투자자는 많지 않다. 이런 종목은 상대적으로 시장에서 이슈도 적고, 과거에 재미없는 주가흐름을 보였을 것이다. 하지만 많은 투자자가 관심을 가지지 않는 곳에 수익의 비밀이 숨어 있다. 투자할 종목을 찾을 때 과거 중간 정도의 상승률을 보인 종목들 안에서 찾아보자. 이렇게 한다면 성공 확률이 높다.

종목 찾기가 어렵다면 앞에서 테스트한 방법대로 투자해보는 것도 괜찮다. 직전년도에서 흑자인 종목들을 과거 1년 동안 상승률 순으로 정렬한 이후 중간에 위치한 종목 10%를 매수한다. 10% 매수가 까다롭다면 그냥 100종목 정도 매수해도 된다. 그리고 정기적으로 같은 방법으로 종목을 찾아 교체해보자. 과거 수익률이 미래를 보장하지는 않지만 갑자기 망가질 확률도 거의 없을 것이다.

11장 핵심 요약

1. 과거에 주가가 약했던 주식에 비해서 강했던 주식이 미래에도 수익률이 더 높은 현상을 '주가의 상대적 모멘텀 효과'라고 한다.
2. 이러한 효과는 미국 시장에서는 강하게 관찰되지만, 한국 시장에서는 잘 관찰되지 않는다.
3. 코스피, 코스닥 종목을 테스트해보면 주가가 다른 주식들에 비해 크게 강하지도 약하지도 않았던 중간 정도의 상승률을 보인 주식들의 수익률이 가장 좋았다.

※ 직전년도의 당기순이익이 흑자인 종목 중 과거 1년간 주가 상승률 순위 중앙에 있는 10%의 종목들에 동일가중으로 투자하여 교체 매매 하였다면 과거 17년간 연평균 복리수익률 +14.42%를 얻을 수 있다 (원금 1,000만 원이 9,881만 원으로 늘어난다).

4부

캘린더 효과를 이용한
계량투자

12장

1월 효과는
존재하는가

Questions

1. 1년(12개월) 중 특별히 주식시장이 강한 달이 존재할까?
2. 만약 그런 달이 존재하고, 이 사실을 많은 사람이 알게 되더라도 현상은 계속 유지될 수 있을까?
3. 코스피시장이 유리한 달과 코스닥시장이 유리한 달이 따로 있을까?

12개월 중 특별히 투자하기 유리한 달이 있을까

1년은 1월부터 12월까지 12개월로 구성되어 있다. 만약 특정한 달에 주식수익률이 이례적으로 좋게 나타나는 현상이 있다면 어떨까? 평상시에는 주식시장에서 멀리 떨어져 있다가 수익률이 좋은 달에만 주식시장에 투자하는 방법을 사용하면 된다. 그렇다면 그런 달이 정말 존재할까? 1976년에 마이클 로제프Micheal S. Rozeff와 윌리엄 킨니William Kinney는 1904년부터 1974년까지의 뉴욕증권거래소에 상장된 주식들의 월별 수익률을 분석하였다.[41] 이를 통해 1월의 수익률이 다른 달보다 높다는 사실을 발견하였다. 이것이 '1월 효과January effect'이다. 주식투자자라면 '1월 효과'라는 용어를 경제신문, 뉴스, 증권사 리포트 등을 통해서 한 번쯤은 들어본 적이 있을 것이다.

1월 효과 January effect : 1월의 주가 상승률이 다른 달에 비해 상대적으로 높게 나타나는 현상을 말한다. 주로 소형주에서 그 현상이 뚜렷하다고 알려져 있다.

하지만 깊게 생각해보면 '1월 효과'가 지속적으로 존재한다는 것이 잘 납득되지 않는다. 1월에 시장이 강하다는 사실이 알려지면 똑똑한 사람은 12월부터 주식을 매수할 것이다. 그래서 결국 1월 이전인 12월에 주가가 올라가는 현상이 생기게 될 것이다. 그러다가 사람들이 12월부터 주식을 매수하기 시작하면, 이에 앞서서 11월부터 주식을 매수하는 사

---

41   Micheal S. Rozeff and William Kinney, 〈Capital market seasonality: The case of stock returns〉, Journal of Finance Economics, 1976, vol. 3, issue 4, pp. 379-402

람들이 생길 것이다. 이런 식으로 계속 진행된다면 '1월 효과'는 사라져 버리고 말 것이다. 그렇다면 과연 '1월 효과'가 한국 시장에서 존재했었는지, 그리고 지금도 존재하는지 알아보자.

코스피시장에서의 '1월 효과'

1998년 1월~2017년 12월까지 20년의 데이터를 사용하여 코스피지수의 월별 수익률을 확인해보자. 정말 1월이 다른 달에 비해 수익률이 높았을까? 20년 전체를 살펴본 후 전반부 10년과 후반부 10년을 나누어서 월별 수익률을 다시 확인해보자.

● **그림 4-1. 코스피지수 월별 평균 수익률**(1998년 1월~2017년 12월)

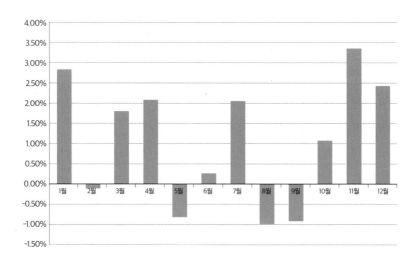

코스피지수 기준으로 20년 동안 가장 수익률이 높았던 달은 11월이다. 11월은 산술평균 +3.36%의 수익률을 보여주었다. 그다음은 1월 2.84%, 12월 2.44%, 4월 2.08%의 순서이다. 코스피지수에서 20년 동안 1월이 가장 수익률이 좋은 달은 아니었지만, 두 번째로 수익률이 좋은 달이었다. 어느 정도 '1월 효과'가 존재해왔던 것으로 보인다. 그런데 필자는 최근 코스피시장에서 '1월 효과'를 제대로 느껴본 적이 없다. 과거에는 있었으나 최근에는 사라져버린 것일까? 이것을 알아보기 위해 20년의 기간을 1998~2007년까지의 전반부와 2008~2017년까지의 후반부로 나누어서 각각 분석해볼 것이다.

전반부 10년(그림 4-2)과 후반부 10년(그림 4-3)을 비교해보자. 전반부 10년을 보면 1월이 두 번째로 수익률이 좋았다. 하지만 후반부 10년을

● **그림 4-2. 코스피지수 월별 평균 수익률**(전반부 : 1998년 1월~2007년 12월)

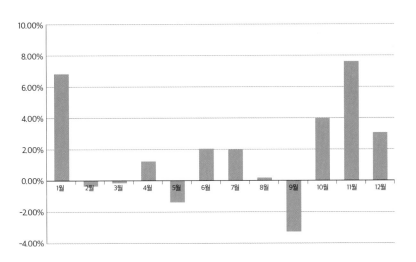

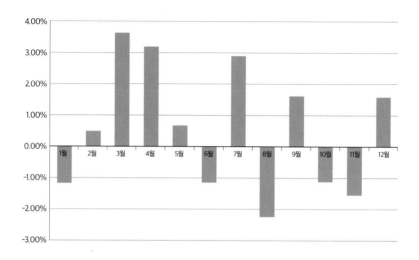

보면 '1월 효과'는 완전히 사라진 것으로 보인다. 오히려 1월 수익률은 마이너스로 돌아섰다. 그것뿐만이 아니라, 전반부 10년과 후반부 10년 사이에 어떠한 공통점도 찾기 어렵다. 전반부에는 11월이 제법 괜찮은 수익률을 보여준 달이었으나, 후반부에는 좋지 못한 달이 되었다. 전반 부에 9월은 수익률이 좋지 않았으나, 후반부에는 괜찮은 수익률을 보여 주었다. 전반부 3월은 특색이 없는 달이었으나, 후반부 3월은 가장 수익 률이 높은 달이 되었다. 전반부 8월도 특색이 없는 달이었으나, 후반부 8월은 최악의 수익률을 보인 달이 되었다. 그렇다면 월에 따른 수익률 은 아무 의미가 없는 것일까? 코스피지수에서는 1월이 다른 달보다 상 대적으로 강한 현상은 확실히 사라진 것으로 보인다.

코스닥시장에서의 '1월 효과'

그럼 코스닥지수로 분석해보자. 코스닥지수의 1월 수익률이 다른 달에 비해서 높았을까? 먼저 1998년부터 2017년까지 20년 동안 코스닥지수의 월별 수익률을 확인해보자. 그리고 20년을 전반부(1998~2007년)와 후반부(2008~2017년)로 나누어서 월별 수익률을 차례로 확인할 것이다. 이렇게 전반부와 후반부로 나눠서 확인함으로써 코스피지수에서처럼 1월이 다른 달에 비해 강한 효과가 사라졌는지, 아니면 코스피지수와는 다르게 계속 남아 있는지에 대한 답을 얻게 될 것이다.

● **그림 4-4. 코스닥지수 월별 평균 수익률**(1998년 1월~2017년 12월)

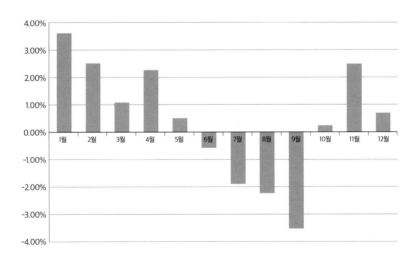

● 그림 4-5. 코스닥지수 월별 평균 수익률(전반부 : 1998년 1월~2007년 12월)

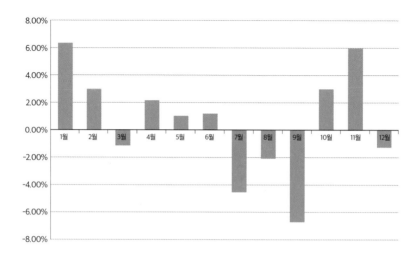

● 그림 4-6. 코스닥지수 월별 평균 수익률(후반부 : 2008년 1월~2017년 12월)

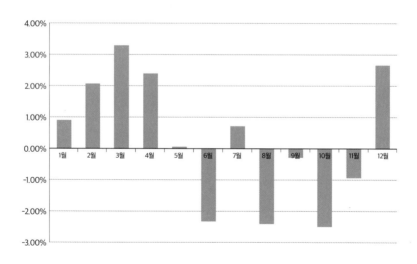

20년 동안의 데이터를 확인해보면 코스닥지수는 1월이 다른 달에 비해 강한 현상이 존재한다(그림 4-4 참고). 1월 달은 12개월 중 가장 수익률이 좋은 달이다. 전반부 10년과 후반부 10년을 비교해보면 어떨까? 전반부 10년에는 확실히 1월이 다른 달에 비해서 강한 현상이 나타났다(그림 4-5 참고). 하지만 후반부 10년을 보면 코스피지수와 마찬가지로 코스닥지수에서도 1월이 다른 달보다 강한 현상이 완전히 사라졌다(그림 4-6 참고). 1월의 수익률이 12월, 2월, 3월, 4월보다도 못했다.

최근 10년을 돌이켜 보면 코스피지수와 코스닥지수 모두에서 1월이 다른 달에 비해 강한 현상이 사라져버렸다. 과거에는 있었던 현상이 최근에 사라져버린 이유가 무엇일까? 1월 효과가 주식시장에 존재한다는 사실이 알려지면서 많은 사람이 이를 이용해 매매함으로써 현상 자체가 사라져버린 것으로 보인다.

코스닥시장에서의 '배당락과 1월 초반 효과'

이제 1월 효과를 이용해서 수익 내는 것은 불가능할까? 아직 포기하긴 이르다. 1월 효과라고 말하긴 어렵지만 필자는 1월 효과와 비슷한 현상이 코스닥시장에 아직 존재한다는 사실을 알아냈다. 코스피지수와 코스닥지수를 배당락일을 포함하여 배당락 전 20일, 배당락 후 20일의 총 41일 동안 일별 산술평균 수익률을 살펴보자. 데이터 기간은 '1월 효과'가 사라진 후반부 10년이다.

● 그림 4-7. 코스피지수 배당락일 전후 20일 일자별 수익률(2007년 12월~2017년 1월)

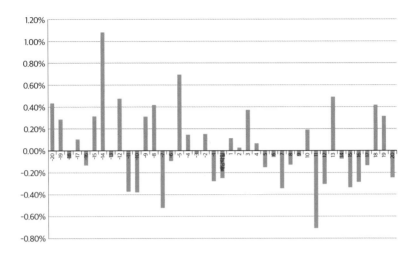

● 그림 4-8. 코스닥지수 배당락일 전후 20일 일자별 수익률(2007년 12월~2017년 1월)

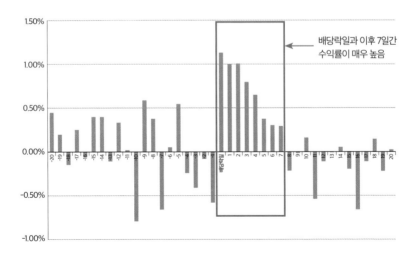

배당락일과 이후 7일간
수익률이 매우 높음

그림 4-7을 보면, 코스피지수에서는 어떠한 현상을 찾아볼 수가 없다. 하지만 그림 4-8을 보면, 코스닥지수에서 매우 재미있는 현상을 볼 수 있다. 배당락일 수익률이 매우 강하다는 것이다. 논리적으로 배당락일은 배당락으로 인해 전일 대비 하락해서 출발하는 것이 정상이다. 하지만 코스닥지수는 2008년부터 2017년 기간에 있었던 모든 배당락일에 전일 대비 상승 출발하였으며, 당일 장이 마칠 때까지 지속적으로 강했다. 배당락일 수익률도 좋지만 이후 7일 동안 수익률도 이례적으로 좋다. 필자는 이러한 현상을 '배당락과 1월 초반 효과'[42]라고 부른다. 코스피지수에는 없고, 코스닥지수에만 이런 현상이 존재한다는 것이 특이하다.

'배당락과 1월 초반 효과'에 대해 조금 더 자세히 알아보기 위해 배당락일 전후 코스닥 일봉 차트를 살펴보자.

지면관계상 총 4개 연도의 배당락일 전후 코스닥 일봉 차트를 삽입했다(그림 4-9~4-12 참조). 4개의 차트 모두 배당락일에 강하게 상승하고, 그 이후 1월 초반까지도 강한 상승이 계속 이어지고 있는 모습을 보이고 있다. 2013년 이전 부분은 직접 확인하길 바란다. 상당히 의미 있는 시간이 될 것이다.

---

42 배당락일은 12월 마지막 거래일 전 거래일이다. 배당락일을 포함하여 이후 7거래일은 12월의 마지막 2거래일과 1월의 첫 6거래일을 의미한다. 필자는 이러한 이유로 '배당락과 1월 초반 효과'라는 이름을 붙여 사용한다.

● 그림 4-9. 코스닥지수 2016년 12월~2017년 1월 배당락일 전후 그래프

● 그림 4-10. 코스닥지수 2015년 12월~2016년 1월 배당락일 전후 그래프

● 그림 4-11. 코스닥지수 2014년 12월~2015년 1월 배당락일 전후 그래프

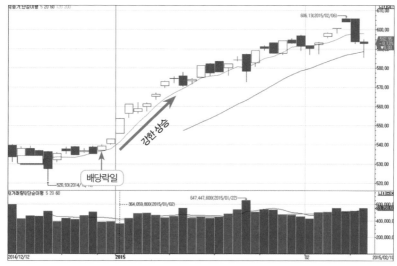

자료 : 유안타증권 HTS

● 그림 4-12. 코스닥지수 2013년 12월~2014년 1월 배당락일 전후 그래프

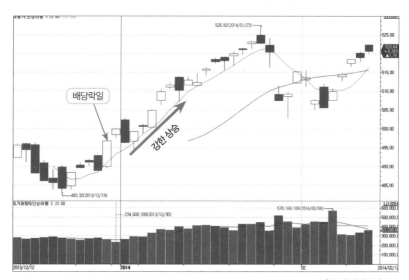

자료 : 유안타증권 HTS

이번 장을 마치며

'1월 효과'는 한국 주식시장에서 과거에 존재했으나, 최근 10년에는 완전히 사라져버렸다. 시장에 많이 알려지면서 이를 이용하는 사람들이 늘어났기 때문인 것으로 생각된다. 필자는 이번 장에서 '배당락과 1월 초반 효과'에 대해 소개했다. 그런데 많은 투자자가 이 책을 읽고 이런 현상이 있음을 알게 된다면 어떻게 될까? 결국 '배당락과 1월 초반 효과'도 사라지지 않을까?

사라지지 않는다면 다음과 같은 방법으로 수익률을 높일 수 있다. 12월 배당락일이 다가오고 있는데 내가 보유하고 있는 종목이 코스피 종목이라면, 코스닥 종목으로 교체해보자. 그리고 배당일 이후 7일 동안은 가능하면 계좌에 코스피 종목보다는 코스닥 종목의 비중을 높게 유지해보자.

코스닥 종목 중 무엇을 사야 할지 고민이라면 ETF^{Exchange Traded Fund}(상장지수펀드)[43]로 투자해보는 것도 좋다. 12월 배당락일 전일 코스닥150지수를 추종하는 ETF를 종가로 매수하고 8거래일 후 종가로 매도하는 것이다.

---

43 특정 지수나 특정 자산의 움직임과 동일하게 움직이도록 만든 펀드이다. 인덱스펀드와 달리 거래소에 상장되어 일반 주식처럼 사고팔 수 있다. 최근에는 단순히 지수를 추종하는 방식을 넘어 다양한 전략을 구사하는 ETF가 늘어나고 있다.

1. 1월이 다른 달에 비해서 수익률이 좋은 현상을 '1월 효과january effect'라고 한다.

2. 한국 주식시장에서 '1월 효과'는 과거에는 존재했으나, 최근에는 사라진 것으로 보인다.

3. 코스닥시장에서는 배당락일 수익률이 좋고, 그 이후 7일 동안 수익률이 좋은 현상이 있다. 필자는 이를 '배당락과 1월 초반 효과'라고 부른다.

4. '배당락과 1월 초반 효과'는 코스닥150지수를 추종하는 ETF를 활용하여, 수익을 올릴 수 있다.

13장

명절 연휴 전후 투자수익률은 어떻게 될까

Questions

1. 과연 명절 연휴 전에 주식시장이 하락하는 현상이 존재할까?

2. 명절 연휴 후에는 주식시장이 특별히 더 강해질까?

명절 연휴와 관련된 믿음

우리나라에는 명절에 따른 연휴는 설과 추석이 있다. 이런 연휴와 관련해서 주식시장에는 다음과 같은 믿음이 존재한다.

- 주식 보유자들은 마음 편하게 연휴를 즐기려 하기 때문에 연휴 전에 주식을 매도한다.
- 현금이 부족한 투자자들이 연휴 때 사용할 현금을 마련하기 위해 연휴 전에 주식을 매도한다.

이런 믿음은 연휴 전에는 주식시장이 좋지 않을 것이며, 연휴 후에는 주식시장이 좋아질 것이라는 예측을 하게 만든다. 이런 예측 때문에 많은 투자자가 실제로 연휴 전에 주식을 팔았다가 연휴 이후에 주식을 사기도 한다. 그런데 정말 이런 믿음이 사실일까? 만약 사실이 아니라면 이런 믿음을 통해 이루어진 매매는 쓸데없이 매매 비용만 발생하게 만든다. 그럼 연휴와 관련된 이러한 믿음이 사실인지 알아보자.

명절 연휴 전후 시장은 어떤 특징을 보일까

2008년부터 2017년까지 10년 동안 설 연휴와 추석 연휴 전후로 구분하여 각 5거래일 동안의 코스피지수 수익률을 알아보았다.

연휴 전 5거래일 수익률의 산술평균은 −0.05%이며, 연휴 후 5거래일 수익률의 산술평균은 +0.76%로 대체적으로 연휴 후 5거래일 동안 코스피지수가 더 강한 현상이 있었다. 이때 고려할 점은 연휴 전 5거래일의 수익률 하락 수준이 그렇게 크지는 않다는 점이다. 그러면 연휴 전 5거래일 수익률 −0.05%는 시장평균에 비해 얼마나 약한 것인지 궁금하지

● 표 4-1. 명절연휴 전후 5거래일 코스피지수 수익률(임의 5거래일 수익률 +0.09%)

연도	명절	전 5거래일	후 5거래일
2008	구정	3.58%	-0.11%
	추석	5.24%	-1.19%
2009	구정	-3.68%	6.38%
	추석	-2.91%	0.13%
2010	구정	1.69%	2.10%
	추석	0.76%	2.19%
2011	구정	-0.70%	-4.58%
	추석	-2.94%	1.38%
2012	구정	3.96%	0.30%
	추석	-0.31%	-0.86%
2013	구정	-0.35%	1.59%
	추석	0.58%	0.31%
2014	구정	-1.49%	-0.96%
	추석	-0.92%	0.64%
2015	구정	1.32%	1.24%
	추석	-2.66%	2.46%
2016	구정	0.30%	-1.77%
	추석	-3.25%	2.74%
2017	구정	0.52%	-0.28%
	추석	0.24%	3.57%
산술평균		-0.05%	0.76%

않은가? 2008년부터 2017년 까지 총 2,477거래일이 있었으며, 이 중 임의로 설정한 5거래일의 평균적인 코스피지수 상승률은 +0.09%였다. 즉 연휴 전 5거래일 지수 상승률 −0.05%는 시장평균 +0.09%와 비교해서 0.14% 약한 수준이지만, 크게 약하다고 보기는 어렵다.

하지만 명절 연휴 후 5거래일 수익률은 +0.76%이다. 임의의 코스피지수 5거래일 평균 수익률이 +0.09%인 것에 비하면 8배 정도 더 높다. 명절 연휴 후 강한 현상은 코스피지수에 강하게 존재한다(표 4-1 참고).

지금까지는 코스피지수를 분석하였다. 이제부터는 코스닥지수를 분석해보자. 방법은 위에서 코스피지수를 분석한 방법과 같다.

연휴 전 5거래일 수익률 평균은 −0.27%이며, 명절 연휴 후 5거래일 수익률 평균은 0.60%이다. 코스피지수와 마찬가지로 코스닥지수 역시 명절 전 5거래일은 약하며 명절 후 5거래일은 강한 현상이 있음을 알 수 있다(표 4-2 참고).

코스닥지수의 10년 총 2,477거래일 중 임의로 날짜를 선정하여 그로부터 5거래일 후 수익률을 구해보면 +0.07%이다. 즉 연휴 전 5거래일 지수 상승률 −0.27%는 시장평균 +0.07%와 비교해서 유의미하기 때문에 코스닥 종목은 확실히 연휴 전 5거래일 동안은 주식 매수의 시기로 적절하지 않다. 반대로 연휴 후 5거래일 동안은 임의의 다른 날들보다 수익률이 높기 때문에 연휴 들어가기 직전이 매수 시기로 가장 적절하다.

이쯤 되면 궁금한 사항이 생긴다. 연휴 후 5거래일은 코스피, 코스닥 모두 강했으나 연휴 전 5거래일 동안 시장평균보다 약한 현상은 코스닥에서 더 크게 나타나고 있다.

● 표 4-2. 명절연휴 전후 5거래일 코스닥지수 수익률(임의 5거래일 수익률 : +0.07%)

연도	명절	전5영업일	후5거래일
2008	구정	1.53%	1.44%
	추석	5.65%	-5.52%
2009	구정	-0.50%	5.51%
	추석	-3.13%	0.74%
2010	구정	1.31%	1.66%
	추석	0.07%	1.84%
2011	구정	0.29%	-1.29%
	추석	-4.76%	-0.18%
2012	구정	-2.10%	0.36%
	추석	-1.45%	3.18%
2013	구정	0.32%	2.69%
	추석	0.76%	1.97%
2014	구정	-1.50%	-0.15%
	추석	0.38%	0.46%
2015	구정	2.72%	2.54%
	추석	-1.08%	0.93%
2016	구정	-0.22%	-8.49%
	추석	-2.81%	4.31%
2017	구정	-1.50%	-0.95%
	추석	0.60%	1.01%
산술평균		-0.27%	0.60%

혹시 연휴 전 5거래일 평균시장보다 약한 현상은 소형주에서 유독 더 크게 나타나는 것은 아닐까? 현상의 강도가 코스피 소형주 지수에서 크게 나타나는지 궁금해진다. 그렇다면 코스피 대형주 지수와 코스피 소형주 지수를 각각 분석해본 후 이 궁금증을 풀어보자.

표 4-3과 표 4-4을 확인해보자. 예상이 맞았다. 코스피 대형주 지수에서는 연휴 전 5거래일에서 평균적인 코스피 대형주 지수 5거래일 수익률인 +0.10%과 비교해보았을 때 −0.06%로 차이가 작았다. 그러나 코스피 소형주 지수 연휴 전 5거래일 수익률은 −0.14%로 평균적인 코스피 소형주 지수 5거래일 수익률인 +0.12%에 비해서 더 많이 낮았다.

일반적으로 개인투자자들은 주로 소형주 위주로 매매하는 경향이 있다. 연휴 전 주식을 매도하는 것은 기관투자자보다는 개인투자자들이 주로 한다. 때문에 연휴 전 5거래일 수익률이 소형주에서 크게 낮아지는 현상은 어느 정도 해석이 가능하다. 그렇다면 연휴 후에 강한 현상도 소형주에서 더 크게 나타나야 되지 않을까? 하지만 연휴 이후 5거래일 동안 강한 현상은 소형주뿐만 아니라 대형주에서도 비슷한 크기로 나타난다.

● 표 4-3. 명절 연휴 전후 5거래일 코스피 대형주 지수 수익률(임의 5거래일 수익률 : +0.10%)

연도	명절	전5거래일	후5거래일
2008	구정	3.82%	-0.62%
	추석	5.26%	-0.74%
2009	구정	-4.06%	6.78%
	추석	-3.04%	-0.05%
2010	구정	1.82%	2.09%
	추석	0.83%	2.13%
2011	구정	-0.68%	-4.97%
	추석	-3.01%	1.77%
2012	구정	4.64%	0.11%
	추석	-0.24%	-1.07%
2013	구정	-0.27%	1.71%
	추석	0.42%	0.12%
2014	구정	-1.63%	-1.21%
	추석	-1.17%	0.74%
2015	구정	0.90%	0.26%
	추석	-2.79%	2.87%
2016	구정	0.37%	-0.49%
	추석	-3.34%	2.68%
2017	구정	0.98%	-0.42%
	추석	0.06%	3.98%
산술평균		-0.06%	0.78%

● 표 4-4. 명절연휴 전후 5거래일 코스피 소형주 지수 수익률(임의 5거래일 수익률 : +0.12%)

연도	명절	전5영업일	후5거래일
2008	구정	2.24%	1.44%
	추석	4.67%	-4.19%
2009	구정	-2.30%	5.18%
	추석	-2.84%	0.90%
2010	구정	1.57%	2.08%
	추석	0.90%	2.25%
2011	구정	-1.07%	-1.70%
	추석	-2.95%	-2.10%
2012	구정	-0.99%	2.33%
	추석	-1.32%	1.45%
2013	구정	-0.48%	1.68%
	추석	0.16%	0.73%
2014	구정	-0.79%	0.87%
	추석	-0.36%	0.85%
2015	구정	2.34%	3.64%
	추석	0.15%	2.44%
2016	구정	0.68%	-4.66%
	추석	-1.91%	3.04%
2017	구정	-1.36%	-0.79%
	추석	0.90%	-0.82%
산술평균		-0.14%	0.73%

이번 장을 마치며

주식시장은 연휴 이전 5거래일 동안에는 약하고, 연휴 이후 5거래일 동안에는 강하다는 사실을 알았다. 그렇다면 무조건 연휴 5거래일 전에 주식을 매도했다가 연휴 후에 다시 주식을 매수하는 방식의 투자를 지속하면 높은 수익을 얻게 될까? 이러한 행동은 그렇게 좋아 보이지는 않는다. 매매비용(거래수수료, 세금, 매매호가 차이)을 고려해봤을 때 오히려 손해를 볼 확률이 높다. 그러면 이번 장에서 알아낸 현상을 어떤 방법으로 이용할 수 있을까? 어차피 매매할 예정의 주식이라면 명절 효과를 적절히 이용해볼 수 있다. 다음 몇 가지 방법을 살펴보자.

① 주식을 매수하려고 하는데 명절 연휴가 시작되기 5거래일 전이라면, 연휴가 시작되기 직전 종가까지 기다렸다 매수해보자.
② 주식을 매도하려고 하는데 명절 연휴가 시작되기 5거래일 전이라면, 이것저것 너무 고민하지 말고 매도하자.
③ 주식을 매도하려고 하는데 연휴가 끝난 직후라면, 일주일 정도 주식을 더 보유했다가 매도해보자.
④ 주식을 매수하려고 하는데 연휴가 끝난 직후라면, 이것저것 너무 고민하지 말고 주식을 매수해보자.

1. 명절 연휴 전에는 평균적인 주식시장보다 약하고, 연휴 이후에는 평균적인 주식시장보다 강한 현상이 존재한다.

2. 명절 연휴 전에 약한 현상은 코스피시장보다는 코스닥시장에서 그리고 대형주보다는 소형주에서 더 강하게 관찰된다.

3. 무조건 연휴 5거래일 전에 주식을 매도했다가 연휴 후에 매수하는 방법은 좋지 않다. 하지만 어차피 매매할 예정 주식이라면 명절 효과를 적절히 이용하면 수익률 향상에 도움이 된다.

14장

시가 베팅 vs. 종가 베팅, 무엇이 유리할까

Questions

1. 데이트레이딩은 수익 내기 쉬운 방법일까?

2. 데이트레이딩과 반대되는 방법으로 매매해보면 어떨까?

3. 주식을 아침에 매수하는 것과 오후에 매수하는 것 중 어느 것이 더 유리할까?

4. 반대로 매도할 때는 아침과 오후 중 언제가 유리할까?

데이트레이딩과 오버나잇트레이딩

1990년대 말부터 HTS가 널리 보급되었다. 주식 매매 수수료도 저렴해지고 인터넷을 이용하여 집에서 간편하게 매매할 수 있게 되면서 재미 있는 매매법이 유행하기 시작했다. 바로 데이트레이딩Day trading으로, 하루 동안의 가격 움직임을 이용해서 매매 차익을 내는 것을 목적으로 이루어지는 거래를 말한다. 데이트레이딩은 기본적으로 주식을 매수하면 매수한 당일 매도한다. 데이트레이딩을 즐겨하는 사람들을 데이트레이더Day trader라고 한다. 최근 들어서는 그 인기가 많이 시들었으나 1990년 대 말에서 2000년대 초에는 데이트레이딩의 인기는 하늘을 찌를 듯하였다. 하룻밤 사이에 무슨 일이 벌어질지 모르기 때문에 그날 주식을 다 팔고 다음 날로 넘어간다면, 리스크를 줄일 수 있다는 나름의 논리적 근 거도 가지고 있었다. 데이트레이더는 장 시작의 시가 부근이나 아침에 주로 매수가 이뤄진다. 반대로 장 막판이나 오후에는 주로 매도가 이뤄 진다. 그날 매수한 종목을 그날 모두 매도하기 때문이다.

데이트레이딩의 반대 매매법을 오버나잇트레이딩Overnight trading이라 고 할 수 있을까? 물론 장기투자나 가치투자라고 말하는 사람도 있다. 하지만 이 책에서 우리는 오버나잇트레이딩을 종가 부근에 매수하여 다음 날 시가 부근에 매도하는 매매 방법으로 데이트레이딩과 반대되는 매매법으로 정의하자.

오버나잇트레이딩으로 매매하는 사람들을 오버나잇트레이더Overnight trader라 부른다. 데이트레이더 입장에서는 아침 시초가보다 종가가 더 높아야 유리하다. 반대로 오버나잇트레이더 입장에서는 전일 종가보다 아침 시초가가 더 높아야 유리하다. 주로 데이트레이딩은 시가 부근에 매수하고, 오버나잇트레이딩은 종가 부근에 매수하기 때문이다.

하루 등락을 둘로 나누어서 살펴보자

주가지수든 개별 종목의 주가이든 하루 동안의 등락을 둘로 나눌 수 있다. 전일 종가에서 아침 시초가의 움직임이 첫 번째이고, 아침 시초가에서 당일 종가까지의 움직임이 두 번째이다. 이 책에서는 설명의 편의를 위해 전일 종가에서 당일 시초가 사이의 등락을 '갭^{gap} 등락', 당일 시초가에서 당일 종가 사이의 움직임을 '봉^{棒} 등락'으로 이름 붙였다.

이해를 돕기 위해 몇몇 거래일을 예로 들어보자.

2008년 1월 2일 코스피지수는 전일에 비해 43.68pt(포인트) 하락하며 장을 마쳤다. 이날은 전일 종가에 비해 5.68pt 하락 출발하였으며, 그 이후 당일 종가까지 38.00pt가 추가 하락하였다. 즉 2008년 1월 2일 등락은 −43.68pt로, 갭 등락 −5.68pt와 봉 등락 −38.00pt로 이루어진 것이다. 2008년 1월 3일의 등락은 −0.72pt로, 갭 등락 −19.01pt와 봉등락 +18.29pt로 이루어져 있다. 2008년 1월 4일 등락은 +11.17pt로 갭 등락 +0.81pt와 봉 등락 +10.36pt로 이루어져 있다. 이런 식으로 2008년 첫 거래일부터 2017년 마지막 거래일까지(총 2,477거래일) 갭 등락과 봉 등락의 상승 확률과 일평균 등락률을 살펴보도록 하자.

표 4-5를 보면 10년 동안(2008~2017년) 코스피지수는 570.36pt 상승했다. 하루하루 등락을 따졌을 때 상승 확률이 52.0%로 평균적으로 하루에 +0.02% 정도 상승했음을 알 수 있다. 이것은 그렇게 놀랄 만한 결과는 아니다. 놀라운 사실은 갭 등락 상승 확률이 무려 58.5%나 된다는 사실이다. 또 눈여겨볼 것은 봉 등락 상승 확률은 50%를 넘지 못하는

	갭 등락	봉 등락	등락
상승 횟수	1,450	1,172	1,287
하락 횟수	1,024	1,304	1,189
보합	3	1	1
상승확률	58.5%	47.3%	52.0%
평균 등락률	+0.07%	-0.05%	+0.02%

47.3%라는 점이다.

코스피지수는 아침에 상승 출발할 확률이 높으며, 장이 끝날 때는 아침 시작보다 하락해서 끝날 확률이 높다. 그러므로 승률 면에서 보면 오버나잇트레이더가 데이트레이더보다 더 유리하다.

평균 등락률도 살펴보자. 10년 동안(2008~2017년) 일평균 등락률은 +0.02%였다. 이는 갭 등락 +0.07%와 봉 등락 -0.05%로 이루어졌다. 등락률을 봐도 오버나잇트레이더가 더 유리하다.

이렇게 주식시장은 아침 시작할 때 상승해서 출발한 이후 장중에는 하락하는 현상이 존재한다. 이러한 현상을 필자는 '갭봉gap棒 효과'라고 부른다.

코스피지수의 갭봉 효과

갭봉 효과를 더 자세히 알아보기 위해 갭 등락, 봉 등락, 코스피 등락의 10년간 누적 그래프를 그려보자.

2007년 12월 28일 종가는 1,897.13pt이었으며, 2017년 12월 28일 종가는 2,467.49pt였다. 10년간 코스피지수는 570.36pt 상승하였으며, 그림 4-13에서 녹색 선으로 나타냈다. 그런데 누적된 갭 등락을 보면 무려 +3,193.24pt이다. 봉 등락 누적 값도 −2,622.88pt으로 절댓값이 어마어마하다.

● 그림 4-13. 코스피 등락, 갭 등락과 봉 등락 누적 그래프(2008~2017년)

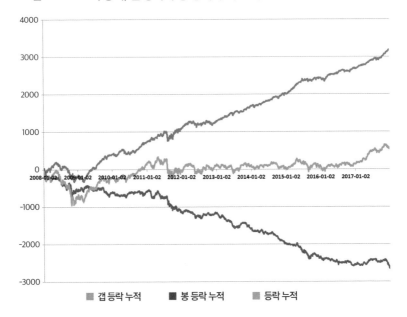

코스피지수는 장중 움직임만 구분해서 보면 엄청난 하락을 보였으며, 전일 종가에서 아침 시초가의 움직임만 보면 엄청난 상승을 보였다. 당연히 갭 등락 누적 그래프와 봉 등락 누적 그래프를 겹치면 코스피지수 등락 그래프(녹색 선)가 되게 된다. 그렇다면 이런 '갭봉 효과'는 코스피시장에만 존재할까? 똑같은 방법으로 코스닥시장을 분석해보자.

코스닥지수의 갭봉 효과

표 4-6을 얼핏 살펴봐도 코스피시장보다 갭봉 효과가 더 강하게 나타나고 있음을 알 수 있다. 코스닥지수는 10년 동안 94.19pt 상승하였다. 하루하루 등락을 따졌을 때 상승할 확률이 55.3%로 52.0%인 코스피지수보다 높으며, 하루에 평균적으로 0.015% 정도 상승했음을 알 수 있다. 갭 등락이 상승일 확률이 무려 81.6%라는 점을 눈여겨봐야 한다(코스피

● 표 4-6. 코스닥지수 갭 등락과 봉 등락 통계(2008년 1월~2017년 12월)

	갭 등락	봉 등락	등락
상승 횟수	2,021	996	1,367
하락 횟수	454	1,476	1,107
보합 횟수	2	5	3
상승확률	81.6%	40.2%	55.3%
등락률	0.30%	-0.29%	0.015%

지수 갭 등락 상승일 확률 58.5%에 비해서 훨씬 높은 확률이다. 표 4-6 참조).

"코스닥지수는 십중팔구 아침 시초가 상승 출발한다"라는 말을 누가 한다면 이는 옳은 말이다. 누군가 필자에게 내일 아침 코스닥지수가 어떻게 될지 예상해보라고 하면 필자는 이것저것 따지지 않고 그냥 상승해서 출발할 것 같다고 대답할 것이다. 많은 투자자가 내일 시장이 올라서 시작할지를 알아내기 위해 많은 분석을 한다. 하지만 아무리 분석을 한다고 80%의 확률을 뛰어넘긴 어렵다. 코스닥지수의 경우 그냥 다음 날 시초가 상승에 베팅하면 80%는 맞는다.

봉 등락을 살펴보자. 상승할 확률은 40.2%이다. 누군가 필자에게 아침 장 시작 직후에 전화를 걸어와 오늘 코스닥지수가 어떻게 될 것 같으냐고 묻는다면 "오늘은 지금보다 더 떨어져서 끝날 것 같습니다"라고 대답할 것이다. 그러면 맞힐 확률이 60%이다.

평균 등락률을 보자. 코스닥지수 평균 갭 등락률이 +0.30%로, 코스피지수의 평균 갭 등락률 +0.07%에 비하여 약 4배 강하다. 코스닥지수의 평균 봉 등락률은 −0.29%로, 코스피지수의 평균 봉등락률 −0.05%에 비해서 절댓값이 약 6배 크다. 이렇게 '갭봉 효과'는 코스닥시장에서 더 강하게 나타난다. 코스닥지수 역시 갭 등락과 봉 등락으로 나누어서 누적 그래프를 그려보면 그림 4-14가 나온다.

코스닥지수 2007년 12월 28일 종가는 704.23pt였으며, 2017년 12월 28일 종가는 798.42pt였다. 10년간 코스닥지수는 94.19pt 상승하였으며 그림 4-14에서 녹색으로 나타냈다. 하지만 갭 등락을 누적하면 무려 +4,068.36pt이며, 봉 등락 누적도 무려 −3,974.17pt이다. 당연히 갭 등

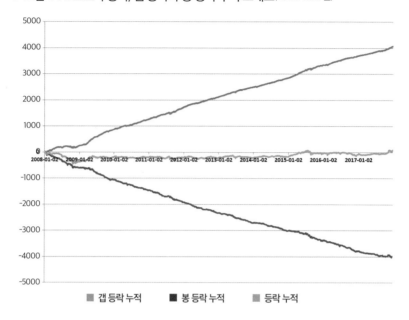

■ 갭 등락 누적 　　■ 봉 등락 누적 　　■ 등락 누적

락 누적 그래프와 봉 등락 누적 그래프를 겹치면 10년 동안 94.19pt 상승한 코스닥지수 등락 그래프(녹색선)가 된다. 그림 4-13과 그림 4-14를 비교해보면 코스피지수에 비해 코스닥지수의 '갭봉 효과'가 훨씬 강하게 작동함을 알 수 있다. 코스닥지수의 갭 등락 누적 그래프와 봉 등락 누적 그래프를 보면 마치 1차 함수의 선형 그래프처럼 보인다.

소형주에서 갭봉 효과는 더 강하게 나타날까

'갭봉 효과'가 코스피시장보다는 코스닥시장에서 더 강하다는 사실을 알았다. 코스닥시장은 소형주 위주로 구성되어 있다. 그렇다면 '갭봉 효과'는 소형주에서 더 강하게 나타나는 현상은 아닐까? 한국거래소에서 발표하는 코스피 대형주 지수, 코스피 중형주 지수, 코스피 소형주 지수가 있는데, 이 3개의 지수를 각각 분석해보면 알 수 있다. 그럼 먼저 코스피 소형주 지수에서도 코스닥 수준으로 갭봉 효과가 강하게 나타나는지 알아보자.

표 4-7을 보자. 평균 갭 등락률을 확인해보면 대형주, 중형주, 소형주로 갈수록 0.06%, 0.08%, 0.18%로 절댓값이 커지고 있다. 또한 봉 등락의 평균 등락률도 대형주, 중형주, 소형주로 갈수록 −0.04%, −0.07% −0.15%로 역시 절대 값이 커지고 있다. '갭봉 효과'는 대형주보다 소형

● 표 4-7. 코스피 대형, 중형, 소형 갭봉 효과

	코스피 대형주 지수			코스피 중형주 지수			코스피 소형주 지수		
	갭 등락	봉 등락	등락	갭 등락	봉 등락	등락	갭 등락	봉 등락	등락
상승 횟수	1,414	1,172	1,278	1,579	1,216	1,339	1,966	1,119	1,424
하락 횟수	1,058	1,303	1,198	897	1,261	1,137	509	1,357	1,052
보합 횟수	5	2	1	1	0	1	2	1	1
상승확률	57.1%	47.3%	51.6%	63.7%	49.1%	54.1%	79.4%	45.2%	57.5%
등락률	0.06%	-0.04%	0.02%	0.08%	-0.07%	0.01%	0.18%	-0.15%	0.02%

주에서 더 강하게 나타난다. 코스닥지수가 코스피지수보다 '갭봉 효과'
가 더 강하게 나타나는 이유도 코스닥지수에 소형주가 더 많이 편입되
어 있기 때문이다.

대형주 지수보다는 중형주 지수가, 중형주 지수보다는 소형주 지수
에서 더 '갭봉 효과'가 강하게 나타나는 모습을 다음 세 그래프(그림 4-15,
4-16, 4-17)를 통해 시각적으로 확인해보자.

● 그림 4-15. 코스피 대형주 지수 갭봉 효과

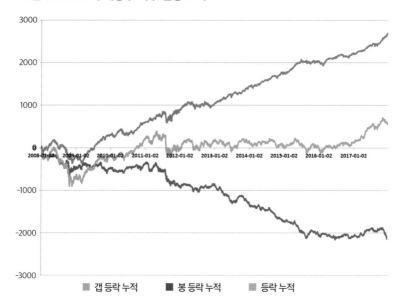

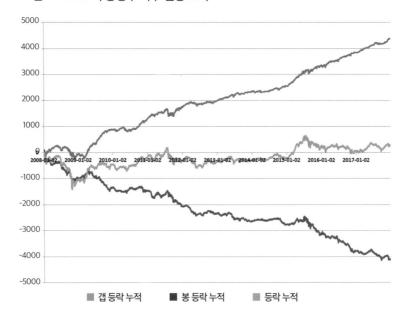

● 그림 4-16. 코스피 중형주 지수 갭봉 효과

■ 갭 등락 누적   ■ 봉 등락 누적   ■ 등락 누적

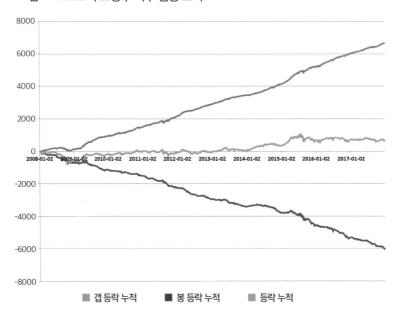

● 그림 4-17. 코스피 소형주 지수 갭봉 효과

■ 갭 등락 누적   ■ 봉 등락 누적   ■ 등락 누적

다른 나라의 주식시장에서도 '갭봉 효과'가 존재할까

갭봉 효과는 한국 시장에만 존재할까? 이를 알아보기 위해 필자는 13개의 해외 주가지수를 확인하였다. 13개의 지수 중 11개의 지수에서 갭봉 효과가 존재함을 알게 되었다. 대다수의 해외 시장에서도 갭봉 효과가 존재했지만, 1개의 지수(벨기에BEL-10)에서는 갭봉 효과에 관련한 특별한 현상을 관찰할 수가 없었다. 또한 특이하게 중국상해종합지수는 갭봉 효과가 반대로 적용되고 있었다.

지면 관계상 모든 그래프를 다 넣을 수 없기 때문에 중국상해종합지수, 일본NIKKEI225, 대만가권, 독일DAX, 인도SUNSEX 지수의 그래프만을 소개하려고 한다.

'갭봉 효과'는 한국뿐만 아니라 세계적인 현상이라는 점이 신기하다. 하지만 중국의 상해종합지수는 갭 등락으로 하락하고 봉 등락으로 상승한다. 다른 나라와 반대로 나타나는 이유가 무엇일까? 중국상해시장의 거래제도는 당일 매수한 주식을 당일 매도하지 못하게 하고 있다.

● 표 4-8. 해외 다양한 지수에 대한 '갭봉 효과' 존재 여부

갭봉 효과 존재	일본NIKKEI225, 대만가권, 독일DAX, 인도SUNSEX, 폴란드WIGI, 오스트리아ATX, 포르투갈PSI20, 네덜란드AEX, 헝가리BUX, 터키ISE, 태국SET
갭봉 효과 없음	벨기에BEL-10
갭봉 효과 반대로 존재	중국상해

하지만 당일 매도한 종목을 당일 매수하는 것은 가능하다. 제도 자체에서 데이트레이딩은 금지되어 있지만, 오버나잇트레이딩은 가능하다. 이런 특이한 거래제도 때문에, 갭봉 효과가 다른 나라와 반대로 나타나고 있는 것이다.

● 그림 4-18. 중국상해종합지수 (역)갭봉 효과(2013~2017년)

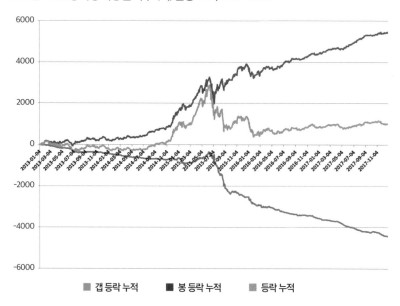

● 그림 4-19. 일본 NIKKEI225지수 갭봉 효과(2013~2017년)

■ 갭 등락 누적　　■ 봉 등락 누적　　■ 등락 누적

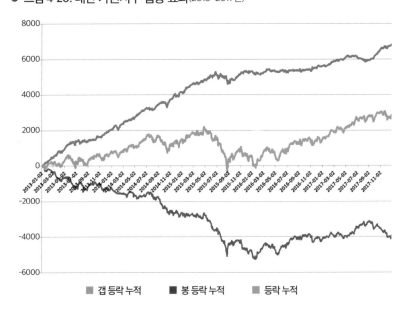

● 그림 4-20. 대만 가권지수 갭봉 효과(2013~2017년)

■ 갭 등락 누적　　■ 봉 등락 누적　　■ 등락 누적

● 그림 4-21. 독일 DAX지수 갭봉 효과(2013~2017년)

■ 갭 등락 누적   ■ 봉 등락 누적   ■ 등락 누적

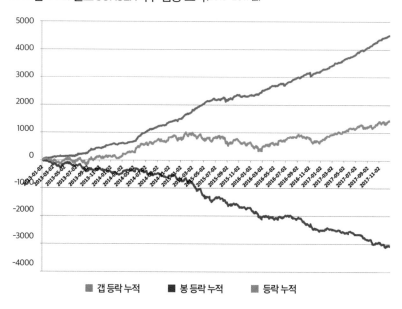

● 그림 4-22. 인도 SUNSEX지수 갭봉 효과(2013~2017년)

■ 갭 등락 누적   ■ 봉 등락 누적   ■ 등락 누적

이번 장을 마치며

주식시장은 아침에 강하게 출발한 이후 장중에는 약하게 움직이는 현상이 있음을 알았다. 하지만 다음 날 오를 확률이 높은 종목을 종가 부근에 매수하여 다음 날 오전에 매도하는 오버나이트레이딩은 큰 수익을 낼 수 있을까? 한국 시장에는 매도 시 거래세가 존재한다. 만약 이 거래세가 없어진다면 오버나이트레이딩은 제법 괜찮은 매매법이라는 생각이 든다. 하지만 엄청난 거래세가 존재하는 한 오버나이트레이딩은 크게 유익해 보이지는 않는다. 물론 데이트레이딩보다는 훨씬 유리하지만 말이다.

'갭봉 효과'를 매매에 어떤 식으로 이용하면 좋을까? 필자는 거래세가 없는 코스닥150지수를 추종하는 ETF로 매매를 시도해보았다. 또한 레버리지가 큰 코스닥150지수선물을 이용하여 매매를 시도해보기도 했다. 하지만 낮은 유동성과 높은 슬리피지로 인해 수익 내기가 쉽지 않았다. 이번 장에서 알게 된 '갭봉 효과'는 다음 세 가지 방법으로 이용할 수 있다.

① 만약 매수하려는 주식이 있는데 현재 시장이 개장한 지 얼마 되지 않았다면, 바로 매수하기보다는 오후에 매수해보자(소형주에서 더 유용하다).

② 만약 매도하려는 주식이 있는데 현재 시장의 종료가 얼마 남지 않았다면, 바로 매도하기보다는 다음 날 아침까지 매도를 미뤄보자

(역시 소형주에서 더 유용하다).

③ 중국상해 주식은 앞에서 얘기한 것과 반대로 매수할 때는 오전에
　하고, 매도할 때는 오후에 하는 습관을 가져보자.

14장 핵심 요약

1. 일반적인 주식시장은 아침에 상승 출발한 이후 장중에는 하락하는
　모습을 보이는 현상이 있다. 이를 필자는 '갭봉 효과'라고 부른다.

2. '갭봉 효과'는 대형주보다는 소형주에서 더 강하게 나타난다.

3. '갭봉 효과'는 한국 시장에서만 관찰되지 않고 세계 대다수의 주식
　시장에서 관찰된다(특이하게 중국 상해종합지수는 반대로 작동한다).

4. 되도록 오전에 매도 마인드를 갖고, 오후에는 매수 마인드를 갖
　는 방법으로 갭봉 효과를 이용할 수 있다(중국상해 종목을 매매할 때
　는 반대로 해야 한다).

15장

요일에 따른
주가 움직임

Questions

1. 특별히 주식시장에서 수익률이 좋은 요일이 존재할까?

2. 반대로 특별히 주식시장에서 수익률이 저조한 요일이 존재할까?

3. 아침 시작을 강하게 시작하는 특이한 요일이 있지 않을까?

4. 미국과 유럽 시장의 요일별 특성이 한국 시장에 영향을 미치지 않을까?

요일별로 수익률 패턴이 존재할까

일주일은 왜 굳이 7일일까? 우리 손가락이 10개이니 10일을 일주일로 정해서 살아가는 것이 오히려 더 편하지 않았을까? 일주일이 7일로 결정된 이유에 여러 가지 설이 있다. 그중 하나는 유대교의 안식일에서 파생되었다는 것이다. 창조주께서 6일에 걸쳐서 천지를 창조하셨고 하루 쉬셨다는 얘기는 기독교 경전에도 나와 있다.

또 다른 설은 천체와 관련되어 있다. 과거 사람들은 별을 제외하고 7개의 천체가 있다고 믿어 일주일이 7일이 되었다고 한다. 과거에 몇몇 나라는 일주일을 10일이나 5일로 바꿔보려고 시도해보았지만 쉽지 않았다. 사람들의 습관 때문에 모두 실패하고 말았다. 그만큼 습관이란 쉽게 바뀌지 않는다.

주식시장도 일주일 단위로 열린다. 1998년 12월 7일 이전까지는 토요일 포함하여 일주일에 총 6일 시장이 열렸으나 현재 토요일은 시장이 열리지 않아 일주일에 총 5일 시장이 열린다. 일주일에 6일이 열리든 5일이 열리든 일주일 단위로 시장이 움직이는 건 변함이 없다. 주식시장도 일주일 단위로 움직이고, 주식시장을 움직이는 주체인 투자자들도 일주일 주기로 생활하고 있다. 그렇다면 시장 참여자들이 일주일 주기에 대한 어떤 습관이 존재한다면, 주식시장에도 요일에 따른 어떤 패턴이 존재하지 않을까?

이런 생각을 필자만 한 것은 아니다. 세상은 넓고 똑똑한 사람들은 많다. 이미 오래전에 '요일 효과'라는 용어가 존재했다. 요일 효과의 본래 의미는 미국 시장에서 금요일에 강하고 월요일에 약한 현상을 의미하는 것이었다. 그렇다면 한국 시장은 어떨까? 과거에 한국 시장을 분석한 논문을 참고해보자. 김동희, 성정현의 2005년 논문 〈한국 시장 요일 효과에 관한 연구〉⁴⁴ (이하 한국 요일 효과 논문)의 내용을 살펴보면 한국 시장은 과거 토요일에 장이 열렸을 때는 토요일이 특히 강한 요일이었음을 알 수 있다. 또한 월요일이 가장 약한 요일이었다. 이 논문에 나와 있는 표를 그대로 옮기면 표 4-9와 같다.

이 논문에 따르면 1983~2002년까지 20년간 전체 거래일은 일일 평균 0.029% 상승하였으나, 토요일 0.097% 상승하여 일반적인 경우보다 3배 이상 강한 요일이었음을 알 수 있다. 또한 월요일은 소폭의 마이너스를 보이고 있으며 가장 약한 요일이었다. 미국 시장에서 금요일에 강하고

● 표 4-9. 요일별 코스피지수 등락률 분석

· 분석 데이터 : 1983년 1월 5일~2002년 12월 30일, 20년간 5,666거래일
· 출처: 김동희, 서정현, 〈한국 시장 요일 효과에 관한 연구〉

요일	평균 수익률
월	-0.045%
화	-0.003%
수	0.068%
목	0.023%
금	0.046%
토	0.097%
전 거래일	0.029%

---

44 김동희, 서정현, 〈한국 시장 요일 효과에 관한 연구〉, 대한경영학회지, 2005, 18권 6호, pp. 2477-2508

월요일에 약한 현상이 한국 시장에서는 토요일에 강하고 월요일에 약한 현상으로 나타나고 있었음을 알 수 있다. 현재 토요일은 주식시장이 열리지 않기 때문에 토요일을 제외하고 한국에서 가장 강한 요일은 수요일이었다. 하지만 제레미 시겔Jeremy Siegel은 저서 《주식에 장기투자하라》(이건 역, 신진오 감수, 이레미디어, 2015)에서 1995년 이후 미국 시장에서 월요일과 금요일의 수익률이 역전되었다고 밝히고 있다. 월요일은 화요일에 이어 두 번째로 수익률이 좋은 요일이 되었고, 금요일 수익률은 최저가 되었다는 것이다.

코스피지수의 요일 패턴은 어떨까

우리는 최근 10년 동안(2008~2017년) 자료를 분석하여 요일 효과가 한국에서 여전히 존재하는지 알아보자. 만약 요일별 수익률이 바뀌었다면 어떻게 변화되었는지도 살펴보자.

표 4-9와 표 4-10을 비교해보자. 한국에서도 요일 효과의 변화가 발생했다. 월요일은 과거에도 계속 약했지만, 지금도 여전히 약한 요일 중 하나이다. 가장 눈에 띄는 변화는 금요일이다. 앞에서 언급한 한국 요일 효과 논문에서 금요일은 +0.046%의 평균 수익률을 보였으나, 최근 10년간은 두 번째로 약한 요일로 −0.031%의 평균 수익률을 보이고 있다.

추가적인 연구를 해보자. 우리는 앞에 장에서 갭봉 효과에 대해서 알아보았다. 이번에는 각 요일별로 갭 등락과 봉 등락으로 나누어서 통계

• 분석 데이터 : 2008년 1월 2일~2017년 12월 29일, 10년간 2,477거래일

요일	평균 등락률
월	-0.052%
화	0.053%
수	0.110%
목	0.011%
금	-0.031%
전 거래일	0.018%

를 내보고, 요일별 갭봉 효과를 그래프로 그려보자. 이런 분석을 하는 이유는 어떤 요일의 갭 등락률이나 봉 등락률에서 특별히 더 강하거나 약한 현상을 발견할 수 있지 않을까라는 기대감 때문이다.

표 4-11을 보면, 최근 10년간 수요일에 갭 등락이 특히 강했다는 사실을 알 수 있다. 월요일, 금요일이 수익률이 좋지 못한 현상은 갭에서 발생한 것이 아니라 봉에서 발생하였다. 월요일과 금요일은 다른 요일에 비해서 봉 등락의 마이너스 폭이 크다. 일본식 봉 차트로 말하면 음봉[45] 나올 확률이 높거나 음봉의 길이가 길게 나온다는 의미이다. 요일별 갭 등락과 봉 등락을 구분한 그래프를 그려서 확인해보자.

---

45 음봉, 양봉이라는 용어는 일본식 봉 차트에서 유래되었다. 종가가 시가보다 낮으면 음봉이라고 하고 종가가 시가보다 높으면 양봉이라고 한다.

● 표 4-11. 요일별 코스피지수 수익률 분석, 갭 등락과 봉 등락 구분

• 분석 데이터 : 2008년 1월 2일~2017년 12월 28일, 10년간 2,477거래일

요일	갭 등락	봉 등락	평균 등락률
월	0.047%	-0.100%	-0.052%
화	0.042%	0.013%	0.053%
수	0.151%	-0.039%	0.110%
목	0.054%	-0.044%	0.011%
금	0.058%	-0.087%	-0.031%
전 거래일	0.070%	-0.051%	0.018%

월요일 : 10년 동안 월요일은 총 493거래일이었으며 월요일 등락의 총합은 -629.13pt이었다. 갭 등락은 +371.20pt이며, 봉 등락은 -1,000.33pt였다. 갭 등락과 봉 등락을 합하면 월요일 등락 총합이 나온다. 월요일의 10년 동안의 특징은 갭 등락이 플러스이긴 하지만 다른 요일에 비해 상대적으로 약한 편이라는 점과 봉 등락이 2008~2011년까지는 크게 약한 징후는 없었으나 2011년 이후 매우 약해졌다는 점이다. 월요일의 음봉 발생 비율은 57.00%였다(그림 4-23 참고).

화요일 : 10년 동안 화요일은 총 500거래일이었으며 화요일 등락의 총합은 +554.16pt이었다. 갭 등락은 +512.12pt이며, 봉 등락은 +42.04pt이다. 갭 등락과 봉 등락을 합하면 화요일 등락의 총합이 나온다. 과거 10년간 화요일은 데이트레이더에게는 가장 좋은 요일이었을 것이다.

● 그림 4-23. 코스피지수 월요일 갭 등, 봉 등락 구분(2008년 1월~2017년 12월)

■ 갭 등락 누적   ■ 봉 등락 누적   ■ 등락 누적

● 그림 4-24. 코스피지수 화요일 갭 등락 봉 등락 구분(2008년 1월~2017년 12월)

■ 갭 등락 누적   ■ 봉 등락 누적   ■ 등락 누적

유일하게 봉 등락이 플러스인 요일이었기 때문이다(그림 4-24 참고).

수요일 : 10년 동안 수요일은 총 495거래일이었으며, 수요일 등락의
총합은 +838.78pt였다. 갭 등락은 무려 +1,265.68pt이며, 봉 등락은
−426.90pt였다. 갭 등락과 봉 등락을 합하면 수요일 등락의 총합이 나
온다(그림 4-25 참고). 한국 요일 효과 논문을 보면 이전 20년 기간의 통계
에서 토요일을 제외한 가장 강한 요일은 수요일이었다(표 4-9 참고). 이
제 토요일은 더 이상 주식시장이 열리지 않는다. 우리가 분석한 2008년
부터 2017년까지 10년 동안의 통계에서도 수요일은 가장 강한 요일이
다. 그때나 지금이나 수요일이 강한 요일이라는 점은 의미가 있어 보인

● **그림 4-25. 코스피지수 수요일 갭 등락, 봉 등락 구분**(2008년 1월~2017년 12월)

다. 하지만 주의할 점은 이렇게 수요일이 강한 이유는 봉 등락 때문이 아니라 갭 등락 때문이라는 점이다. 수요일 등락이 높다고 하여 수요일 오전에 주식을 매수한들 아무런 이득도 누리지 못한다. 수요일 역시 상 승 출발 이후 장중에는 하락할 확률이 높은 요일이다.

목요일 : 10년 동안 목요일은 총 499거래일이었으며, 목요일 등락의 총 합은 +147.69pt이었다. 갭 등락은 +534.99pt이며, 봉 등락은 −387.30pt 였다. 갭 등락과 봉 등락을 합하면 목요일 등락의 총합이 나온다(그림 4-26 참고). 목요일은 가장 특징이 없는 요일로 보인다. 굳이 한 가지 특 징을 말하자면 2014년 이후 갭 등락에서 플러스 비율이 매우 높아졌다.

● 그림 4-26. 코스피지수 목요일 갭 등락, 봉 등락 구분(2008년 1월~2017년 12일)

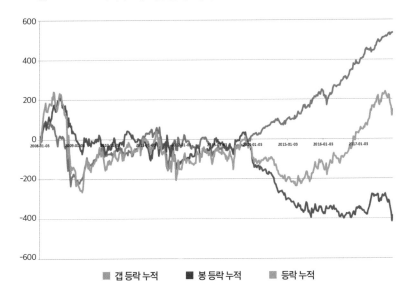

금요일 : 10년 동안 금요일은 총 490거래일이었으며, 금요일 등락의 총합은 −328.11pt이었다. 갭 등락은 +518.95pt이며, 봉 등락은 −847.06pt였다. 갭 등락과 봉 등락을 합하면 금요일 등락의 총합이 나온다. 봉 등락이 상당히 약한 요일이 금요일이다. 그림 4−27의 그래프에서 붉은색 선으로 표시된 금요일 봉 등락 누적이 일관되게 하락하는 모습이 인상적이다.

금요일의 이런 현상을 어떻게 이용하면 좋을지 생각해보자. 만약 보유 중인 코스피 종목을 매도할지 말지 고민인데 마침 현재 금요일 오전이라면 그냥 고민하지 말고 매도하는 것이 좋은 방법일 듯하다. 또 반대로 코스피 종목을 매수할지 말지 고민인데 마침 현재 금요일 오전이라

● 그림 4-27. KOSP지수 금요일 갭 등락, 봉 등락 구분(2008년 1월~2017년 12월)

면 매수를 미루는 것도 좋은 방법이다.

코스피200지수선물이나 옵션투자자 입장이라면 금요일 오전에는 가능하면 매수 포지션을 삼가는 것이 좋다. 또한 매도 포지션을 구성할지 고민하고 있는데, 마침 금요일 오전이라면 과감히 매도 포지션을 구성해보는 것도 좋은 방법이다.

코스닥지수의 요일 패턴은 어떨까

지금까지 코스피지수에서 요일 효과를 확인해보았다. 이제부터는 코스닥지수의 요일 효과에 대해 알아보자.

표 4-12를 보자. 월요일부터 금요일 모두 코스닥은 갭 등락이 플러스이고, 봉 등락은 마이너스이다. 소형주 지수나 코스닥지수에서 갭봉 효과가 강하게 나타난다는 사실을 14장에서 이미 살펴보았으므로 놀랄 만한 통계수치는 아니다. 그런데 요일별 특성은 코스피지수와 다르게 나타난다.

평균 등락률을 살펴보자. 코스피지수의 경우 금요일의 평균 등락률은 −0.031%로 두 번째로 약한 요일이었다. 그러나 코스닥지수는 오히려 금요일의 평균 등락률이 +0.112%로 다른 요일들에 비해 가장 강한 요일이었다. 전체 평균 등락률 +0.015% 임을 고려해보았을 때 금요일의 평균 등락률 +0.112%는 약 7.5배 더 강하다.

• 분석 데이터 : 2008년 1월 2일~2017년 12월 28일, 10년간 2,477거래일

요일	갭 등락	봉 등락	평균 등락률
월	0.301%	-0.435%	-0.134%
화	0.248%	-0.261%	-0.016%
수	0.376%	-0.292%	0.080%
목	0.300%	-0.266%	0.033%
금	0.293%	-0.178%	0.112%
전 거래일	0.303%	-0.286%	0.015%

월요일의 코스닥지수는 다른 요일에 비해 수익률이 가장 안 좋은 요일이다. 월요일 수익률이 안 좋은 주된 이유는 봉 등락 때문이다. 갭 등락은 +0.301%로 전체 평균과 큰 차이가 없다. 그러나 봉 등락으로 무려 -0.435%를 보인다.

코스닥지수의 각 요일별 갭봉 효과 그래프를 그려보자.

월요일 : 10년간 월요일은 총 493거래일이었으며 월요일 등락의 총합은 -437.98pt이었다. 갭 등락은 +754.39pt이며, 봉 등락은 -1,192.37pt였다. 갭 등락과 봉 등락을 합하면 월요일 등락 총합이 나온다(그림 4-28 참고).

월요일 봉 등락은 일관되게 10년 동안 약했다. 앞에서 살펴봤듯이 월

● 그림 4-28. 코스닥 월요일 갭 등락, 봉 등락 구분(2008년 1월~2017년 12월)

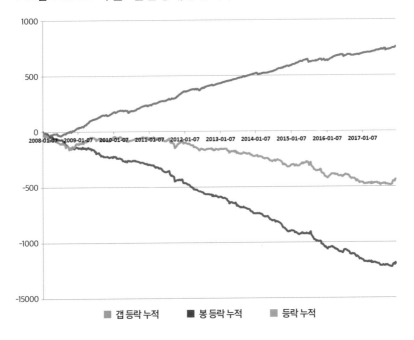

요일의 평균 봉 등락률도 −0.435%로 다른 요일에 비해 가장 약한 날이다.

493거래일 중에 327거래일이 봉 등락이 마이너스로 66.33% 비율로 음봉이 나오는 요일이었다. 특별한 이유가 아니라면 월요일 아침 코스닥 종목을 매수하는 행동은 최악의 행동으로 보인다.

화요일 : 10년 동안 화요일은 총 500거래일이었으며, 화요일 등락의 총합은 −60.5pt이었다. 갭 등락은 +719.25pt이며, 봉 등락은 −779.75pt

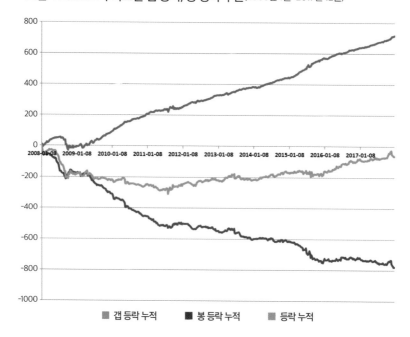

이다. 갭 등락과 봉 등락을 합하면 화요일 등락의 총합이 나온다. 화요일은 갭 등락이 플러스이기는 하지만, 다른 요일에 비해서 가장 약한 요일이다.

수요일 : 10년 동안 수요일은 총 495거래일이었으며 수요일 등락의 총합은 +185.04pt였다. 갭 등락은 +983.33pt이며 봉 등락은 −798.29pt였다. 갭 등락과 봉 등락을 합하면 수요일 등락의 총합이 나온다.

코스피지수에서 갭 등락이 가장 강한 요일이 수요일이었는데, 코스닥

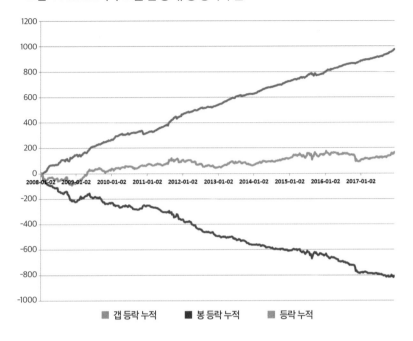

지수에서도 이 현상은 그대로 나타난다.

목요일 : 10년 동안 목요일은 총 499거래일이었으며, 목요일 등락의 총합은 +135.424pt였다. 갭 등락은 +843.24.63pt이며, 봉 등락은 −707.82pt였다. 갭 등락과 봉 등락을 합하면 목요일 등락의 총합이 나온다.

금요일 :10년 동안 금요일은 총 490거래일이었으며, 금요일 등락의 총

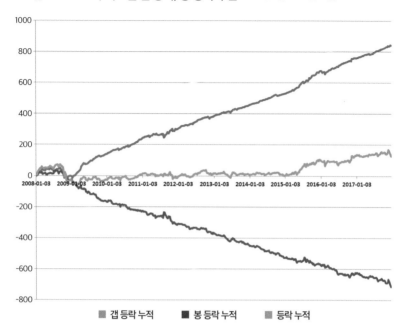

합은 +272.21pt였다. 갭 등락은 +768.15pt이며, 봉 등락은 −495.94pt였다. 갭 등락과 봉 등락을 합하면 금요일 등락의 총합이 나온다(그림 4-32 참고). 코스피시장에서 금요일은 두 번째로 약한 요일이었으나 코스닥시장에서 금요일은 가장 강한 요일이다. 금요일은 갭 등락 면에서는 다른 요일들과 비슷한 수준이나 봉 등락의 마이너스의 강도가 다른 요일보다 작다. 특히 금요일 봉 등락 하락률 평균은 월요일 봉 등락 하락률 평균의 절반도 되지 않는다.

● 그림 4-32. 코스닥 금요일 갭 등락, 봉 등락 구분(2008년 1월~2017년 12월)

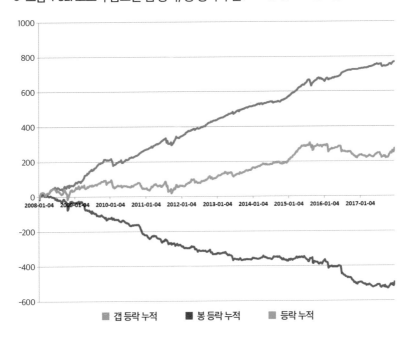

코스피 대형, 중형, 소형주 지수의 요일 패턴은 어떨까

이제 코스피 대형주, 중형주, 소형주 지수로 구분하여 요일별 등락률을 알아보도록 하자. 이제부터는 각 요일별로 갭 등락과 봉 등락의 그래프를 다 그리지는 않았다. 대신 요일별 등락률을 막대그래프로 나타내는 정도로 간단하게 살펴보자. 그림 4-33, 그림 4-34, 그림 4-35가 그 그래프이다. 코스피지수에서 월요일이 수익률이 가장 안 좋은 요일이었다. 그런데 코스피지수를 대형주, 중형주, 소형주 지수로 나누어서 각

● 그림 4-33. 코스피 대형주 요일별 등락률

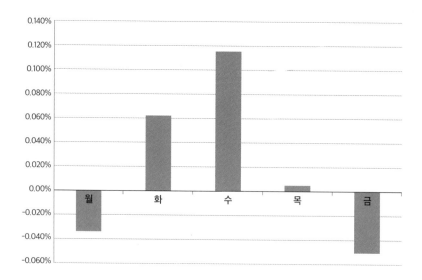

● 그림 4-34. 코스피 중형주 요일별 등락률

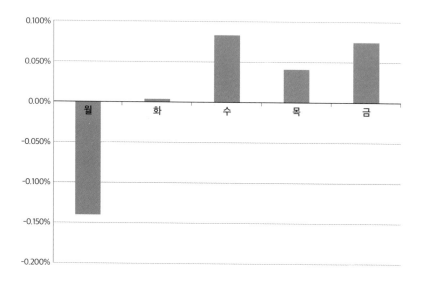

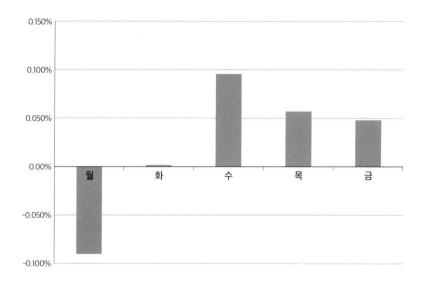

각 살펴보니 월요일에 수익률이 안 좋은 현상은 대형주 지수에 비해 중형주와 소형주 지수에서 크게 나타났다.

코스피지수 전체로 보았을 때는 금요일이 수익률이 두 번째로 안 좋은 요일이었다. 그런데 대형주, 중형주, 소형주 지수로 나누어서 각각 살펴보았더니 상황이 달라졌다. 금요일의 수익률이 좋지 않은 것은 오직 대형주 지수뿐이다.

결국 코스피지수 전체가 금요일 수익률이 저조했던 현상은 오직 시가총액이 큰 대형주 종목들의 하락 때문임이 밝혀졌다. 중형주나 소형주는 금요일에 하락하는 현상이 없었다. 대형주는 금요일이 최악의 요일이며, 중형주나 소형주 입장에서는 월요일이 최악의 요일이다.

수요일 마법의 비밀

코스피 대형주, 중형주 소형주 지수 모두에게 동일하게 나타나는 현상이 있다. 세 지수 모두 수요일이 최고의 수익률을 보여주는 요일이란 점이다. 과거 1983년부터 2002년의 데이터를 분석한 한국 요일 효과 논문에서도 토요일을 제외하고 가장 높은 수익률을 보여준 요일은 수요일이었다. 수요일이 무슨 마법의 요일이라도 되는 것일까? 해외시장의 요일별 등락률을 확인해보면서 어느 정도 해답을 찾을 수 있었다. 먼저 표 4-13과 그림 4-36을 통해 아시아 주요 4개 지수의 요일별 등락률을 확인해보자.

한국 주식시장만 수요일에 강한 것이 아니다. 4개 주요 시장 모두 10년 동안 수요일이 등락률이 가장 높은 요일이었음을 확인할 수 있다. 코스피시장뿐만 아니라 비슷한 시간대에 열리는 아시아 4개 주요 시장에서 모두 수요일은 강한 요일이었다. 하지만 미국 유럽은 상황이 다르다.

● 표 4-13. 아시아 4개 주요 지수 요일별 등락률(2008~2017년)

요일	일본 니케이225	대만 가권	홍콩 항생	중국 상해
월	0.007%	-0.001%	-0.001%	0.039%
화	-0.028%	-0.003%	-0.060%	-0.113%
수	0.130%	0.102%	0.079%	0.105%
목	0.052%	-0.002%	-0.003%	-0.126%
금	-0.016%	-0.016%	0.061%	0.070%

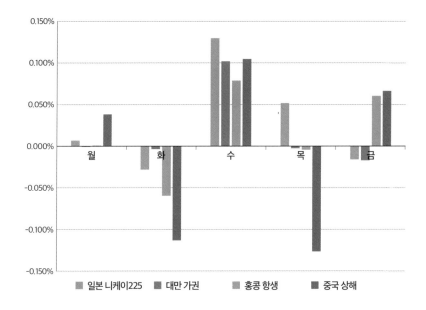

● 그림 4-36. 아시아 4개 주요 지수 요일별 등락률(2008~2017년)

일본 니케이225 대만 가권 홍콩 항생 중국 상해

이제는 표 4-14와 그림 4-37을 통해 유럽과 미국 시장을 확인해보자. 아시아 시장과는 다른 시간대에 열리는 미국과 유럽 시장은 수요일이 아니라 화요일이 가장 강한 요일임을 알 수 있다. 미국과 유럽 시장이 화요일에 강한 현상은 아시아 시장이 수요일에 강한 현상만큼 분명하게 나타난다.

앞에서 한국 시장 요일 분석에서 수요일이 강한 이유는 봉 등락 때문이 아니라, 갭 등락이 강하기 때문이라는 사실을 알았다(표 4-11, 표 4-12 참고). 한국 시장에서 수요일에 강한 이유에 대한 해답을 얻은 듯하다. 미국이나 유럽 시장이 화요일에 강하게 상승하여 마감하면 이에 영향을

● 표 4-14. 미국 및 유럽 4개 주요 지수 요일별 등락률(2008~2017년)

요일	미국 S&P500	독일 DAX	프랑스 CAC	영국 FTSE100
월	-0.015%	0.030%	-0.037%	-0.001%
화	0.110%	0.094%	0.062%	0.093%
수	0.002%	0.067%	0.057%	-0.014%
목	0.044%	-0.003%	-0.006%	-0.015%
금	0.015%	-0.044%	-0.032%	0.008%

● 그림 4-37. 미국 및 유럽 4개 주요 지수 요일별 등락률(2008~2017년)

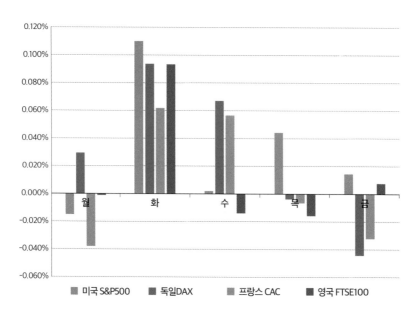

받아 한국 시장이 수요일 아침에 시초가가 강하게 형성되는 것이 주된 이유인 것으로 보인다. 이는 다른 아시아권 국가도 마찬가지다.

그러면 도대체 미국 및 유럽 시장은 왜 화요일에 수익률이 높은 것인가? 필자의 대답은 '모른다'이다. 혹시 독자 중에서 이유를 아시는 분이 있다면 필자에게 꼭 연락해주시기 바란다.

이번 장을 마치며

처음에 요일 효과라는 용어는 미국 시장에서 금요일이 강하고 월요일이 약한 현상을 의미하는 것이었다. 한국 요일 효과 논문[46]을 살펴보면, 1983년부터 2002년까지 코스피시장에서 최초 의미와 비슷하게 토요일에 강하고 월요일에 약한 현상이 존재했었다. 하지만 제레미 시겔 교수의 저서 《주식에 장기투자하라》에서는 1995년부터 미국 시장에서 금요일과 월요일의 수익률이 역전되었다고 하였다.

이번 장에서 분석한 코스피지수를 보면 2008년부터 2017년의 기간 동안 금요일의 수익률이 안 좋아졌음을 알아냈다. 미국 시장과 코스피지수에서 모두 원래 의미의 요일 효과가 바뀌어버렸다. 그런데 신기하게 봐야 할 것은 코스닥지수이다. 코스닥지수는 금요일에 강하고 월요

---

46 김동희, 서정현, 〈한국 시장 요일 효과에 관한 연구〉, 대한경영학회지, 2005, 18권 6호, pp. 2477-2508

일에 약하다는 원래 의미의 요일 효과가 아직도 계속 유지되고 있다(표 4-12 참고). 왜 코스닥지수만 원래 요일 효과 현상이 그대로 남아 있는 것일까? 코스닥시장이 원시적이어서 그럴까? 시장 참여자들이 주로 개인 투자자들로 이뤄져 있다 보니 시장 자체가 원시적일 가능성이 있다. 계량투자자들에게 원시적이라는 의미는 좋은 뜻이다. 원시적일수록 비효율적이며, 비효율적일수록 간단한 통계만으로도 돈을 벌 확률이 높기 때문이다. 지금까지 알아본 요일 효과를 어떤 식으로 이용할 수 있을까? 다음 4가지 정도로 이용할 수 있는 방법을 정리해봤다.

① 코스피 대형주는 금요일 오전에 매수하지 마라. 오후에 매수 가격보다 하락해 있을 확률이 높다.

② 1번과 같은 이유로 대형주 종목으로 구성되어 있는 코스피200지수의 선물옵션 투자자라면 금요일 장중에는 매도 포지션을 유지하면 수익이 날 확률이 높다(실제로 과거 10년 동안 코스피200지수선물을 아무 생각 없이 금요일마다 시초가에 매도해 종가에 청산해도 제법 수익이 괜찮다).

③ 코스피 중소형 종목 및 코스닥 종목은 월요일 오전에 매수하지 마라. 오후에 아마 매수 가격보다 하락해 있을 확률이 높다(중소형 종목 및 코스닥 종목에게 월요일 오전은 최악의 매수 타이밍이다).

④ 수요일 아침 상승을 기대하면서 화요일 종가에 공략할 만한 종목을 연구해보라. 다른 때보다 승률이 높다(이것은 아시아권 시장인 코스피, 코스닥, 대만가권, 홍콩항생, 중국상해, 일본 Nikkei 종목 모두 해당된다).

1. 요일마다 특정한 패턴이 존재할 것이라는 의문을 바탕으로 다양한 연구들이 존재한다.

2. 최초의 요일 효과라는 의미는 미국 시장에서 금요일에 강하고 월요일에 약한 현상을 의미했으나, 시간이 흐르면서 사라지거나 바뀌었다.

3. 코스피지수의 금요일에 약한 현상은 중·소형주와는 관계없고 오직 대형주 때문이다.

4. 한국 시장을 분석해보면 코스피지수는 수요일이 가장 강하며, 코스닥지수도 금요일 다음으로 강한 요일이 수요일이다.

5. 수요일이 강한 현상은 비슷한 시간대에 주식시장이 열리는 아시아 시장에서 모두 관찰된다. 그 이유는 미국과 유럽 시장에서는 화요일에 강한 현상이 아시아 시장에 영향을 미치기 때문이다.

16장

월말월초 효과

Questions

1. 한 달(약 20거래일) 중 수익률이 좋은 특정한 기간이 있을까?

2. 그런 기간이 있다면, 초과수익이 없어지지 않고 꾸준히 지속될 수 있을까?

'월말월초 효과'에 대한 다른 연구들

보통 한 달에 20일 정도의 거래일이 존재한다. 이 20일 중에 특별히 주식시장이 강한 날이 있을까? 요셉 라코니쇼크Josef Lakonishok와 세이

머 스미트[Seymour Smidt]는 1988년에 〈Are seasonal anomalies real? A ninety-year perspective(계절적 이래 현상이 실제로 존재하는가? : 90년 관점)〉라는 논문[47]을 통하여 매달 마지막 날을 첫째 날로 하여 총 4일간의 누적 수익률이 나머지 날의 누적 수익률보다 유의적으로 크게 나타난다는 사실을 발표하였다. 한국 주식시장을 연구한 논문으로는, 2014년에 금융기관 현직에 계시는 두 분(윤주영, 김동영 님)께서 〈월말월초 효과[Turn of the Month Effect] 현상을 활용한 투자전략에 관한 연구〉[48]라는 제목의 논문을 발표하였다. 이 논문에서는 월 마지막 거래일과 월 첫 번째 거래일에 수익률이 좋은 현상(이하 월말월초 효과)이 있음을 밝히고, 이를 이용하여 다양한 전략으로 수익률을 높일 수 있는 방법들을 소개하고 있다.

한국 시장에서의 '월말월초 효과'

이번 장에서는 과거 한국 시장의 데이터와 다양한 해외 시장의 데이터를 바탕으로, 월 마지막 거래일과 첫 번째 거래일의 수익률이 좋은 현상이 있는지에 대해서 알아보기로 한다. 다른 장과는 다르게 수집할 수 있는 범위 안에서 훨씬 오래전 과거부터의 자료를 이용하였다.

---

47 Josef Lakonishok and Seymour Smidt, 〈Are seasonal anomalies real? A ninety-year perspective〉, Review of Financial Studies, 1988 vol 1, 403-425.
48 윤주영, 김동영, 〈월말 월초효과(Turn of the Month Effect) 현상을 이용한 투자 전략에 관한 연구〉, 한국산업경제학회, 2014, 27권 1호 pp 369-388

우선 1991년부터 2017년까지의 총 27년간 코스피지수 전체의 일평균 수익률을 알아본다. 그리고 월 마지막 거래일과 월의 첫 번째 거래일(월 말월초일)의 일평균 수익률과 비교해보자.

표 4-15를 보면 월말월초의 산술평균 수익률은 전체 1일 산술평균 수 익률보다 10배 이상 높다(0.031% vs. 0.317%). 상승 거래일의 승률을 비교 해 봐도 월말월초가 더 높다. 매월 마지막 거래일과 첫 번째 거래일이 다 른 날에 비해서 더 수익률이 좋다는 것은 알았다. 과거 27년 동안 월말월 초 효과가 어떻게 작동되었는지 그래프를 통해 시각적으로 살펴보자.

● 표 4-15. 코스피지수 전체 성과와 월말월초일 성과의 비교

• 분석 기간 : 1991~2017년

구분	전체	월말월초일
거래일수	7,043	648
상승거래일수	3,631	381
상승거래일 비중	51.6%	58.8%
1일 산술평균 수익률	0.031%	0.317%

그림 4-38을 보자.

27년 동안(7,043거래일 동안) 코스피지수는 1,770.38pt 상승하였다 (녹색선). 이 중 월말월초일인 648거래일의 상승분을 모두 누적하면 1,867.27pt(파란색 선)이며 그 외의 거래일(6,395거래일) 동안의 상승폭은 −95.89pt(붉은색 선)로 오히려 하락하였다. 놀라운 사실이다. 월말월초일

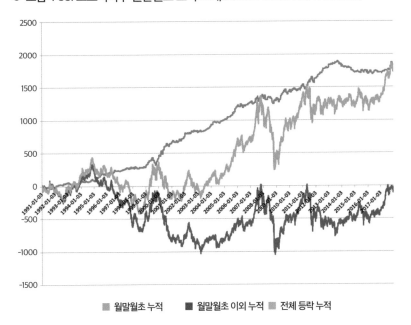

● 그림 4-38. 코스피지수 월말월초 효과 그래프(1991년 1월 3일~2017년 12월 28일)

■ 월말월초 누적　■ 월말월초 이외 누적　■ 전체 등락 누적

이외의 기간에는 주식을 보유하고 있어도 큰 의미가 없었다.

그러나 한 가지 문제가 있다. 그림 4-38의 파란색 선을 보면 2013년 9월 이전에 지속적으로 우상향하던 그래프가 2013년 9월을 기점으로 더 이상 우상향하지 못하고 있다. 즉 2013년 9월부터 아쉽게도 월말월초 효과가 사라진 것으로 보인다.

코스피지수 분석을 잠시 중단하고 코스닥지수를 분석해보자. 코스닥지수에서도 과연 월말월초 효과가 존재했었는지, 또 코스피지수에서처럼 코스닥지수에서도 최근 월말월초 효과가 사라졌는지 궁금해진다.

코스닥지수의 발표 시점은 1997년 1월 3일이다. 그리고 1년 후인 1998

구분	전체	월말월초일
거래일수	4,987	480
상승거래일수	2,685	317
상승거래일 비중	53.84%	66.04%
1일 산술평균 수익률	0.013%	0.477%

년 1월 3일부터 2017년 12월 28일까지의 코스닥지수의 일별 종가 데이터를 분석 데이터로 정했다.

표 4-16을 보자. 전체 평균보다 월말월초일의 1일 산술평균 상승률은 37배가량 더 높다(0.013% vs. 0.477%). 그럼 승률을 알아보자. 20년간 전체 4,987거래일 중 상승했던 거래일은 2,685거래일로 상승 확률은 53.84% 이다. 이 중 매달 마지막과 첫 번째 거래일인 480거래일 중에서 상승한 거래일은 317거래일이다. 월말월초일에 상승 확률은 66.04% 로 일반적인 날들의 상승 확률인 53.84% 보다 더 높다.

코스닥지수에서 과거 20년 동안 월말월초 효과가 어떻게 작동되었는지 그래프로 살펴보기로 하자.

그림 4-39를 보자. 20년 동안(4,987거래일 동안) 코스닥지수는 상승폭은 -174.08pt이다. 오히려 하락하였다(녹색선). 이중 월말월초일인 480거래일의 상승분을 모두 누적하면 1,691.15pt(파란색 선)이며, 그 외의 거래일

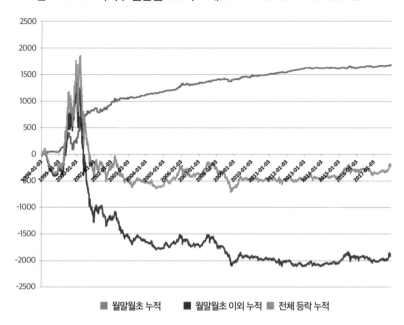

■ 월말월초 누적　　■ 월말월초 이외 누적　　■ 전체 등락 누적

(4,507거래일) 동안의 상승폭은 −1,865.23pt(붉은색 선)로 큰 폭으로 하락하였다. 그림 4-39의 파란색 선을 보면 2013년 3월 이전에 지속적으로 우상향하던 그래프가 2013년을 기점으로 더 이상 우상향하지 못하고 있다. 즉 2013년부터 '월말월초 효과'가 사라진 것으로 보인다. 코스피지수와 비슷한 시기에 '월말월초 효과'가 사라졌다.

코스피지수와 코스닥지수 모두에서 '월말월초 효과'는 사라졌지만, 과거 통계를 보면 코스피지수보다는 코스닥지수에서 '월말월초 효과'는 더 강했던 것으로 확인 된다. 코스피 종목에 비해 코스닥 종목이 소형주 위주로 구성되어 있다는 점에 착안하여 코스피 대형주 지수, 코스피 중형주 지수, 코스피 소형주 지수의 '월말월초 효과'를 확인해보자. 그래서 코스피 소형주 지수에서 '월말월초 효과'가 더 강한 현상이 존재했는지 알아보고자 한다.

3개 지수 모두 지수 발표 시점은 2003년이지만 기준 시점은 2000년 1월 4일이다. 분석 기간은 기준 시점에서 1년 후인 2001년부터 시작하여 2017년까지 17년의 기간으로 한다.

3개의 그래프(그림 4-40, 그림 4-41, 그림 4-42)를 살펴보면 모두 월말월초일 누적 그래프(파란색 선)가 2013년 중반을 기점으로 더 이상 우상향하지 못하고 있다. 결국 3개 지수 모두에서 월말월초 효과가 사라졌다.

● **그림 4-40. 코스피 대형주 지수 월말월초 효과 그래프**(2001년 1월 2일~2017년 12월 28일)

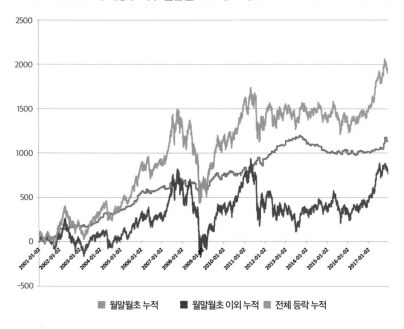

● 그림 4-41. 코스피 중형주 지수 월말월초 효과 그래프(2001년 1월 2일~2017년 12월 28일)

■ 월말월초 누적   ■ 월말월초 이외 누적   ■ 전체 등락 누적

● 그림 4-42. 코스피 소형주 지수 월말월초 효과 그래프(2001년 1월 2일~2017년 12월 28일)

■ 월말월초 누적   ■ 월말월초 이외 누적   ■ 전체 등락 누적

해외 시장에서는 '월말월초 효과'가 존재할까

'월말월초 효과'가 금융시장이 발전한 미국 시장에는 아직 존재할까? 사라졌으면 미국에서는 언제 사라졌을까? 한국보다 먼저 사라졌을 것 같다. 금융시장이 덜 발전한 나라의 주식시장에서는 '월말월초 효과'가 아직 존재하지 않을까? 우선 미국의 S&P500지수부터 확인해보자(그림 4-43). 미국 S&P500지수도 역시 월말월초 효과가 있었으나, 2009년을 기점으로 사라진 것으로 보인다. 한국보다 더 빨리 사라졌다. 미국 이외에 독일, 홍콩H지수, 인도네시아, 태국의 월말월초 효과의 존재 여부를 확인해보자(그림 4-44~4-47).

● **그림 4-43. S&P500지수 월말월초 효과 그래프**(2000년 1월 3일~2017년 12월 29일)

● 그림 4-44. 독일DAX지수 월말월초 효과 그래프(2008년 1월 2일~2017년 12월 29일)

■ 월말월초 누적   ■ 월말월초 이외 누적   ■ 전체 등락 누적

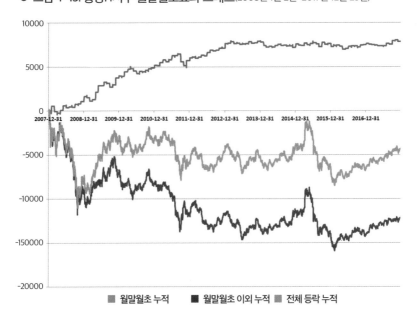

● 그림 4-45. 홍콩H지수 월말월초효과 그래프(2008년 1월 2일~2017년 12월 29일)

■ 월말월초 누적   ■ 월말월초 이외 누적   ■ 전체 등락 누적

■ 월말월초 누적   ■ 월말월초 이외 누적   ■ 전체 등락 누적

● 그림 4-47. 태국SET지수 월말월초 효과 그래프(2007년 12월 29일~2017년 12월 29일)

■ 월말월초 누적   ■ 월말월초 이외 누적   ■ 전체 등락 누적

대다수 국가의 주식시장에서 '월말월초 효과'가 과거에 존재했으나 최근에는 사라진 모습을 확인할 수 있었다. 단, 인도네시아에서는 약하게 남아 있는 것으로 보이지만 확신할 수는 없다(그림 4-46 참고). '월말월초 효과'가 사라진 것은 한국 시장에만 국한된 현상이 아니라 전 세계적으로 나타나고 있는 현상임을 알 수 있다.

이번 장을 마치며

과거 전 세계적으로 강하게 존재하였던 '월말월초 효과'는 이제 더 이상 찾아볼 수 없다. 한국 시장에서만 없어진 것이 아니라 전 세계적으로 사라져버렸다. 앞으로 다시 살아날 수 있을까? 그렇게 쉽게 살아날 것 같아 보이지 않는다. 살아나더라도 매매 비용을 제외하면 큰 의미가 없을 효과 정도로만 살아날 가능성이 높다. 그렇다면 이미 없어져서 사용할 수도 없는 현상을 왜 이 책에서 다루었을까? 과거에 매우 강했던 현상도 어느 순간 갑자기 사라질 수 있다는 사실을 알리고 싶었기 때문이다.

1. 월 첫 번째 거래일과 월 마지막 거래일에 다른 거래일보다 특별히 주식시장이 강한 현상이 있다. 이를 '월말월초 효과'라고 한다.

2. 한국 시장에서도 과거 오랜 기간 통계를 내보면 '월말월초 효과'가 강하게 존재하였다.

3. 하지만 2013년 중반을 기점으로 한국 시장에서 뿐만 아니라 해외 여러 시장에서 거의 동시적으로 '월말월초 효과'가 사라졌다.

4. 통계적으로 과거에 매우 강했던 현상이 갑자기 사라질 수도 있다는 사실을 알리기 위해 이번 장을 삽입하였다.

5^부

계량투자에서
생각해볼 문제

17장

계량투자에
인내심은 필수

계량투자는 쉬운 방법일까

지금까지 다양한 주제로 테스트를 진행하였다. 특히 2, 3부에서는 단순한 지표를 이용하여 포트폴리오를 구성하고 정기적으로 교체 매매하는 방법만으로도 연 10~25% 사이의 높은 수익률을 얻을 수 있다는 사실을 알았다. 4부에서는 캘린더 효과를 이용한 간단한 매매로 초과수익을 올릴 수 있는 힌트를 얻었다. 여러 측면에서 계량투자는 매우 쉬워 보인다. 기업탐방이나 미래에 대한 선견지명이 전혀 필요 없으며, 종목선정을 위해 시간을 할애할 필요도 없기 때문이다. 하지만 한편으로는 매우 어려운 투자일 수 있다. 강한 인내심이 필요한 투자여서 그렇다.

10년간 연평균 복리수익률 20%라는 얘기는 매년 20%의 수익을 내는 것을 의미하지 않는다. 9년 동안 마이너스로 있다가 마지막 1년에 한꺼번에 수익이 날 수도 있다. 이런 상황이 되면 투자자 입장에서 첫 9년 동안은 많이 답답할 것이다. 투자 방법이 이미 시장에 많이 알려져서 더이상 유용성이 떨어진 것은 아닌지 의심이 들고, 계속 이 방법으로 투자를 해야 하는지 고민이 될 수도 있다.

저PER 주식들이 과거 30년 동안 좋은 수익률을 보여주었지만, 앞으로 30년 동안은 고PER 주식들이 더 높은 수익을 보일 수도 있지 않을까? 그러나 상식적으로 과거에 오랜 기간 맞았던 전략이 갑자기 사라지기도 힘들 것이다(물론 16장에서 다루었던 '월말월초 효과'처럼 갑자기 사라져버리는 경우도 가끔 있다).

계량투자, 얼마만큼 투자자를 힘들게 할 수 있을까

필자가 독자에게 계량투자 전략의 수익률이 나쁘더라도 50년이고 100년이고 버티고 또 버티라고 얘기하면 무책임한 것이다. 100년이면 이미 우리는 이 세상 사람이 아니다. 우리는 얼마의 기간 까지 버틸 각오를 하고 계량투자에 임해야 할까? 여기에 대한 힌트를 얻고자 기간이 무척 긴 데이터가 필요했다. 다행히도 Kenneth French Data Library 웹사이트[49]에서 1926년 이후의 미국 시장 데이터를 다운받아 의미 있는 분석

---

49 http://mba.tuck.dartmouth.edu/pages/faculty/ken.french/data_library.html

● 그림 5-1. 미국 소형 저PBR주 투자 시뮬레이션(1926년 7월~2017년 12월)

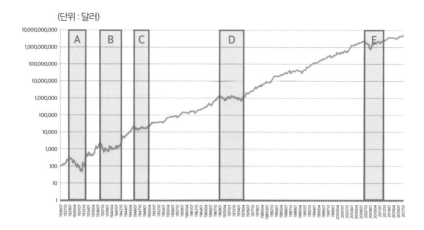

자료: Kenneth French Data Library 웹사이트

을 할 수 있었다.

　1992년 유진 파머와 케네스 프렌치 교수의 연구논문 〈The Cross-Section of Expected Stock Returns〉에서 소형주의 수익률이 대형주보다 더 좋으며, 저PBR 주의 수익률이 고PBR 주의 수익률보다 더 좋다고 하였다.[50] 더 나아가 소형 저PBR 주의 수익률은 월등하다고 하였다.

　그림 5-1은 1926년 7월에 100달러로 미국 시장의 소형 저PBR 주식들에 투자를 시작한 후 1년마다 한 번씩 교체 매매하였을 때를 가정한 수익 그래프이다. 1926년 7월 100달러로 시작한 계좌는 2017년 12월에 무려 51억 8,000만 달러가 되어 있다.

50　실제로는 파머-프렌치는 그들의 논문에서는 PBR을 사용하지 않고 PBR의 역수를 사용하였다.

그림 5-1의 녹색 선을 살펴보라. 아름답게 우상향하고 있지 않은가? 이 녹색 그래프가 내 계좌의 수익 그래프라고 상상하면 소형 저PBR의 계량투자는 정말 쉽게 수익낼 수 있는 것처럼 보인다. 하지만 각 구간별로 보면 매우 어려운 시기들이 있다. 필자가 생각하기에 어려웠을 것이라 판단한 기간 총 5개의 구간을 그림 5-1에 A부터 E까지 표시하였다. 한 구간씩 확대하여 자세히 살펴보기로 하자.

A 구간 : 1928년 11월부터 시작된 어려운 구간이다. 1928년 11월에 소형 저PBR 주식들에 100달러를 투자하여 매년 6월 정기적으로 교체 매

● **그림 5-2. A 구간 그래프**(1928년 11월~1933년 5월, 총 54개월)

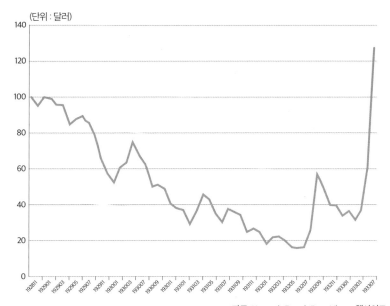

자료: Kenneth French Data Library 웹사이트

매하였다고 하자.

42개월 후인 1932년 5월이 되면 100달러의 최초 원금은 15.71달러가 된다. 최초 원금 대비 84.29%의 손실을 보게 되된다. 대공황의 영향이 다. 그리고 여기서 12개월이 추가로 지난 후(최초 100달러를 투자했딘 1928넌 11월 대비 54개월 후) 1933년 5월이 되어서야 드디어 원금이 100달러가 회 복된다. 엄청난 최고점 대비 하락을 보였으며 원금을 회복하는 데 무려 54개월이나 걸렸다.

B 구간 : A 구간의 어려운 시기는 1933년 5월을 마지막으로 그럭저럭

● **그림 5-3. B 구간 그래프**(1937년 3월~1943년 1월, 총 70개월)

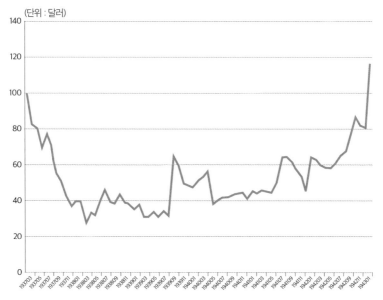

자료: Kenneth French Data Library 웹사이트

괜찮은 수익을 올려준다. 하지만 좋은 기간은 그렇게 오래가지 않았다. 약 4년 후인 1937년 3월부터 어려운 구간이 다시 시작된다. 바로 B 구간이다. 1937년 3월부터 시작된 B 구간의 어려운 시기는 무려 70개월이나 이어진다. 1937년 3월 100달러를 소형 저PBR 주식들에 투자하여 매년 6월에 교체 매매하였다면 12개월 후인 1938년 3월에 27.21달러만 남게 된다. 최초 원금 대비 72.79%의 손실이다. 그 후 최초 원금 100달러를 회복하기까지 58개월의 시간이 추가로 소요된다.

C 구간 : 어려운 B 구간이 지나고 약 3년 동안 소형 저PBR 주식들의 수

● 그림 5-4. C 구간 그래프(1946년 5월~1950년 4월, 총 47개월)

자료: Kenneth French Data Library 웹사이트

익률은 괜찮았다. 하지만 1946년 5월부터 다시 어려운 시기가 시작되었다. 1946년 5월 소형 저PBR 주식들에 최초 원금 100달러를 투자하여 매년 6월 마지막 거래일에 교체 매매하였다면 1947년 5월에는 57.86달러만 남는다. 최초 투자했던 1946년 5월부터 약 47개월이 지난 1950년 4월이 되어서야 최초 원금인 100달러를 회복할 수 있게 된다.

D 구간 : D 구간은 원금을 회복하는 데 가장 오랜 시간이 걸린 구간이다. 소형 저PBR 주식들에 투자하는 방법은 어려운 C 구간을 지나고 18년간 안정적이고 매우 높은 수익률 보여주었다. 이렇게만 지속된다면

● 그림 5-5. D 구간 그래프(1968년 12월~1975년 7월, 총 79개월)

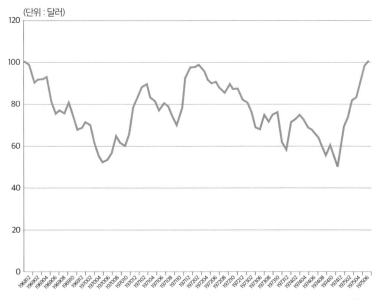

자료: Kenneth French Data Library 웹사이트

얼마나 좋을까? 하지만 세상은 그렇게 만만치 않았다. 1968년 12월부터 시작된 D 구간을 만나게 된다. 1968년 12월 소형 저PBR에 최초 원금 100달러를 투자하여 매년 6월 마지막 거래일에 교체 매매하였다면 1974년 12월 50.05달러만 남는다. 그로부터 7개월 후인 1975년 7월이 되어서야 1968년 12월에 투자했던 원금 100달러를 회복하게 된다. 최초 투자부터 장장 79개월이란 시간이 걸렸다. 소형 저PBR에 투자하면 엄청난 수익을 거둔다는 얘기를 듣고 투자를 시작하였는데 79개월 후에 원금밖에 되어 있지 않는다면 마음이 어떠할지 한번 생각해보라.

● **그림 5-6. E 구간 그래프**(2007년 6월~2012년 9월, 총 63개월)

자료: Kenneth French Data Library 웹사이트

E 구간 : E 구간은 소형 저PBR 투자에 있어서 가장 최근에 어려웠던 구간이다. 소형 저PBR 투자 방법도 미국의 리먼브라더스 사태의 폭풍을 비켜가진 못했다.

아무리 장기적으로 소형 저PBR 주식들이 수익이 좋다한들, 2007년 6월 100달러를 투자하였다면 2009년 2월에는 33.11달러밖에는 남지 않는다. 이때는 유진 파머와 케네스 프렌치 교수의 〈The Cross-Section of Expected Stock Returns〉 논문이 발표된 이후이다. 이 논문을 믿고 소형 저PBR에 투자하였는데 2년도 되기 전에 투자 원금이 3분의 1 토막이 나버렸을 때의 기분은 어떠할까? 2007년 6월 시작한 원금 100달러는 2012년 9월이 되어야 회복되었다. 총 63개월 걸렸다.

지금까지 미국 시장을 기준으로 소형 저PBR 주식들에 투자했을 때 힘든 5개의 구간을 자세히 살펴보았다. 미국에서 소형 저PBR 주식들을 찾아서 계량투자 방식으로 투자했다면 1926년 6월 100달러로 시작한 원금은 2017년 12월에는 무려 51억 8,000만 달러가 되었다. 91년 6개월 동안 연평균 복리수익률 21.43%로 달성한 금액이다. 할 일이라곤 1년에 한 번 교체 매매하는 것이 전부였다. 기업탐방도 필요 없고 미래에 대한 선견지명이나 선천적 안목도 필요 없었다.

딱 한 가지 필요했던 것은 인내심이었다. 중간중간 매우 어려운 구간을 포기하지 않고 견뎌내야 했기 때문이다. A 구간에서는 계좌 금액의 84%가 사라져버리기도 하고, D 구간에서는 계좌의 고점을 돌파하는 데 무려 79개월의 시간이 걸리기도 했다. 하지만 이 어려운 시기에 포기하지 않고 계량투자 전략(소형 저PBR 투자 전략)을 이어나갔다면 엄청난 부자가 될 수 있었다.

이번 장을 마치며

"우리는 얼마의 기간까지 버틸 각오를 하고 계량투자에 임해야 할까?"라는 질문에 대한 힌트를 이번 장에서 얻었다. 미국 시장을 돌이켜봤을 때 최소 79개월은 버틸 각오는 되어 있어야 한다. 또 다른 질문이 하나 더 있다. "우리는 얼마의 손실이 날 것을 버틸 각오를 하고 계량투자에 임해야 할까?" 미국 시장을 돌이켜 봤을 때 대공황이 있었던 A 구간에서 발생했던 84%의 손실을 버틸 각오를 하고 임해야 한다. 한국은 대공황이 오지 않을 것이라고 생각한다면, 세상을 너무 낙관하고 있다. 한국이라고 미국보다 나을 것이라는 보장이 없다. 79개월 84%의 손실률, 과연 몇 명이나 포기하지 않고 투자를 지속해나갈 수 있을까? 하지만 버텨야 한다.

이번 장에서는 계량투자는 인내심이 필요한 투자이며, 중간중간 어려운 구간이 있다는 사실을 말하고자 하였다. 하지만 충분한 인내심을 가지고 계량투자에 임한다면, 최종적으로 부자가 될 것이다. 선천적 안목이 없는 투자자에게 계량투자 방식(퀀트 방식)이 최선이라고 자신 있게 말한다. 물론 여기서 말하는 선천적 안목이 없는 투자자에는 필자 역시 포함된다.

1. 계량투자(퀀트투자)는 한편으로 쉬울 수 있지만 많은 인내심을 요구한다.

2. 미국 시장의 소형 저PBR 투자 시뮬레이션을 통해 최악의 경우 84.29%의 손실을 보았으며, 원금을 회복하는 데 최고 79개월의 시간이 걸린 경우도 있었다. 한국 시장이 미국 시장보다 더 나을 것이라는 보장은 없다.

3. 어려운 시기가 오더라도 인내심을 가지고 퀀트 방식의 투자를 고수한다면, 최종적으로 부자가 되어 있을 것이다.

18장

퀀트 전략이 아무리 공개되어도 초과수익은 사라지지 않는가

초과수익은 쉽게 사라지지 않을까

퀀트 전략이 아무리 공개 되어도 초과수익은 사라지지 않는가? 사실 이 부분은 상당한 논란이 있다. 많은 사람이 초과수익이 가능한 현상을 알게 되고, 이것을 이용해 투자하려는 사람들이 늘어나면 시장에서 그 현상이 사라져야 정상이다. 실제로 4부에서 다루었던 캘린더 효과들 중에는 많은 사람이 알게 되면서 사라진 것들도 몇몇 눈에 띈다('1월 효과', '월말월초 효과'가 그 예이다). 캘린더 효과에는 투자자들의 통념이나 본성에 반대가 될 만한 내용이 없기 때문에 쉽게 사라질 수 있다. 하지만 2부에서 다뤘던 재무제표 항목과 관련된 현상들이나 3부에서 다뤘던 주가로부터 나타나는 현상들은 쉽게 사라지지 않을 것이다. 투자자들의 통념과 반대되는 결과들이 많으며, 제시한 투자 방법 또한 사람의 본성과 반대인 경우가 많기 때문이다. 실제로 과거 17년 동안 어느 정도 일관되게 초과수익이 발생하였다.

퀀트투자 전문가인 강환국은 저서 《할 수 있다! 퀀트투자》에서 전략이 공개돼도 알파[51]는 사라지지 않을 것이라고 밝혔다. 그 근거를 그레이엄의 NCAV 전략이 공개되고 수십 년이 지난 지금까지도 잘 통하는 점을 들었다. 또한 그의 저서에서 야콥스Heiko Jacobs와 뮐러Sebastian Mueller 교수의 논문을 추가적인 근거로 들었다. 이들의 〈Anomalies Across the Globe: Once Public, no Longer Existent?(전 세계의 이례 현상은 발표 후에 사라지는가?)〉(2017) 논문에서는 1984~2013년에 나온 계량투자 전략 논문 수백 편을 분석하여 39개국의 수익률을 분석하였다. 그런데 논문 발표 이후 알파가 하락한 국가는 4개 국가 정도이며, 그중에서 유의미할 정도로 감소한 나라는 미국뿐이라는 점이다. 강환국은 알파가 살아남는 이유 3가지를 들었는데, 바로 위험, 멍청한 투자자들, 해고위험이다. 상당히 논리적이고 타당하다.

미국 소형 저PBR vs. 대형 고PBR

계량투자자들 사이에서 가장 많이 알려진 전략이 1992년 유진 파머와

---

51 여기서 말하는 알파는 필자가 말하는 초과수익과 같은 의미이다.

케네스 프렌치의 연구논문 〈The Cross—Section of Expected Stock Returns〉(이하 파머–프렌치 논문)에서 밝히고 있는 3팩터 모델이다. 이 논문에서 소형주의 수익률이 대형주보다 더 좋으며, 저PBR의 수익률이 고PBR의 수익률보다 더 좋다고 하였다.[52] 논문 발표 이후 초과수익이 감소하였는지 증가하였는지를 이번 장에서 알아보자. 17장과 마찬가지로 Kenneth French Data Library 웹사이트[53]의 데이터를 사용하였다.

우리는 여기서 두 개의 투자 유형을 비교할 것이다. 첫 번째는 가장 수익률이 좋다는 소형 저PBR 유형이며, 나머지 하나는 대형 고PBR 유형이다. 사실 수익률이 가장 나쁜 것은 소형 고PBR 유형이다. 소형 저PBR과 소형 고PBR을 비교하지 않는 이유는 논문 발표 이후에도 초과수익이 사라졌는지를 살펴보기에는 소형 저PBR과 대형 고PBR의 수익률의 차이를 비교하는 것이 더 바람직해 보이기 때문이다.

미국 시장부터 알아보자. 그림 5-7은 1990년 7월 원금 100달러로 투자하기 시작하여 정기적으로 교체 매매한 계좌가 어떻게 되는지를 보여주고 있다. 2017년 12월 소형 저PBR에 투자한 계좌는 1만 2,873달러가 되어 있고, 대형 고PBR에 투자한 계좌는 1,346달러가 되어 있다. 1992년에 논문이 발표되었는데 논문 발표 이후에도 소형 저PRB의 수익률이 뛰어났다.

---

52 실제로는 파머와 프렌치는 그들의 논문에서는 실제 PBR을 사용하지 않고 PBR의 역수를 사용하였다. 역수를 사용한 이유는 이 책의 '알아두면 좋은 지식들 4'를 참고하면 된다.
53 http://mba.tuck.dartmouth.edu/pages/faculty/ken.french/index.html

● 그림 5-7. 미국 소형 저PBR vs. 대형 고PBR의 수익 비교

자료: Kenneth French Data Library 웹사이트

중요한 것은 녹색으로 표시되어 있는 소형 저PBR에서 대형 고PBR을 뺀 수치이다. 소형 저PBR이 대형 고PBR 대비 얼마나 수익이 높은지를 둘 사이의 차이로 설명하고 있다. 이 녹색 그래프 또한 계속 우상향하는 것으로 보아 지속적으로 소형 저PBR이 대형 고PBR보다 우위에 있고, 현재도 진행 중인 것으로 보인다. 하지만 사실 이렇게 생각하는 것은 착각이다. 그림 5-7은 틀린 그래프는 아니지만 착각을 불러오기 쉬운 그래프이다.

도대체 왜 이것을 착각이라고 하는가? 이해를 위해 A와 B 펀드 두 개를 가정해보자. A는 10년 동안 투자하는데 첫 2년 동안 매년 50%씩 수익이 나고 나머지 8년 동안은 10%씩 수익 났다. B는 전체 기간 10년 내

● 표 5-1. A 펀드 vs. B 펀드 수익 비교표

투자기간 (년)	A 펀드 수익률	B 펀드 수익률	A 펀드계좌 (달러)	B 펀드계좌 (달러)	A 펀드계좌- B 펀드계좌(달러)
시작			100	100	
1	50%	10%	150	110	40
2	50%	10%	225	121	104
3	10%	10%	248	133	114
4	10%	10%	272	146	126
5	10%	10%	299	161	138
6	10%	10%	329	177	152
7	10%	10%	362	195	167
8	10%	10%	399	214	184
9	10%	10%	438	236	203
10	10%	10%	482	259	223

● 그림 5-8. A 펀드 vs. B 펀드 수익 비교 그래프

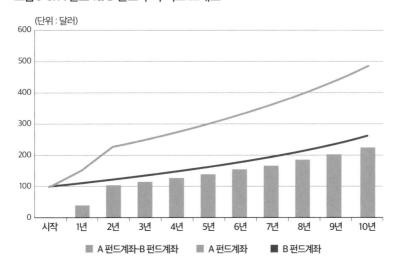

내 매년 10%씩 수익이 났다. 두 펀드에 동일하게 최초 100달러씩 투자했다고 가정했을 때 표 5-1은 계좌의 상태를 나타낸다.

그림 5-8을 보자. 그림 5-8은 표 5-1을 그래프로 표현한 것이다. 사실 A 펀드는 10년 중에 첫 2년만 B 펀드 대비 초과수익을 거두었고, 나머지 8년 동안은 B 펀드와 같은 수익을 거두었다. 하지만 두 개의 펀드 잔고의 차이를 나타내고 있는 녹색 그래프를 보면 첫 2년 동안만 상승하는 것이 아니라 10년 내내 상승하고 있다. 어떻게 보면 10년 내내 A 펀드가 B 펀드 대비 매년 초과수익을 거둔 것처럼 보인다. 그래프를 보는 사람들로 하여금 착각을 일으키게 하고 있다. 이런 착각의 문제는 미국 시장을 분석한 그림 5-7의 녹색 그래프에도 똑같이 존재한다. 이런 문제를 해결하기 위해 우리는 로그 수익률을 사용해야 한다. 로그 수익률[54]은 ln(계좌평가금액/원금)으로 구한다. 여기서 ln은 자연로그이다.

그림 5-9는 A 펀드와 B 펀드의 로그 수익률을 표시하였다. 이렇게 로그 수익률을 이용하여 그래프를 그려보니 앞에서 발생했던 문제가 사라졌다. 두 펀드의 수익률 차이를 나타내고 있는 녹색으로 된 막대그래프를 확인해보자. 첫 2년 동안만 위로 올라가고 그다음 8년 동안은 우상향하지 않고 동일한 높이에 있다. A 펀드가 B 펀드보다 첫 2년 동안만 더 높은 수익률을 보였고 나머지 8년 동안은 동일한 수익률을 보였다는 점에 착안한다면, 이 그래프는 착각을 일으키지 않는다. 우리는 이렇게 두

---

54 로그 수익률에 대한 보다 자세한 설명은 이 책의 앞부분 개념 설명 부분을 확인하면 된다.

● 표 5-2. A 펀드 vs. B 펀드 수익 비교표(로그 수익률)

투자기간 (년)	A 펀드 수익률	B 펀드 수익률	A 펀드 계좌	B 펀드 계좌	A로그 수익률 (누적)	B로그 수익률 (누적)	A로그 수익률 -B로그 수익률 (누적)
시작			100	100			
1	50%	10%	150	110	40.55%	9.53%	31.02%
2	50%	10%	225	121	81.09%	19.06%	62.03%
3	10%	10%	248	133	90.62%	28.59%	62.03%
4	10%	10%	272	146	100.16%	38.12%	62.03%
5	10%	10%	299	161	109.69%	47.66%	62.03%
6	10%	10%	329	177	119.22%	57.19%	62.03%
7	10%	10%	362	195	128.75%	66.72%	62.03%
8	10%	10%	399	214	138.28%	76.25%	62.03%
9	10%	10%	438	236	147.81%	85.78%	62.03%
10	10%	10%	482	259	157.34%	95.31%	62.03%

● 그림 5-9. A 펀드 vs. B 펀드 수익 비교 그래프(로그 수익률)

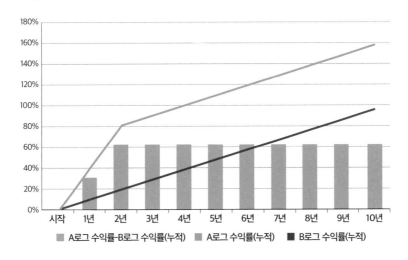

개의 포트폴리오를 비교하기 위해서는 로그 수익률을 사용해서 비교해야 한다는 점을 알았다.

그림 5-7에서 Y축은 계좌 잔고였다. 그림 5-7의 그래프와 같은 데이터를 이용하여 다시 그릴 텐데, 다시 그릴 그래프는 Y축을 로그 수익률로 바꿔서 그릴 것이다.

그림 5-10처럼 Y축을 로그 수익률로 표시하였더니 앞에서 보았던 그림 5-7과는 많이 다르다. 소형 저PBR은 대형 고PBR에 대하여 1990년 ~ 2006년까지만 초과수익을 거두었다. 2007년부터 2017년까지 11년 동안 전혀 초과수익을 거두지 못하고 있다. 1990년 7월에 투자를 시작했다면 소형 저PBR은 큰 수익이 났으며, 대형 고PBR은 저조한 수익이 나

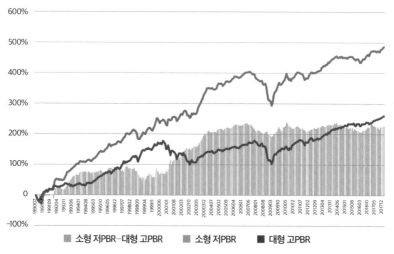

● 그림 5-10. 미국 소형 저PBR vs. 대형 고PBR의 수익 비교(로그 수익률)

■ 소형 저PBR-대형 고PBR ■ 소형 저PBR ■ 대형 고PBR

자료: Kenneth French Data Library 웹사이트

게 된다. 하지만 2007년부터 투자를 시작했다면, 소형 저PBR이나 대형 고PBR이나 수익률 차이가 11년 동안 크게 없었다.

그림 5-11은 실제로 2007년부터 2017년까지 100달러를 소형 저PBR과 대형 고PBR에 각각 투자했을 때 어떻게 되었는지를 보여주고 있다. 오히려 대형 고PBR의 수익이 소폭 더 우세하다. 미국 시장은 과거 11년 동안 소형 저PBR에 투자해봤자 대형 고PBR보다 전혀 초과수익을 거두지 못했을 뿐더러 오히려 더 낮은 수익을 기록했다.

이제 훨씬 더 과거인 1927년부터 현재까지 로그 수익률 그래프를 그려보자. 그림 5-12의 소형 저PBR과 대형 고PBR의 로그 수익률 차이를

● 그림 5-11. 미국 소형 저PBR vs. 대형 고PBR의 수익 비교(2007년 1월~2017년 12월)

자료: Kenneth French Data Library 웹사이트

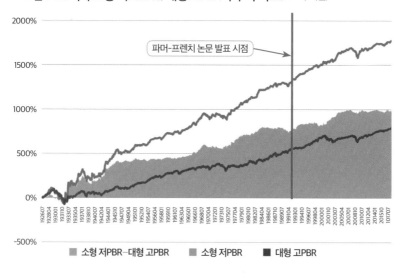

● 그림 5-12. 미국 소형 저PBR vs. 대형 고PBR의 수익 비교(로그 수익률)

파머-프렌치 논문 발표 시점

■ 소형 저PBR−대형 고PBR ■ 소형 저PBR ■ 대형 고PBR

자료: Kenneth French Data Library 웹사이트

보여주는 녹색 그래프의 추이를 살펴보자. 1992년 파머-프렌치 논문[55]
이 발표된 이후 녹색 그래프의 우상향 모습이 둔화되는 듯 보인다. 그래
프가 너무 작아 알아보기가 어렵다. 글로 설명하면 다음과 같다. 두 포
트폴리오의 로그 수익률 차이를 나타내는 녹색 그래프는 2007년 2월부
터 2010년 3월까지 37개월간 고점을 돌파하지 못하고 있다가 2010년 4
월 한 달 살짝 돌파하고 다시 2010년 5월부터 2017년 12월까지 92개월
동안 전 고점을 돌파하지 못하고 있다. 만약 2010년 4월에 살짝 고점을

---

55 Eugene F. Fama and Kenneth R. French, 〈The Cross−Section of Expected Stock
    Returns〉, The Journal of Finance Vol. 47, No. 2 (Jun., 1992), pp. 427−465

돌파하지 못했으면 130개월째 고점을 돌파하지 못하고 있는 상황이다 (실제로 130개월째 고점을 돌파하지 못하고 있다고 봐도 무방하다). 과거에도 비슷한 흐름을 보인 적이 있었는지 살펴보았는데, 1984년 5월부터 105개월 동안 고점을 돌파하지 못했던 적이 있었다. 뭔가 소형 저PBR 투자의 유용성이 사라진 것 같아 걱정스럽다. 하지만 야콥스와 뮐러의 논문[56]에서도 미국은 논문 발표 이후 초과수익이 유의미하게 줄어든다고 하지 않았는가?

미국 이외의 주식시장에서 초과수익은 어떨까

미국 이외의 국가들도 살펴볼 필요가 있다. Kenneth French Data Library 웹사이트에서는 미국 데이터뿐만 아니라 다른 여러 지역들의 데이터를 제공해주고 있다. 우리는 미국 주식을 분석했던 것과 같은 방식으로 글로벌, 글로벌(미국 제외), 유럽, 일본, 아시아 태평양(일본제외), 북미 순으로 분석할 것이다. 미국은 1926부터 매우 장기간의 데이터가 수록되어 있지만 이외의 다른 지역들은 1990년 7월부터의 데이터가 수록되어 있다. 분석기간이 짧지만 그래도 충분히 의미있을 것이다. 로그 수익률 기준으로 그린 그래프를 살펴보자.

---

56 Heiko Jacobs and Sebastian Müller, 〈Anomalies Across the Globe: Once Public, No Longer Existent?〉 2017

● 그림 5-13. 글로벌 소형 저PBR vs. 대형 고PBR의 수익 비교(로그 수익률)

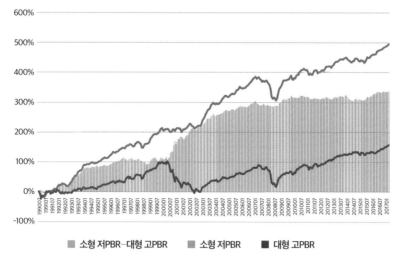

■ 소형 저PBR-대형 고PBR   ■ 소형 저PBR   ■ 대형 고PBR

자료: Kenneth French Data Library 웹사이트

● 그림 5-14. 글로벌(미국 제외) 소형 저PBR vs. 대형 고PBR의 수익 비교(로그 수익률)

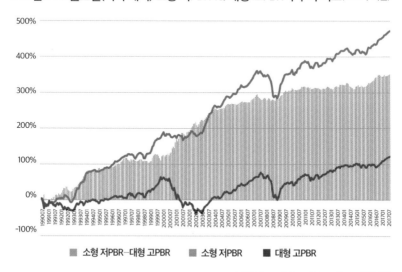

■ 소형 저PBR-대형 고PBR   ■ 소형 저PBR   ■ 대형 고PBR

자료: Kenneth French Data Library 웹사이트

● 그림 5-15. 유럽 소형 저PBR vs. 대형 고PBR의 수익 비교(로그 수익률)

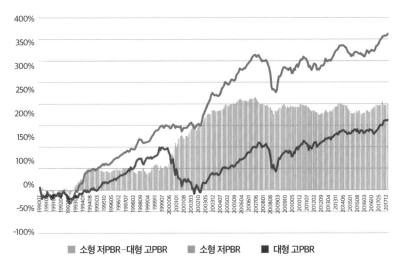

소형 저PBR-대형 고PBR   소형 저PBR   대형 고PBR

자료: Kenneth French Data Library 웹사이트

● 그림 5-16. 일본 소형 저PBR vs. 대형 고PBR의 수익 비교(로그 수익률)

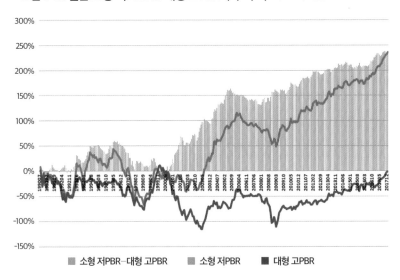

소형 저PBR-대형 고PBR   소형 저PBR   대형 고PBR

자료: Kenneth French Data Library 웹사이트

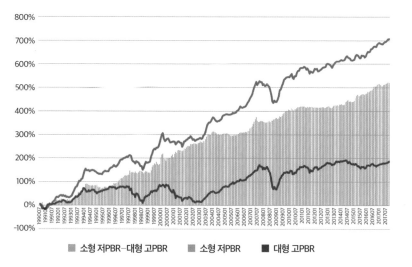

자료: Kenneth French Data Library 웹사이트

● 그림 5-18. 북미 소형 저PBR vs. 대형 고PBR의 수익 비교(로그 수익률)

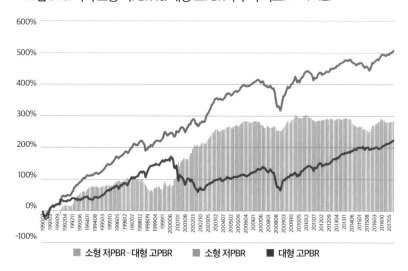

자료: Kenneth French Data Library 웹사이트

지역별로 살펴보았을 때, 아시아·태평양 시장(일본 제외)이 가장 이상 적이다(그림 5-17, 녹색 그래프 참고). 소형 저PBR 주식들에 투자하였을 때 대형 고PBR 주식들에 투자하였을 때보다 거의 매달 초과수익을 거두고 있는 모습이다. 일본 시장도 소형 저PBR 주식들의 초과수익 현상이 강 했다(그림 5-16, 녹색 그래프 참고).

하지만 미국, 유럽, 북미는 최근 10년 가까이 소형 저PBR 주식들의 초과수익 현상이 전혀 나타나지 않고 있다. 대형 고PBR 주식에 투자하 나 소형주 저PBR 주식에 투자하나 그게 그거인 상황이 거의 10년 가까 이 지속되고 있다(그림 5-12, 그림 5-15, 그림 5-18, 녹색 그래프 참고).

이번 장을 마치며

아시아·태평양 시장은 지금 같이 논문 발표에 아랑곳하지 않고 소형 저PBR 주식들의 초과수익이 계속 존재할까? 아니면 미국이나 유럽 시 장처럼 시간이 흐르면서 점차 초과수익이 사라져버릴까? 미국이나 유 럽 시장은 최근 10년 동안 소형 저PBR 주식들의 초과수익이 없었는데 이건 일시적인 현상일까? 아니면 파머-프렌치 논문이 영향을 주어 초 과수익이 영원히 사라진 것일까? 시간이 흐르면 미국 유럽 시장에서 다 시 소형 저PBR 주식들의 초과수익이 가능할까?

아쉽지만 필자는 위 질문들에 대한 정확한 답을 내릴 만한 능력이 안 된다. 이번 장에서 소형 저PBR 주식들과 대형 고PBR 주식들의 수익률 차이의 추이 정도만 살펴보았다. 하지만 지금까지 살펴본 사실만 가지고 감히 판단한다면, 다른 지역에 비해 아시아 시장은 계량투자하기에 매우 좋은 시장이다. 한국은 아시아에 속해 있다. 한국에서 계량투자를 이미 하고 있거나 시작하려는 독자님의 건승을 기원한다.

　마지막으로 한마디 더하면, 계량투자는 순식간에 우리를 부자로 만들어주지 않는다. 그러나 어려운 구간을 만나도 포기하지 않고 계량투자를 지속해나간다면, 서서히 그러나 높은 확률로 부자가 될 것이다.

18장 핵심 요약

1. 퀀트 전략이 공개되어도 초과수익은 사라질지에 대한 많은 논란이 있다.
2. 실제로 캘린더 효과는 시장에 알려지면서 사라지거나 변형되는 것으로 보인다. 이것은 캘린더 현상 자체가 통념이나 본성에 반대되는 내용이 없기 때문이다.
3. 하지만 재무제표나 주가에서 나오는 현상들은 쉽게 사라지지 않을 것이다. 이 현상들은 통념이나 본성에 반대되는 방법으로 투자해야 수익이 나기 때문이다.
4. 아시아 시장은 특히 계량투자(퀀트투자)하기 좋은 시장으로 보인다. 한국도 아시아에 속해 있다. 한국에서 계량투자를 지속해나간다면 서서히 그러나 높은 확률로 부자가 될 것이다.

이 책의 주된 내용은 과거 주식시장에 대한 다양한 백테스트 결과이다. 그러다 보니 가장 많이 드는 의문은 '과거에 그랬다고 미래에도 그럴 것이라는 보장이 있는가?'일 것이다. 물론 과거의 현상이 미래에도 계속 되리라는 보장은 없다. 하지만 장기간 계속되었던 현상이 하루아침에 사라지기도 힘들 것이다. 사라지기보다는 지속될 가능성이 더 높다. 이 부분에 대해서 너무 걱정하지 말자.

일시적으로 퀀트 방법이 수익을 못 내주는 기간이 있다. 그 기간이 생각보다 오래가기도 한다. 퀀트투자는 매년, 매달, 매일 수익을 내주는 만능의 방법이 아니라는 점을 유념해야 한다. 만약 퀀트투자로 매일 수익이 난다면, 모든 사람이 퀀트투자를 할 것이고 결국 초과수익은 사라질 것이다. 인내심이 필요하고 또 인내심이 강한 사람이 많지 않기 때문에 지속적인 초과수익도 존재하는 것이다. 1~2년 수익이 나지 않는다고 포기할 투자자라면, 처음부터 퀀트투자를 시작하지 않는 것이 좋다.

또 수익률의 변동에 따라 부화뇌동해서도 안 된다. 퀀트투자를 시작했다가 수익이 나지 않아 포기했는데, 얼마 후 이제는 수익이 잘난다는 얘기를 듣고 다시 시작하는 일을 지속적으로 반복한다면 계좌는 망가져 있을 것이다. 일시적인 수익률 상승과 하락에 따라서 퀀트투자 중단과